Poética do Traduzir

Coleção Estudos
Dirigida por J. Guinsburg

Equipe de realização – Edição de Texto: Adriano Carvalho Araújo e Sousa; Revisão: Marcio Honorio de Godoy; Sobrecapa: Sergio Kon; Produção: Ricardo W. Neves, Sergio Kon e Raquel Fernandes Abranches.

Henri Meschonnic

POÉTICA DO TRADUZIR

TRADUÇÃO:
JERUSA PIRES FERREIRA
SUELY FENERICH

Título do original francês:
Poétique du traduire
© Editions Verdier, 1999

Dados Internacionais de Catalogação na Publicação (CIP)
(Câmara Brasileira do Livro, SP, Brasil)

Meschonnic, Henri, 1932-2009.
 Poética do traduzir / Henri Meschonnic; [tradução Jerusa Pires Ferreira e Suely Fenerich]. – São Paulo : Perspectiva, 2010. – (Coleção estudos; 257)

 Título original: Poétique du traduire
 Bibliografia
 ISBN 978-85-273-0875-5

1. Tradução e interpretação I. Título. II. Série.

09-09960   CDD-418.02

Índices para catálogo sistemático:

1. Tradução: Linguística   418.02

[PPD]

Direitos reservados em língua portuguesa à
EDITORA PERSPECTIVA S.A.

Av. Brigadeiro Luís Antônio, 3025
01401-000 São Paulo SP Brasil
Telefax: (011) 3885-8388
www.editoraperspectiva.com.br

2020

Sumário

PREFÁCIO – *Jerusa Pires Ferreira* xi

INTRODUÇÃO xvii
   Começando pelos Princípios xvii
   A Europa das Traduções é antes a Europa do
   Apagamento das Traduções xxxix

I. A PRÁTICA: É A TEORIA
   1. Poética do Traduzir, não Tradutologia 3
   2. Os Tradutológicos 7
   3. A Poética é a Política do Traduzir 15
   4. Traduzir a Literatura 25
   5. Ritmo e Tradução 41
   6. Pensar o Contínuo, Traduzir o Contínuo 57

II. A TEORIA: É A PRÁTICA
   1. Por Que a Experiência Vem Primeiro 85
   2. A Crítica Distinta diante do Filho do Sol, Hamlet ... 89
   3. O Nome de Ofélia 109
   4. Os Silêncios do Pentâmetro Iâmbico 123
   5. A Mulher Escondida no Texto de Kafka 143

6. Poética de um Texto de Filósofo e de suas Traduções: Humboldt, na Tarefa do Escritor da História 171
7. Traduzir o Sagrado ou Traduzir a Relação com o Divino 229
8. Traduzir é Retraduzir – A *Bíblia* 241
9. O Ateliê de Babel 251
10. Traduzir é Escrever 269

ÍNDICE

Onomástico.................................. 273
Textos Traduzidos ou Estudados 277
Copyrights...................................... 278
Obras de Henri Meschonnic...................... 278

Vamos agora à quinta regra, que deve observar um bom tradutor. A que é de tão grande virtude, pois sem ela toda composição é pesada, & pouco agradável. Mas o que contém? Nada além da observação dos números oratórios: isto é, a saber, uma ligação, & reunião das dicções com tal doçura, que não somente a alma disso se contente, mas também os ouvidos se encantem com elas, & não se desgostem jamais de uma tal harmonia de linguagem.

Estienne Dolet*

---

* *La Manière de bien traduire d'une langue en aultre*, 1540, Bibliothèque Nationale/Obsidiane, 1990.

Prefácio

> *O verdadeiro é que uma nova questão
> renova a leitura. A crítica*[1].

Este livro, *A Poética do Traduzir*, representa um dos maiores desafios a que se pode estar sujeito. E é com um misto de humildade e orgulho que o levamos ao leitor brasileiro. Um trabalho em processo.

Ele é uma experiência de labor, de inquietação e nos foi colocando diante de muitas dificuldades e de alguns achados.

Anos inteiros de dedicação para ganhar o tom, conseguir atravessar páginas, em que uma enorme erudição do autor se reúne a contestações e referências. Poeta e crítico, um inventor de conceitos e de linguagens. Polígrafo, diríamos mesmo da impossibilidade de acompanhar sua produção e a velocidade do seu pensamento. Para isso, uma vida não basta. A cada passo nos perguntávamos, no ofício de traduzir, se estaríamos agradando ou desagradando ao autor, nosso implacável e não-hipócrita leitor, exigente e às vezes intransigente para cada frase, solução, resposta, em termos gerais.

---

1 Henri Meschonnic, *Spinoza: poème de la pensée*, Paris: Maisonneuve et Larose, p. 9.

Pessoalmente, em presença, pessoa de grande delicadeza, parceiro, respeitoso para aquilo que estávamos fazendo, e não seria despropositado falar aqui da amizade, do convívio, em várias etapas, e informar que, a partir daí, ele começou a estudar e ler o português.

Parece que entendemos o seu recado, seu modo de raciocinar, de expor, a grande coerência interna que sempre o norteou. A obsessão que o fazia martelar suas propostas. A poética do ritmo, por exemplo.

Quando de sua visita ao Brasil, resolvemos que faríamos o livro para a editora Perspectiva e o levamos ao editor Jacó Guinsburg. Juntos decidimos que alguns capítulos seriam cortados em vista de uma relação mais direta com o público brasileiro, e assim foi feito. Ele nos deu carta branca.

Durante a etapa tradutória, feita em parceria, fomos lendo obras suas, aquelas que sempre nos enviou e ofereceu. Comparando soluções, inventando ritmos compatíveis em nossa língua, entusiasmados sempre pelo alcance dessas propostas, mesmo quando diante da sua complexidade, nos sentíamos exauridos.

Jornais franceses e do mundo inteiro, amigos e estudiosos deste pensador singular prestam homenagem a Henri Meschonnic.

Filho de judeus russos, nascido em Paris em setembro de 1932, casado com Regine Blaig de origem polonesa, faleceu no último dia 8 de abril de 2009, depois de conviver com a leucemia, o que não o impediu de exercitar sua criação, produzir trabalhos e oferecer a intensidade de seu pensamento crítico e poético. Não alcançou a edição deste livro (tivemos a oportunidade de enviar-lhe um copião preliminar, ainda não revisto, que o levou, no entanto e por escrito, a uma reação de alegria e amizade). Isso nos entristece mas sabemos que temos aqui a ocasião de fazê-lo presente entre nós.

Teórico da linguagem, da literatura, da tradução, foi um dos fundadores do Centro Experimental de Vincennes, professor em Paris 8, e criou uma linha de trabalho que veio a ser a Escola Doutoral das "Disciplinas do Sentido".

Tradutor do Antigo Testamento, fez dos estudos bíblicos um campo de experimentação e descoberta poética. Um dos principais esteios de sua atividade como poeta e tradutor é a experiência bíblica, a partir de onde temos a sua lição magistral, em que nos mostra a Europa como o continente da tradução. Podemos seguir, então, a introdução de mundos estrangeiros no repertório europeu. E acompanhando especificamente a história da tradução, ele nos leva ao tópico "tradução e poder", tendo como exemplos Roma e o que se fez a partir da Segunda Guerra Mundial.

Nessa história da tradução que nos oferece, elege bem cedo a figura que aí seria trazida como o herói deste livro: São Jerônimo. Considera, a partir dele, a inserção de culturas no latim, a presença de marcas culturais, que trazem a inscrição de alguma coisa nova, em vez do nivelamento uniformizante. Apresenta-nos, em contraposição, duas atitudes: a de São Jerônimo defendendo a traduzibilidade; e a de Santo Agostinho, a intraduzibilidade, para concluir que o primeiro ficou como o patrono dos tradutores.

Conduziu toda uma batalha contra certos aspectos do pensamento de Heidegger e dirigiu severos ataques (com ou sem maior razão) contra a poesia francesa contemporânea, rejeitando a ideia de uma clareza do espírito francês. Não podemos omitir sua intensa imersão no judaísmo, o acesso às várias línguas e uma certa visão religiosa do corpo e da linguagem.

Jonas e o Significante Errante, um passo para a preocupação com o latim de Spinosa e o seu movimento interno, a pulsão de uma linguagem que combate o vazio da filosofia-conceito, sem preocupações de linguagem.

Tendo Wilhelm von Humboldt e depois Émile Benveniste como mestres e inspiradores, importava-lhe a complexidade dos textos poéticos, em que se delineiam o ritmo, a historicidade e o desempenho das alteridades.

Colocando-se sempre contra uma ciência da tradução ou da tradutologia, instala, ao contrário disso, a ideia de um laboratório de linguagens, em que se posiciona contra a modéstia e o apagamento, a favor da audácia, da ousadia. Um convite ao tradutor, o de inscrever-se no texto traduzido. E a essência de sua crítica à tradução se constitui no ritmo, quer na transposição de línguas ou de discursos, e sua proposta passa a ser a descoberta da oralidade no escrito e não apenas no teatro e ainda muito menos, no explícito da oralidade em si, na razão etnográfica. A crítica das traduções é também para ele uma poética e um trabalho de palimpsesto, confrontando-se inevitavelmente com um pensamento sobre a literatura e a expressão.

Pode-se então perceber todo um movimento de luta interna, um discurso crítico, ativado até para discutir repercussões na imprensa de determinado texto ou autor, mal-entendidos e teorias que ele critica, sem contemplação.

Tendo participado da aventura estrutural, passa a combater com veemência os estruturalismos em apogeu na França nos anos 70. Propõe uma Antropologia histórica da linguagem, incluída nas noções de discurso e de poética, diante de fenômenos como a descolonização e a globalização cultural.

Apoiando-se no tripé ética, poética e política vai conduzindo uma posição através de sua extensa obra (traduções, ensaios e poemas), dando o subtítulo *Antropologia Histórica da Linguagem* à série em que se apoiariam os textos de *Para a Poética*.

Contido, polêmico, preciso e extenso, ao mesmo tempo, pensando nas práticas do sagrado, nas questões do divino e nas contingências do presente e do passado, insistiu sempre na noção de historicidade. Meschonnic é sensibilidade e agudeza. Poeta, ele mesmo, deixa-nos a marca de um trabalho incansável pelo entendimento da poesia, da história do pensamento e de seus impasses.

O interessante é pensar em como a vida, a presença, o corpo são fundamentais. Também a ideia de movimento e de recusa a um posicionamento estático. Teórico-poeta, em sua escrita de inversões contundentes, de uma pontuação diferente, encontramos nele um discurso atípico para os moldes da cultura universitária europeia mais tradicional. Destaca-se, por exemplo, a intromissão do eu nos assuntos teóricos e a inclusão de comentários frequentemente entre parênteses.

Posiciona-se contra a modéstia, a favor da audácia, da ousadia, e da participação profunda no texto traduzido. Traduzir a *Poética do Traduzir* é perceber um *agon*, todo o movimento de luta interna, um discurso crítico e combativo ativado.

E traduzir Meschonnic é exatamente ser convidado a fazer com ele o trajeto das coisas que nós até poderíamos ter pensado, das que nem sequer tínhamos nos proposto e saber que estamos também trilhando um território audaz. Um campo de renovação de atitudes.

Neste sentido, por vias diferentes, ele e Haroldo de Campos, ambos tradutores da *Bíblia*, e às vezes dos mesmos textos bíblicos, chegaram a fundamentos, razões e resultados semelhantes, apesar de conflitos.

Ritmar a oralidade nos traz a oralidade como característica de uma escrita, realizada em sua plenitude só através de uma escrita, e este é o jogo central do *Poética do Traduzir*.

Um itinerário pelos diversos momentos e situações da história, da filosofia, do ato escritural, entendendo o por quê de suas escolhas de Shakespeare a Kafka e alcançando os projetos que o levaram a tais escolhas, entre outras.

Privilegiando a questão do sagrado, ele o apresenta mais que ao divino e nos remete, no entanto, a uma espécie de teologia (como oficial) dos tradutores que veem na diversidade a figura da queda e, na alteridade, algo que é preciso buscar e esconder, a presença do mal.

Atravessar esse exercício intelectual que traz a experiência poética, filosófica, histórica, antropológica, semiótica (mesmo que ele a rejeite), é estar consciente de que traduzir um texto como esse, proposto como um tratado inacabado, em curso, e uma poética infinita, é compreender que, sem uma adesão de entendimento e sensibilidade, dificilmente adequaríamos o nosso a esse discurso de tal forma elaborado.

Quanto ao ritmo, guardando diferenças, impasses, aporias, disjunções, creio que haverá algo na intuição e na sensibilidade que nos conduza à percepção rítmica inerente a cada discurso:

> O ritmo mostra que ao primado caduco do sentido se faz substituir por uma noção mais possante, mais sutil também, já que ela pode se realizar no imperceptível, por seus efeitos de escuta e tradução: o modo de significar. No que a aventura da tradução e a do ritmo são solidárias[2].

---

2 Cf. infra, p. 56.

Traduzir este livro implicou ainda num percurso por diferentes formas de expressão teórico-poéticas e no acompanhamento da poesia, no que ela tem de rito e de celebração[3], conforme nos indica o seu autor.

Jerusa Pires Ferreira
Professora do CJE/ECA-USP, do COS/PUC-SP, tradutora, ensaísta e
diretora do Centro de Estudos da Oralidade – PUC/SP.

* * *

Agradecemos especialmente a Régine Blaig, a J. Guinsburg, a Adriano Carvalho Araujo e Souza e Marcio Honorio de Godoy.

---

3 Cf. Meschonnic, *Célébration de la poésie*, Paris: Verdier, 2001.

Introdução

COMEÇANDO PELOS PRINCÍPIOS

Reuni alguns elementos para uma poética da tradução, e uma experiência. A *teoria* é apenas o acompanhamento reflexivo. Ambos intermináveis. A experiência vem primeiro. Ela parte das traduções bíblicas, ainda fragmentárias, cuja coleção principal é *Os Cinco Rolos*[1], com *Jonas e o Significante Errante*[2]. Depois, um primeiro esclarecimento: a segunda parte de *Para a Poética II*, "Poética da Tradução"[3], e a seção "Traduzir, Situar" em *Para a Poética V*[4].

Em vinte anos, os trabalhos sobre tradução têm sido numerosos. No entanto, nada mudou realmente no que diz respeito ao lugar da poética, ou de sua utopia no pensamento da

---

1 *Les Cinq Rouleaux: Le Chant des chants, Ruth, Comme ou les Lamentations, Paroles du Sage, Esther*, traduzidos do hebraico, Paris: Gallimard, 1970; 3. ed., 1995.
2 *Jona et le signifiant errant*, Paris: Gallimard, 1981; 2. ed., 1996.
3 Épistémologie de l'écriture; Poétique de la traduction, *Pour la poétique II*, Paris: Gallimard, 1973; 2. ed., 1986; com, em particular, trinta e seis "Propositions pour une poétique de la traduction", p. 305-318, sobre as quais eu reflito.
4 Poésie sans réponse, *Pour la Poétique V*, Paris: Gallimard, 1978.

linguagem. Quero ao mesmo tempo dizer de sua ausência e de sua necessidade. No que se refere a um pensamento do poema. Digo *poema* para *toda* a literatura, não somente no sentido restrito habitualmente para a "poesia" por oposição ao "romance", abafando-o sem mesmo tomar conhecimento da ausência de distinção entre a poesia e o verso, com a redução da poesia a um gênero. No que concerne à relação entre o poema, um pensamento do poema e esta atividade particular da linguagem que consiste em renovar a experiência.

Donde o papel único, e ignorado, da tradução como reveladora do pensamento da linguagem e da literatura, desconhecido pelo posicionamento ancilar que lhe reserva a tradição, e sua condição.

Daí este livro, para situar o ponto de vista do que chamo a poética, sobre o ato de traduzir, e os seus produtos, a tradução, as traduções.

Trata-se de fazer aparecer a necessidade de um pensamento da poética, de um pensamento da linguagem para os tradutores como para todos aqueles que leem traduções. Fazer aparecer, por meio da observação do traduzir, o que é entendido por poética. A não confundir mais com a estilística. Como não se pode mais confundir a língua com o discurso. Como se há de reconhecer o contínuo na linguagem, disfarçado pelo descontínuo.

A teoria da linguagem, neste sentido, talvez, não tenha melhor terreno que o traduzir. Nada mais concreto, mais imediatamente revelador dos procedimentos da linguagem, nas suas atividades, em seus efeitos de pensamento. Ou da ausência de pensamento.

Deste ponto de vista, este livro sobre o que é e o que significa *traduzir*, em geral, e especialmente traduzir a literatura (mas a literatura é apenas aquilo que mostra melhor o que a linguagem comum constrói, em lugar do pensamento *prêt-à--porter* que os opõe um ao outro). Este livro só pode ser pensado como parte de um trabalho de conjunto, que vai de *Para a Poética* à *Crítica do Ritmo*, à *Política do Ritmo, Política do Sujeito* e à *Da Língua Francesa*[5]. Seria um erro grosseiro sobre

---

5 *Critique du rythme: anthropologie historique du langage*, Paris: Verdier, 1982; 2. ed., 1990; *Politique du rythme, politique du sujet*, Lagrasse: Verdier, 1995; *De La Langue française*, Paris: Hachette, 1997.

a poética, e acerca do que é traduzir, se imaginássemos que seria possível ler um livro sobre a tradução, tal como escrevi, separadamente de outros, e sem os conhecer. É Victor Hugo que fala do "leitor que pensa". Refletir sobre a tradução requer um leitor pensativo. Leitor apressado, abster-se. Mas abster-se então também de compreender o que quer que seja da linguagem, da qual mesmo o leitor apressado é inteiramente composto. Isto é suportável?

***

Nos exemplos, eu me encarreguei de multiplicar os domínios linguísticos, não para colecioná-los, mas para mostrar a diversidade dos problemas – sua especificidade cultural. Inevitavelmente, há lacunas. O domínio espanhol. Entre outras. Ou o árabe. Não acabaria de as deplorar. É que a reflexão é interminável. Um tal livro, infindável. Uma atualização, domínio por domínio, para o russo, por exemplo, indefinidamente a fazer. Mas isto seria já um outro livro. Aqui, trata-se de estabelecer as relações entre a teoria do traduzir e a teoria da linguagem.

Digo *poética do traduzir*, mais do que "poética da tradução", para marcar que se trata da atividade, por meio de seus produtos. Como a linguagem, a literatura, a poesia são atividades antes de gerar produtos. Olhar o produto primeiroé, segundo o provérbio, olhar o dedo, quando o sábio mostra a lua.

Antes, quase, poética do retraduzir. É sobre os grandes textos antigos que se acumulam as traduções. É aí que se pode confrontar um invariante, e suas variações. Seus por que, seus como. O único terreno de experimentação da linguagem: onde podem indefinidamente recomeçar experiências. Aí, traduzir é uma poética experimental.

Avaliar aí onde o Signo Quebra

Não enuncio aqui verdades. Somente uma estratégia para uma aposta.

Por estratégia, entendo um modo de ação de um pensamento organizado para realizar um projeto. O projeto, fazer a tradução como uma poética. O desafio é o lugar, o funcionamento, o papel da literatura na teoria da linguagem, e o papel da teoria da linguagem assim encarregada, em todos os sentidos do sentido que tem uma sociedade, que constrói o lugar da arte, o lugar do sujeito nesta sociedade.

Traduzir é o ponto fraco das noções de linguagem. Porque é o ponto onde a confusão entre língua e discurso é a mais frequente, e a mais desastrosa.

A língua é o sistema da linguagem que identifica a mistura inextricável entre uma cultura, uma literatura, um povo, uma nação, indivíduos, e aquilo que eles fazem dela. É por isso que se, no senso linguístico da palavra, traduzir é fazer passar o que é dito de uma língua a outra, como todo o resto acompanha, o bom-senso que se prende à língua é limitado.

Se o discurso é a atividade, como diz Humboldt, de um homem em vias de "falar" – "historicamente nós só temos a ver com um homem em vias de falar"[6] – implicando, como Benveniste foi o primeiro a reconhecer e a analisar, a inscrição gramatical daquele que diz *eu* em seu discurso, esta enunciação não saberia se limitar a ser lógica ou ideológica. Ela carrega consigo uma atividade do sujeito que, de sujeito da enunciação, pode tornar-se uma subjetivação do contínuo no contínuo do discurso, rítmico e prosódico.

É então uma escrita, a organização de uma tal subjetivação no discurso que ela transforma os valores da língua em valores de discurso. Não se pode mais continuar a pensá-los nos termos costumeiros do signo. Não se traduz mais a língua. Ou, então, desconhece-se o discurso e a escritura. É o discurso, e a escritura, que é preciso traduzir. A banalidade mesmo.

É por isso que a literatura e a tradução são as duas atividades mais vulneráveis, mais estratégicas, para compreender o

---

6 W. von Humboldt, Wir haben es historisch nur immer mit dem wirklich sprechenden Menschen zu thun, *Werke*, Stuttgart: Klett-Cotta, 1960-1981, t. 3, p. 477 (éd. De l'Académie VII, p. 99). Em *Introduction à l'oeuvre sur le kavi*, tradução de P. Caussat, Paris: Seuil, 1974, p. 246: "Nós não temos realmente convenção senão de um homem efetivamente engajado no ato da língua". Mas há atos de linguagem, *speech acts*, atos de discurso. A expressão "atos de língua" é um *nonsense* teórico. Aqui o tradutor juntou uma dificuldade de sua lavra a um autor já supostamente difícil. A tradução torna-se um extintor de incêndio das dificuldades interpostas entre o texto e o leitor da tradução.

que se faz da linguagem. Este compreender não é senão a teoria da linguagem. Sob pena de não fazer como os linguistas que são surdos à literatura.

A Ideia do Traduzir Muda

A tradução, desde sempre, tem um lugar maior como meio de contato entre culturas. A comunicação aí consiste em fazer passar um enunciado de uma língua para outra. É a noção ainda mais difundida. Ela pode bastar a certos objetivos. Não é mais a única. Por motivos que se prendem à transformação em curso das relações interculturais. Transformação ligada às diversas descolonizações e à planetarização destas ligações, e à transformação das concepções da linguagem, de que a história da tradução não é separável. Traduzir não tem somente uma função prática. Mas uma importância teórica.

A intensificação das relações internacionais não se limita às necessidades comerciais e políticas, tem ainda um outro efeito: o reconhecimento de que a identidade não é mais a universalização e não advém senão da alteridade, por uma pluralização na lógica das ligações interculturais. Isto não sem crises[7].

E o pensamento da linguagem é transformado. Ela é transposta da língua (com as categorias – léxico, morfologia, sintaxe) ao discurso, ao sujeito ativo, dialogante, inscrito prosodicamente, ritmicamente na linguagem, com a sua fisicalidade. Estes dois modos de transformação, na política e no pensamento, agem sobre a tradução. Sua atividade é a oralidade. A literatura é sua realização máxima.

Por isso a poética tem um papel crítico, contra as resistências que tendem a manter o saber tradicional: cuidar para que esta comunicação não passe pelo todo da linguagem: vigiar para que a língua não faça esquecer o discurso. Nesta única condição, traduzir é contemporâneo daquilo que movimenta

---

7 É o exame destas crises, como aquele que revelava a tradução da *Bíblia* em alemão por Martin Buber e Franz Rosenzweig, que constitui o objeto de *The Translatability of Cultures: Figurations of the Space Between*, editado por Sanford Budick e Wolfgang Iser, Stanford: Stanford University Press, 1996.

a linguagem e a sociedade, e traduzir se faz acompanhar de seu próprio reconhecimento.

Cinco Pontos de Vista, Mais Um

Traduzir põe em jogo a representação da linguagem na íntegra e a da literatura. Traduzir não se limita a ser o instrumento de comunicação e de informação de uma língua a outra, de uma cultura a outra, tradicionalmente considerado como inferior à criação original em literatura. É o melhor posto de observação sobre as estratégias de linguagem, pelo exame das retraduções sucessivas, para um mesmo texto.

O ponto de vista mais antigo sobre a tradução é o ponto de vista empírico, isto é, o de uma experiência dos tradutores, cujo patrono, emblematicamente, é São Jerônimo, tradutor da *Bíblia*. De Cícero a Valery Larbaud, é um ponto de vista organizado em função do efeito a produzir, no quadro da língua. A tradução é concebida como a passagem de uma língua a uma outra língua. Está ligada também à noção de estilo individual. Estilo – escolha na língua.

A este respeito, desenvolveu-se um ponto de vista não mais empírico, mas empirista: todo na experiência e particularmente uma rejeição da teoria, sobretudo da teoria da literatura. É o ponto de vista dos profissionais da tradução, em termos de gramática contrastiva, a "estilística comparada". Este ponto de vista fundamenta atualmente o ensino da tradução nas escolas de intérpretes e de tradutores. Parece contar para ele a experiência e o bom-senso. Seus preceitos maiores são a procura da fidelidade e o apagamento do tradutor diante do texto. Fazer esquecer que se trata de uma tradução, visar o natural. A transparência. No entanto, sua força se inverte em fraqueza diante da constatação do envelhecimento das traduções, pela relação com a atividade permanente do original, quando se trata de um texto literário que faz parte daqueles que transformam a literatura. Sua fraqueza consiste em não ser mais do que um pensamento da língua, não um pensamento da literatura. E como a especificidade da literatura lhe escapa, este ponto de vista não saberia comunicá-la à prática que ele produz. Não se pode ver melhor o quanto aquilo que chamamos estilística é o oposto da poética.

A hermenêutica alemã do começo do século XIX engendrou uma concepção da tradução que a fenomenologia ampliou, identificando a tradução a uma fenomenologia do compreender dentro de uma mesma língua. Tendo por horizonte, a incompreensão última. O lado de Santo Agostinho, patrono do intraduzível. A perífrase e a inserção de glosas na tradução são o efeito direto da doutrina heideggeriana da verdade. De onde os desenvolvimentos de George Steiner em *Depois de Babel* (1975) e de Michel Serres em *Hermes* (1968-1974), que levaram um a uma psicologia do tradutor e a uma teologia da incomunicabilidade, e o outro a uma mitologia do sentido e da história, identificando nela a semiótica, a intersemiótica e a linguística. Como o ponto de vista empirista tradicional, a fenomenologia da tradução só conhece o signo e o etimologismo (a etimologia-origem-essência-verdade). Ela reduz a linguagem à informação no reino do racional e da harmonia universal.

As tentativas de tradução automática desde o fim da Segunda Guerra Mundial, no quadro da Guerra Fria, estão diretamente ligadas ao desenvolvimento de uma linguística da tradução, cujo ecletismo aplicado seguiu o desenvolvimento das diversas doutrinas amalgamando-as, da gramática generativa à pragmática contemporânea. O behaviorismo americano do estímulo/resposta deixou sua marca na teoria e na prática da tradução, no biblista americano Nida[8]. Esta linguística da tradução continua a ser um conceitualismo da língua, nos termos dualistas do signo: forma e sentido. A linguística da tradução não procura absolutamente uma teoria em conjunto da linguagem e da literatura.

O último ponto de vista de método, atualmente, é o da poética. É o de um reconhecimento da inseparabilidade entre história e funcionamento, entre linguagem e literatura. E daí o trabalho para reconhecer a historicidade do traduzir e das traduções.

---

8 Cujos trabalhos analisei em *Para a Poética* II e *Para a Poética* V.

Donde um outro posto de observação ainda, aparentemente fora de teoria: a história do traduzir. Assim a tradução no mundo ocidental, tanto que se tem agido a partir dos textos sagrados (a *Bíblia*) e de um mundo do religioso, só pôde ter por unidade a palavra e privilegiar, na sacralização generalizada da linguagem, a palavra pela palavra. A Renascença, pela tradução massiva dos textos profanos da Antiguidade, provocou uma dessacralização da palavra e a passagem da palavra à frase como unidade. O classicismo adaptador produziu a prática das "belas infiéis". O romantismo, no seu aspecto filológico de uma procura das especificidades, levou a uma nova procura de exatidão.

No século xx, a tradução se transforma. Passa-se pouco a pouco da língua ao discurso, ao texto como unidade. Começa-se a descobrir a oralidade da literatura, não somente no teatro. O que os grandes tradutores sabiam intuitivamente, desde sempre. Descobre-se que uma tradução de um texto literário deve fazer o que faz um texto literário, pela sua prosódia, seu ritmo, sua significância, como uma das formas da individuação, como uma forma-sujeito. O que desloca radicalmente os preceitos de transparência e fidelidade da teoria tradicional, fazendo-os aparecer como os álibis moralizantes de um desconhecimento cuja caducidade das traduções não é mais do que o pagamento justo. A equivalência procurada não se coloca mais de língua a língua, tentando fazer esquecer as diferenças linguísticas, culturais, históricas. Ela é colocada de texto a texto, ao contrário, trabalhando para mostrar a alteridade linguística, cultural, histórica, como uma especificidade e uma historicidade.

É o vínculo explícito entre a poética e a modernidade. Traduzir aí tem sua maior importância.

Naturalmente, todos os pontos de vista coexistem. O mais institucionalizado é o ponto de vista empirista. No mundo literário, o ponto de vista fenomenológico-hermenêutico é sem dúvida o mais difundido. Daí os efeitos de poder. Uma geopoética. O contemporâneo tem sido sempre o lugar por excelência das resistências e da confusão. O dogmatismo é polimorfo. Sua forma liberal é a mais bela.

Mas as práticas identitárias, que só têm a língua por horizonte, não parecem concorrer para fazer do traduzir o sentido maior da alteridade e da pluralidade que a modernidade impõe à tradução. Cabe à poética estar em vigília.

O Barqueiro

A tradução sendo geralmente mais representada como uma comunicação entre as culturas, informação, e o único meio de aceder ao que é enunciado em outras línguas, essa constatação elementar mascara um fato também muito elementar: o fato de que a imensa maioria dos homens só tem acesso a tudo que foi dito e escrito pela tradução, salvo para aquilo que é pensado na língua, grande ou pequena, na qual se nasceu, e algumas outras línguas que se pode conhecer.

A representação reinante é a do informacionismo: ela reduz a tradução a um puro meio de informação. De repente, toda a literatura é reduzida à informação: uma informação sobre o conteúdo dos livros.

O tradutor é representado como um barqueiro. Não se vê, me parece, que se retira com isto toda sua especificidade da coisa literária. É uma desliteratização. Mais, a tradução é, na melhor das hipóteses, cor localizada: "paizinho" –, para o romance russo.

Barqueiro é uma metáfora agradável. O que importa não é fazer passar. Mas em que estado chega o que se transportou para o outro lado. Na outra língua. Caronte também é um barqueiro. Mas ele faz atravessar os mortos. Aqueles que perderam a memória. É isto o que acontece a muitos tradutores.

Ciência ou Arte

É um velho jogo social, de se perguntar se a tradução é uma ciência ou uma arte. A poética tem que frustrar este jogo[9].

---

9 Mas a tradução dos textos literários é sempre uma arte, com todos os clichês tradicionais da noção, muito centrada sobre a cultura inglesa, e que não ouviu falar do ritmo, em Willis Barnstone, *The Poetics of Translation: History, Theory, Practice*, New Haven/London: Yale University Press, 1993.

Ciência, a tradução está situada na filologia e, por ela, as categorias do saber e da língua. Vista como uma arte, ela é colocada na crítica do gosto. Seus problemas tornam-se mistérios.

Para a poética, a tradução não é nem uma ciência nem uma arte, mas uma atividade que coloca em curso um pensamento da literatura, um pensamento da linguagem. Toda uma teoria insciente, como dizia Flaubert, do sujeito e da sociedade, insciente ou inconsciente. Segundo quem traduz.

Isto está além da oposição entre uma ciência e uma arte. Pelo menos fazer da ciência particular, que está na obra, um sentido da linguagem, e da ciência do sujeito uma arte do pensamento. Como os grandes "pensadores" são artistas do pensamento. Então sim, traduzir é uma arte.

O Ato de Linguagem

Uma tradução é um ato de linguagem. A meteorologia do pensamento obriga a enunciar este truísmo. Em nenhum caso, mesmo quando é excelente, uma tradução não pode passar, fazer-se passar pelo original. Ela tem sua própria historicidade. De uma maneira anódina, diz-se que se lê, por exemplo, a *Bíblia*, em francês. Não, você não lê a *Bíblia*, você lê uma tradução. Este truísmo. Que se faz de tudo para esquecer. E os especialistas – filósofos – de Spinoza, na imensa maioria dos casos, citam-no em tradução. Não há a língua de Spinoza. Pelo fato de que ele escrevia em latim. Nenhum problema de tradução. Nem de poética do pensamento. Imediatamente, a língua adâmica: do pensamento ao pensamento, sem língua. As próprias coisas. Se estes filósofos fossem lógicos, todos eles se calariam. A tradução apaga então duplamente: apaga uma poética do pensamento, apaga seu próprio apagamento.

A tradução é então uma amnésia coletiva. Uma desescritura. Uma desistoricização.

A tradução que apaga manifesta a permanência do mito de Babel: o mal a apagar é sempre a diferença e a diversidade das línguas.

A crítica das traduções – a poética – um trabalho de palimpsesto.

***

Há o quem, o que, o como, há também o quando do traduzir: as distâncias de data e sua variação, entre o tempo do original e o da tradução. O ligeiro traduz, e mesmo, o caso é raro, o traduz antes da publicação do original. Como para o *Heidegger* de Habermas em 1988. Exigência da moda. Há o traduzido mais ou menos tarde. Cinquenta anos, como para o LTI (*Lingua Tertii Imperii*) de Viktor Klemperer. Ou mais. E o jamais traduzido.

Mas também o afastamento de um sentido relativo e de um sentido absoluto, nisto que se chama *traduzido*. O que se pode apreender da estética analítica, que distingue um emprego neutro e um emprego avaliativo das noções. Ela não vai mais longe do que isto. Ela deixa à crítica literária, que cuida bem disto, não a crítica do valor, mas o pensamento do valor. Ou seja, por aquilo que a definição se faz distinta. Necessidade de um adjetivo: um *belo* poema, uma *bela* tradução, uma tradução *malfeita*.

Mas se o valor é parte integrante da definição, se a definição só se realiza na plenitude do valor, então *isto é uma tradução*, e *isto é um poema*, não têm mais necessidade de adjetivo. Posso afirmar, de um poema, *este não é um poema*. Não é um acaso que esta forma de pensamento, familiar, no entanto, tenha vindo pela estética analítica: pois esta é fortemente marcada por Marcel Duchamp, e *esta* origem da modernidade na radicalização da questão: *isto é arte, isto não é arte*.

Vê-se bem, a partir disso, que certas obras de uma língua conheceram uma tradução, e outras, no sentido forte, não teriam sido jamais traduzidas. A *Bíblia* foi traduzida em inglês, em alemão. A *Bíblia* nunca foi traduzida em francês. É o desafio do traduzir.

***

A má tradução, escreveu Walter Benjamin, é a "transmissão inexata de um conteúdo não essencial"[10]. A própria fórmula do

---

10 W. Benjamin, [1923], La Tâche du traducteur, em *Oeuvre I: mythe et violence*, tradução de Maurice de Gandillac, Paris: Denoël, 1971, p. 282.

pensamento tradicional. Com certeza, ela pode ser perfeitamente pertinente, em certos casos. Mas o valor só é aí pensamento em termos de conteúdo. No signo, o descontínuo. A exatidão é uma noção de filologia. Não de poética. Na medida em que é questão de um saber, a exatidão é a polidez do sentido.

Mas seu limite é justamente o sentido. O que desborda o sentido, e a noção de sentido, ultrapassa o que a noção de sentido tem de elementar. Mas também a arrogância invisível da representação que não sabe e não quer saber o que há de contínuo no pensamento. Aí, ela é o impensado.

A má tradução é destrutiva. De muitas outras coisas além do sentido.

***

Trata-se aqui de tentar acabar com isto, ao menos no plano dos princípios, com algumas ideias preconcebidas, preconcebidas, preconcebidas, que dizem respeito à tradução. Particularmente aquela que opõe a teoria à prática, os teóricos e os práticos. E que vem dos práticos. Por isso que este livro se organiza em duas partes intituladas de propósito, "A Prática, é a Teoria", depois "A Teoria, é a Prática". Nas duas, exemplos. Não para confundir tudo. Mas para distinguir a consciência dos desafios, que é a teoria; e a especificidade do concreto, que é a prática. As duas, certamente, indissociáveis.

Na verdade, toda a história da tradução no mundo ocidental não conhece esta divisão até a linguística contemporânea, que pôde fazer acreditar numa autonomia do teórico. É preciso dizer que, de uma maneira tão difusa quanto impensada, a própria condição de muitos tradutores faz tudo para separar o lazer de refletir, e a tarefa do tradutor. Além disto, a velha oposição escolar entre o concreto e o abstrato. Incapaz de fazer a diferença entre a má abstração e o sentido histórico e teórico dos desafios. Donde isto que eu chamei um ódio pela poética.

A realidade, desde que é questão de literatura, à diferença do que Mallarmé chamava de "a universal reportagem", é que traduzir é inevitavelmente confrontado com um pensamento da literatura, um pensamento da linguagem.

Basta que este pensamento falhe e não é mais a tradução aquilo que se vê, mas esta falha. A tradução, então, mostra o que ela não sabe que mostra. Ela é obscena. Não se acreditaria na quantidade de obsceno que nos cerca.

A *Língua de Pau do Traduzir*

Há uma língua de pau do tradutor, e do especialista profissional da tradução. Ela é de pau porque é uma verdadeira autoridade, sem alternativa. E merece bem ser chamada de uma língua, porque ela só conhece a língua. As unidades da língua. Ela se realiza através das noções aparentemente anódinas e de bom-senso, de *língua de partida* ou *língua fonte*, aqueles que sonham em reproduzi-la em tradução sendo aqueles que procuram fontes; e de *língua de chegada*, ou *língua alvo*, a língua em que se traduz, aqueles que visam a ilusão do natural sendo os alvejadores.

Acompanhamento tradicional: os termos de *equivalência* de *fidelidade*, de *transparência* ou *apagamento* e *modéstia* do tradutor. A tradução como *interpretação*. Está claro que ela não saberia fazer outra coisa além de interpretar o texto a traduzir: é preciso compreender bem antes de traduzir.

Acompanhamento tradicional, a separação, concebida como um dado imediato da linguagem, entre o *sentido* e o *estilo*, entre o *sentido* e a *forma*.

Estas noções são próprias da tradução. Elas não têm a solidez nem a segurança das noções da filologia. Apoiando-se inteiramente nos conhecimentos correntes em gramática. Estas são as noções que se ensina. Sem ver, e sem dizer, que elas constituem a programação mesma da *má* tradução, naturalmente caduca.

Paradoxalmente, uma *boa* tradução não deve ser pensada como uma *interpretação*. Porque a interpretação é da ordem do sentido e do signo. Do descontínuo. Radicalmente diferente do texto, que *elabora* aquilo que diz. O texto é portador e levado. A interpretação, somente levada. A *boa* tradução deve fazer, e não somente dizer. Deve, como o texto, ser portadora e levada.

Acompanhamento tradicional, a ideia de que as traduções envelhecem, para dizer que elas são ruins, e que não são mais lidas. Diferente dos originais, que se mantêm através dos tempos, segundo a força que possui um texto literário, fazendo com que seja um texto literário, e que continue a ser lido.

Mas é o contrário que é verdade. As belas traduções envelhecem, como as obras, no sentido em que elas continuam a ser ativas, a ser lidas. Mesmo depois que o estado da língua em que elas foram escritas tenha envelhecido: as *Mil e Uma Noites* de Galland.

Continuar a ser lido, mas naquela língua, se isto não está no original. Dizem que Homero continua a ser lido, mas em tradução, não se lê Homero. Se o leem em tradução, não se lê mais que a tradução. É preciso evitar fazer chacota diante daquilo que só é um truísmo. Atenção, você começou a fazer poética sem o saber.

A poética é o fogo de alegria que se faz com a língua de pau. O trabalho da teoria é de estar em vigília para não se fazer de pau, aí compreendida a poética.

***

Trata-se de reagir contra essa concepção tão falaciosa quanto difundida, que opõe os descobridores de fontes e os alvejadores: os primeiros ficam vesgos rumo à língua de partida, tratando de decalcar; os alvejadores olham para diante, realistas, em direção à língua de chegada, pensando só em preservar o essencial, o *sentido*. Os descobridores de fontes, ávidos pela *forma*. Inessencial.

Vê-se logo que esta repartição é outra divisão do *signo*, segundo sua noção clássica, aliança de um significante, fônico ou gráfico, a forma, e de um significado, o sentido. O que o saber comum e o bom senso oferecem como a única atitude razoável determina uma estase conceitual, e um desastre literário. Mas também um desastre conceitual. Os textos filosóficos não são poupados.

Traduzir segundo o comando do signo induz a uma esquizofrenia do traduzir. Um pseudorrealismo ordena traduzir o sentido sozinho – quando na verdade nunca está só. Ele dirige a ilusão do natural – a tradução que apaga. Ele acomoda a poesia e o ato literário, em geral, à noção de forma como resíduo daquilo que se acredita ser o sentido, conforme a palavra, geralmente, como unidade.

A resposta da poética é que a unidade da linguagem não é a palavra, e não pode, pois, ser o sentido, seu sentido. O alvejador se engana de alvo. Porque ele só conhece o signo. Mas a unidade é o discurso. O sistema do discurso.

Para a poética, a unidade é da ordem do contínuo – pelo ritmo, a prosódia – e não mais da ordem do descontínuo, onde a distinção mesmo entre língua de partida e língua de chegada volta a reunir a oposição entre significante e significado. O alvejador esquece que um pensamento *elabora* alguma coisa na linguagem, e é aquilo que ela faz que fica por traduzir. Daí que, a oposição entre *fonte* e *alvo* não tenha mais nenhuma pertinência. Só o resultado conta.

A poética é um nominalismo das obras, dos discursos, não das palavras. O menor poema, o menor conto infantil frustra uma armadilha grosseira que já serviu demais, e em que estão embaraçados os tradutores.

Quaisquer que sejam as línguas, só há uma *fonte*, e é de fato um texto; só há um alvo, construir na outra língua aquilo que ele constrói. Isto é realismo. O que o alvejador considera realismo, é seu semioticismo. Signo perverso.

Se queremos compreender alguma coisa a respeito da relação entre o descontínuo do signo (as noções correntes sobre a linguagem, que vêm à tona) e o contínuo do fazer, do agir na e pela linguagem, é preciso aprender, ou talvez reaprender, um modo de escutar aquilo para o qual o signo nos tornou surdos. Surdos, porque ele opera uma redução da linguagem às unidades da língua. Surdos ao discurso, como atividade dos sujeitos. O que faz esta atividade, não é uma antropologia da totalidade, mas uma semântica do infinito.

Diferente do signo, ela não separa, na linguagem, o corpo e o sentido. Segundo uma oralidade, uma corporeidade, uma sociabilidade da linguagem e de um discurso como sistema do discurso.

Sistema, no sentido de Saussure, de um conjunto de diferenciais internos, radicalmente históricos, à diferença da *estrutura* estruturalista e semiótica, que trata como pares de exclusão mútua os pares de implicação recíproca, em Saussure, entre língua e palavra, sincronia e diacronia (aos dois, o conjunto, a história, estado e mudança) sintagmática e associativa. Não paradigmática.

Neste sentido, a poética é saussuriana, mas antiestruturalista. O estruturalismo linguístico e sobretudo literário terá sido um longo contra-senso a respeito de Saussure. Nunca se vai repetir isto o suficiente: hoje ainda, ao ver como se escreve a história do pensamento da linguagem neste século.

Sistema, valor, funcionamento, e o radicalmente arbitrário, radicalmente histórico, são diretamente pensáveis na sua relação da língua ao discurso. A crítica das "subdivisões tradicionais" por Saussure – léxico, morfologia, sintaxe – pode-se ler como a condição necessária de um pensamento do discurso, e de uma poética do contínuo.

Porque no ritmo, no sentido em que o digo, não se ouve o som, mas o assunto. Não uma forma distinta do sentido. Traduzir segundo o poema no discurso, é traduzir o recitativo, a narração da significância, a semântica prosódica e rítmica, não a estúpida palavra a palavra que os alvejadores veem como a procura do poético. É verdade que há descobridores de fonte, sectários do decalque. Mas também eles são tão ignorantes da poética quanto os alvejadores.

Porque o modo de significar, muito mais que o sentido das palavras, está no ritmo, como a linguagem está no corpo, o que a escrita inverte, colocando *o corpo na linguagem*.

Por isto, traduzir passa por uma escuta do contínuo. Subjetivação pela subjetivação.

***

Aqui, importa para fazer uma fogueira de alegria com a língua de pau que flui sobre isto que é traduzir, dispor os dois princípios maiores da poética: a invenção de uma historicidade por um sujeito, a invenção de um sujeito específico por esta historicidade.

Porque a aventura essencial, através daquela dos textos, é talvez aqui a de um pensamento e de uma prática da historicidade. A historicidade definida não como uma situação cronológica, mas administração das tensões entre o presente passado passivo e a invenção de maneiras novas do ver, do dizer, do sentir, do compreender de tal maneira que esta invenção continue a ser invenção muito depois do tempo do seu achado, porque ela é uma invenção continuada do sujeito. O historicismo, ele próprio, só sabe reduzir o sentido às condições de produção do sentido.

A historicidade de uma tradução, como de uma obra dita original, é função, ao contrário das razões falaciosas do gênio das línguas, que são toda uma tradição, da inscrição aí de um sujeito. Sujeito no sentido em que Baudelaire dizia em *A Arte Filosófica*, para "a arte pura segundo a concepção moderna", que era "criar uma magia sugestiva contendo ao mesmo tempo o objeto e o sujeito"[11].

Sujeito definido não como enunciador no sentido da língua, gramaticalmente (o que torna técnica a questão, a areia movediça no jogo só dos pronomes pessoais), mas o coloca para designar a subjetivação máxima de um discurso. Isto que eu chamo o sujeito do poema. Sujeito específico. Por isto, este discurso não pertence mais às categorias do descontínuo, que são as do signo, as da língua. Esta subjetivação, quando ocorre, pertence a uma prática e a um pensamento do contínuo. Contínuo rítmico, prosódico, semântico. Contínuo da linguagem ao seu sujeito. Contínuo de língua à literatura, de discurso à cultura, de linguagem à história.

***

A fidelidade, tão respeitável em aparência, e requerida como o menor dos respeitos devidos ao texto e ao leitor, a fidelidade que deve acompanhar a modéstia, o apagamento do tradutor, para atingir a transparência em relação ao original, tudo o que deveria ser a própria transparência é, na realidade, um disfarce amável colocado sobre um pacote de ignorância e de obscuridade. Fidelidade de quem? Fidelidade a quê? Pretensamente ao texto a traduzir. Mas logo quando se olha de que ela é feita, vê-se que ela é primeiro uma fidelidade ao signo. E às ideias preconcebidas. O apagamento do tradutor só tem uma

---

11 *L'Art philosophique*, de 1859, publicado em 1868 em *L'Art romantique*, Paris: Club du meilleur livre, 1955, t. 2, p. 193.

visada: dar a impressão de que a tradução não é uma tradução, oferecer a ilusão do natural. Ficam por apagar todas as particularidades que pertencem a um outro modo de significar, apagar as distâncias, de tempo, de língua, de cultura.

Não se pode negar, no entanto, que traduzir é um ato de linguagem. O paradoxo do apagamento, que passa desapercebido segundo a grade do signo, é o que vê a poética. Porém, ela não vê mais que ele.

A fidelidade tem as melhores intenções do mundo. Mas ela mesma é a primeira vítima involuntária de sua aplicação e de sua boa consciência. Nada do que ela empreende poderia realizá-la. Pensa em manter um texto, e só abarca um enunciado.

Lastimável e falsamente ingênua, a moralização aí mantém lugar da ética anunciada. Ela é o álibi variável da teratologia em tradução, mas também do decalque. Apesar de toda a seriedade do saber a que pretende, ela não sabe o que faz.

Para a poética, não é certamente preciso opor-lhe a infidelidade. Menos ainda dos traducionismos. Mas a escuta do contínuo, que não é do saber, mas do sujeito, com sua parte de incerteza.

Quanto mais o tradutor se inscreve como sujeito na tradução, mais, paradoxalmente, traduzir pode continuar o texto. Quer dizer, em um outro tempo e uma outra língua, dele fazer um texto. Poética pela poética.

São Jerônimo mostra-o exemplarmente. Foi o contrário da transparência e do transporte. Seu latim era uma relação. Com o hebraico.

Também a admiração diante do espetáculo é dupla, assim os dogmas ensinados são a programação mesma da má tradução, que é a mais corrente. Levamos tão pouco em conta as grandes traduções, que mostram empiricamente o contrário do que se ensina. Cessa o espanto, se comparamos o lugar que o signo conserva, e a ausência de lugar da poética.

***

Existem quatro formas de teratologia em tradução (a metáfora biológica implica a comparação com um corpo são e íntegro e o texto a traduzir corresponde a este corpo): as *supressões* ou omissões no texto, em que há falta de uma palavra ou de um grupo de palavras; os *acréscimos*, porque a tradução se crê obrigada a explicitar; os *deslocamentos* de grupos (a unidade estando no grupo, não na palavra) – por motivos nunca misteriosos, ou ainda não elucidados, o que estava no começo se encontra no meio ou no fim da frase, o meio no começo, o fim no meio, pretensamente para respeitar os hábitos de uma outra língua – sem nenhum constrangimento linguístico, e sem nenhuma ideia de uma semântica de posição; enfim, banalmente, observa-se ao mesmo tempo uma *não-concordância* e uma *anticoncordância*: não-concordância, quando uma mesma unidade de sentido é traduzida por muitas, desfigurando o ritmo semântico, e anticoncordância ou *contraconcordância*, quando inversamente muitas são transformadas numa única. Naturalmente, não-concordância e anticoncordância podem se reunir. E as quatro formas de teratologia, como era de se esperar, acham-se também geralmente juntas. Em nome do natural.

Assim se passa muitas vezes com a tradução comum, no sentido em que reina a ignorância da poética, isto é, da própria noção de sistema. A tradução está habituada a estes pequenos delitos que provocam as grandes distâncias entre o estado deplorável de uma tradução confrontada à força – a sistematicidade – de um texto, em seu estado original, de que não se tem mais ideia.

***

A concordância é uma noção de má reputação. Pretende-se que ela seja puramente lexical, idêntica ao fetichismo da palavra pela palavra. O que o corte linguístico das línguas torna muitas vezes impraticável: significantes diferentes para um significado. Mas é nisto que é preciso passar da filologia à poética, do sentido ao modo de significar, do descontínuo do signo ao contínuo do ritmo e da prosódia como semântica não lexical.

A maior parte das não-concordâncias (muitas palavras para uma mesma palavra) e das anticoncordâncias (uma mesma palavra para muitas diferentes) não são de modo algum devidas a constrangimentos linguísticos, mas a ideias inteiramente preconcebidas sobre a repetição, o gênio da língua francesa, este ponto atravancado de asnos. A concordância não é uma questão de palavras, mas uma questão de ritmo.

O problema é simples: poética pela poética, ou a degradação de uma poética em retórica, e o discurso compreendido como da língua.

Revalorizar a tradução implica que ela seja uma escrita. Sem o que, é uma impostura.

***

Na tradução, a equivalência é uma noção perfeita. Ela é tão frouxa quanto a fidelidade. Podendo se situar em níveis diversos. Ela supõe obscuramente um sinônimo que o discurso recusa. Mas ela é maleável. Pode passar da língua ao discurso, do descontínuo ao contínuo. Ela se transforma em receitas de estilística comparada, na língua. Pode tão bem se aplicar ao ritmo e à prosódia, no discurso.

Ritmar a Oralidade

A oralidade, enquanto marca característica de uma escrita, realizada na sua plenitude somente por uma escrita, é o jogo da poética do traduzir. Ela supõe, e verifica concretamente, cada vez, que a oralidade não é mais o que o signo binário confundia com a fala, oposto à escrita. Onde tudo o que não era escrito era oral, como tudo aquilo que não é Verso é Prosa, para o mestre de filosofia de Monsieur Jourdain.

Mas se o ritmo não é mais o que era, se é a organização do movimento da palavra, no sentido que Saussure atribuía à *palavra*, uma organização que é a especificidade, a subjetividade, a historicidade de um discurso, e sua sistematicidade, então a oralidade é o primado do ritmo no modo de significar. No falado como na escrita. É a literatura que a realiza, emblematicamente. É mesmo nisso e por isso que ela é literatura.

Daí decorre claramente que num texto literário o que fica para traduzir é a oralidade.

Toda tradução que mostra não ter a mínima ideia disto julga-se logo a ela mesma. Forma traducional do suicídio.

***

Ao contrário da opinião corrente, que passa por um universal não-histórico, querendo que a poesia (confundida com o verso) seja mais difícil de traduzir que a "prosa" – má representação de um verdadeiro problema, o do contínuo ocultado pelo descontínuo –, Goethe colocava uma questão para o futuro, um problema cuja formulação esboçava a necessidade de pensar o impensado: pensar aquilo que pode ser um *pensamento poético* quando ele escrevia: "Eu venero o ritmo como a rima, pela qual somente a poesia torna-se poesia; mas o que possui uma eficácia realmente profunda e essencial, o que verdadeiramente forma e cultiva, é o que resta do poeta quando ele é traduzido em prosa"[12].

O que continuava ainda confuso com o conteúdo, com o sentido – o essencial – no quadro do signo, merece, no entanto, ser pensado distintamente. Com a diferença do verso – mas não sem afinidades com ele – e com a diferença da poesia, existe alguma coisa de específico. Eu chamo pensamento poético. O pensamento poético é a maneira particular pela qual um sujeito transforma, inventando-se, os modos de significar, de sentir, de pensar, de compreender, de ler, de ver – de viver na linguagem. É um modo de ação sobre a linguagem. O pensamento poético é aquilo que transforma a poesia. Como o pensamento matemático transforma as matemáticas.

É isto que fica para traduzir. É isto que constrói a modernidade de um pensamento, mesmo já pensado de há muito. Pois ele continua a agir. A ser ativo no presente.

***

A tradução é ferida imediatamente pelo impensado da relação interna (no sentido do que Humboldt chamava interação, *Wechselwirkung*) entre língua, cultura, literatura. Todo o conjunto de ideias confusas que se chama divertidamente, na própria medida da falta de gênio, o gênio das línguas.

---

12   *Poésie et Vérité*, IIIe partie, livre XI, Paris: Aubier, 1941, p. 317.

É todo o conjunto das representações imponderáveis nas línguas antigas ou jovens, no que é possível numa língua e impossível na outra: as repetições, possíveis em italiano, consideradas impossíveis em francês. Todo este conjunto, metalinguístico e metaliterário, que resulta do gosto do tradutor, de suas pusilanimidades ou de suas ousadias. O francês se coloca nesta questão como a língua do razoável, língua de toda maneira julgada apoética e sem ritmo, por toda uma tradição. Justamente a do gênio.

***

Com as traduções da *Bíblia*, o problema poético é um balanço de ocultações, e uma tradução nova a fazer, a do ritmo, a de um original segundo em francês, dada a inexistência poética de uma *Bíblia* em francês. Trabalho ligado ao de uma desestabilização do signo em direção ao ritmo. Trabalho por, em e sobre a poesia francesa de hoje.

Com as traduções da *Bíblia*, dada a rítmica toda poderosa do texto original, sem verso nem prosa, toca-se na própria crítica do ritmo em sua acepção tradicional. O desafio ultrapassa a tradução: é a teoria da linguagem. Donde a exacerbação da importância que toma a tradução.

Uma situação única para uma antropologia histórica da linguagem, ao mesmo tempo ciência nova da linguagem, e nova prática do corpo na linguagem.

A história do traduzir no mundo ocidental é, como vai-se ver, a ilustração histórica e ideológica da tradução como apagamento.

***

Trabalhos recentes confirmam o panorama tradicional: Colette Laplace, em *Teoria da Linguagem e Teoria da Tradução*[13]; e *Europa e Tradução*, organizado por Michel Ballard[14].

---

13 *Théorie du langage et théorie de la traduction, les concepts-clefs de trois auteurs*: Kade (Leipzig), Coseriu (Tübingen), Seleskovitch (Paris), Paris: Dider-érudition, 1994
14 *Europe et traduction*, Arras: Artois Presses Université/ Otawa: Presses de l'Université d'Ottawa, 1998.

A paisagem, felizmente, não é um bloco. Uma outra atitude aparece em: *Tradução e Cultura*, de Jean-Louis Cordonnier[15]; e *Didática das Línguas*, editado por Germaine Forges e Alain Braun[16].

Difícil saber se as aberturas manifestam uma evolução de costumes na tradução. Nisto se empenha este livro.

A EUROPA DAS TRADUÇÕES É ANTES A EUROPA DO APAGAMENTO DAS TRADUÇÕES

A História da Europa como História e Não-História do Traduzir

Pensar a teoria do traduzir é inseparável de pensar sua história, suas histórias. Eu me limito aqui necessariamente à Europa. Tem-se no entanto também grande necessidade de saber como se traduz, em outras tradições, Balzac, em chinês, por exemplo.

Hoje mais que nunca, a tradução é o elemento de troca e de conhecimento entre as culturas, e no interior de cada cultura. Não se saberia fazer a história da literatura sem a história da tradução. Ora, esta história é marcada na Europa por uma série de apagamentos.

A Europa nasceu da tradução e na tradução.

A Europa se fundou apenas sobre traduções. E ela só foi constituída pelo apagamento de toda esta origem de tradução. O que vale para seus textos fundadores, aqueles de seus dois pilares, o grego para sua ciência e filosofia, o hebraico para a *Bíblia*, Antiga Aliança como Nova Aliança. A ocultação da ocultação sendo aquela do hebraísmo, em toda a história teológico-política ocidental. Que é a história do antijudaísmo filológico cristão.

Desde a *Septuaginta*, os especialistas mostraram que

---

15 *Traduction et culture*, Paris: Hatier/Didier, 1995.
16 *Didactique des langues: traductologie et communication*, Paris/Bruxelles: De Boeck Université, 1998.

até o século iv, em todo caso, o conjunto dos exegetas cristãos não considerava a Septuaginta como uma tradução, mas como o texto inspirado nele mesmo: a maior parte dos simples fiéis ignorava que existiu um original hebraico[17].

Mais tarde, "não se hesitou a pretender que a LXX, traduzida naquela época pré-massorética, fosse a única autêntica, tendo sido o texto massorético[18] desnaturado pelos judeus"[19].
Diferente da Europa medieval latina, e da Europa das línguas vernáculas em luta contra o latim, a partir do século XVI, em que a tradução da *Bíblia* determinou uma sacralização da língua, em alemão, em polonês, em russo – enquanto apagamento do original –, as culturas da Índia, da China e do Japão estão em continuidade de língua com seus textos fundadores.

À exceção dos textos do budismo que viajaram em tradução, do sânscrito ao chinês antigo e ao japonês. Mas Confúcio criou um texto fundador em chinês para os chineses. E o *Kojiki**, o *Nihongi* são fundadores em japonês para o Japão. Quanto à cultura árabe, seu texto sagrado vai em toda parte do Islã, até à Indonésia. Não em tradução.

Só a Europa é um continente de tradução, no sentido de que os grandes textos fundadores são traduções e só existem em tradução enquanto as grandes traduções são primeiro as dos textos sagrados. O Novo Testamento – a Nova Aliança – em grego, já é uma tradução. Cujo substrato, por muito tempo reputado como sendo o aramaico, ele próprio apagava o hebraico que em seus próprios jogos de palavras mostram o que foi feito.

Diferente do *Corão*, que se impõe por todos os lados no Islã, em sua língua, a *Bíblia*, no mundo cristão, só foi conhecida

---

17 Francine Kaufmann, Un Exemple d'approche théologique de la traduction: les jugements sur la Septante, *TTR* (Traduction Terminologie Rédaction), Montréal: Université Concordia/ Trois-Rivières: Université du Québec, v. 3, n. 2, 2º sem. 1990, p. 33.
18 Texto estabelecido por meio da tradição gramatical judaica ou Massora (transmissão), os gramáticos são denominados *massoretas*.
19 F. Kaufmann, Un Exemple d'approche théologique de la traduction, op. cit., p. 33.
* O *Kojiki* é uma amálgama das sintaxes japonesa e chinesa, representado em ideogramas chineses (*kanji*). Cf. E. A. Cranston, Asuka and Nara Culture: Literacy, Literature and Music, em D. M. Brown et al. (dir.), *The Cambridge History of Japan*, Cambridge: Cambridge University Press, 1993, v. 1 (Ancient Japan), p. 459 (N. da E.).

e praticada como texto religioso fora do judaísmo através das traduções que foram os originais segundos: a *Septuaginta*, a *Vulgata* (declarado único texto autêntico no Concílio de Trento, em 1546), a tradução de Lutero e a *King James Version*, a versão inglesa "autorizada" de 1611, as duas em país protestante. Este efeito, tão massivo que passou desapercebido, se agrava pelo fato de que em país católico, na França, particularmente, não existe nem existiu original segundo, nem grande tradução da *Bíblia*, cujo texto é assim duplamente apagado. Uma das duas origens (a grega ou a hebraica) deste mundo, como se diz comumente, é assim o objeto de uma ocultação múltipla.

Diferentemente de outras culturas centradas nelas mesmas, a Europa é de origem pluricultural, original e constantemente tradutora, de seu começo mediterrâneo, à Roma helênica, à Idade Média em que Aristóteles passa pelo sírio e o árabe antes de se ler em latim no século XVI em que Calepin faz um dicionário cuja última edição era em onze línguas. A Europa, desde seus primórdios e suas intermitências, não deixou de traduzir, do sagrado ao profano, do latim às línguas vulgares, depois das línguas vernáculas, entre elas. Da mesma forma que inventa a exclusão, com a Inquisição, ela inventa, com as grandes explorações e a etnologia, a relação com o outro.

A tradução aí se confunde com a história do divino, do sagrado, ao teológico-político e às lutas para se livrar disto. Sua história é a de sua política tanto quanto de sua poética. E mostra bem que não há teoria da tradução sem sua história, nem história da tradução sem implicar aí a teoria. Esta reflexão basta para indicar que não se saberia, sem prejuízo, isolar seu estudo procurando fazer uma ciência da tradução, uma "tradutologia". Imediatamente, esta operação arrasta consigo um não reconhecimento de seu lugar estreito com a teoria e a história da literatura, não reconhecimento que se dissimula atrás dos tecnicismos das estilísticas comparadas, que não têm por unidades mais que as unidades da língua, enquanto a literatura se constrói na ordem do discurso, e reclama conceitos do discurso. Toda denegação da poética se paga. A lassidão que disto resulta revela-se logo uma metaforização do compreender. Um estado do pensamento muito difundido.

De chofre, uma poética do traduzir é portanto crítica e histórica, no sentido em que ela consiste no reconhecimento da historicidade das traduções.

Sua ligação com a história geral é ostensiva, quando a tomada de Constantinopla pelos Turcos em 1453 desencadeia uma emigração de letrados bizantinos e a chegada maciça de manuscritos gregos, de professores de grego, e de traduções do grego cujo número aumenta a partir de 1530. A invenção da imprensa por volta de 1440 traz proveitos à tradução: o primeiro livro impresso é uma tradução, que é a *Bíblia de Mogúncia*, em 1455. Mesmo o decreto de Viller-Cotteret, de 1539, que torna o francês obrigatório em lugar do latim para os documentos oficiais, contribui para o movimento, muitas vezes subvencionado pelos reis da França, não de Oresme sem Charles v, para colocar em francês os Antigos. Já o primeiro texto que constitui o ato do nascimento da língua francesa, o dos *Juramentos de Strasbourg* em 842, era uma tradução e, antes de ser literatura, um ato político.

Traduzir é histórico, ainda que em um outro sentido. No sentido em que os procedimentos mudam com o tempo, segundo um laço estreito com a coisa a traduzir.

O sagrado – e a tradução literária, no mundo ocidental, começa no sagrado –, implicando uma concepção de linguagem como nomeação e palavra divina, gerou o decalque como limite do traduzir. O decalque, quer dizer, a palavra pela palavra, acompanha uma hermenêutica particular. Sem esquecer que o hebraico é considerado até o século XVIII a língua da origem, de onde surge uma hierarquia das línguas, a forma extrema do sagrado será a interdição de traduzir, de transgredir os limites da língua sagrada, como para o *Corão*.

Na Idade Média, a Europa Ocidental retoma essa superioridade sobre o latim, língua internacional. As línguas vulgares são consideradas inferiores.

A tradução palavra por palavra domina a Idade Média ocidental. Ela se inicia com Boécio que, no prefácio de sua *Consolação Filosófica*, via nisto o único meio de não corromper a verdade. A tradução é então portadora da cristianização. Dos começos aos nossos dias perpetua-se o conflito entre traduzir o sentido e traduzir as palavras.

Do sentido pelo sentido, a partir da dominância dos textos profanos, sai o princípio da tradução livre, que se desenvolve como bela infiel, a partir de Malherbe, na Europa dos séculos XVII e XVIII. O romantismo, senso das especificidades, reencontra o gosto da tradução dita literal. Assim, o traduzir muda.

Muda em relação com o pensamento da linguagem e da hermenêutica. Primeiro nos limites da noção de língua, com as unidades da língua, palavra e frase, som e sentido. Só no século XX, talvez de modo desigual segundo os tradutores e as tradições, afirma-se um outro princípio de tradução, em termos de discurso e de oralidade: não se traduz mais da língua, mas de um texto.

Esta transformação é solidária à outra transformação, mais geral e política, a das relações entre identidade e alteridade, pela decomposição dos colonialismos, da antropologia dual da lógica e do pré-lógico de que Lucien Lévi-Bruhl, até seus *Carnets* (Diários) em 1940, era o teórico. O primitivismo em arte, ligado às primeiras vanguardas literárias do século, aí desempenhou seu papel: tornar sensível que a identidade não se opõe mais à alteridade, mas chega a ela mesma pela alteridade.

Estas duas transformações estão ainda em curso, no pensamento da linguagem e na lógica das ligações entre culturas. Juntas, elas são os princípios determinantes de uma transformação maior no traduzir, no século XX: a passagem, não sem resistências, de uma prática da anexação à de um descentramento; primeiro na língua, de uma língua a uma outra, como defendia Walter Benjamin, agora numa poética dos textos.

Traduzir é tomado ainda numa outra história, a de suas próprias representações, que só correspondem em parte a uma periodização.

Dos primeiros textos de tradutores, refletindo sobre sua atividade e se defendendo contra os ataques, sai um modo empírico de reflexão, que prossegue indefinidamente: *Sob a Invocação de São Jerônimo* de Valery Larbaud[20]. Nenhuma relação com as estilísticas comparadas, sempre no pensamento da língua.

De Schleiermarcher, que renova a hermenêutica, data uma hermenêutica da tradução, com seu ensaio de 1813, *Ueber*

---

20 *Sous l'invocation de saint Jérôme*, Paris: Gallimard, 1946; ou Maurice-Edgar Coindreau, *Mémoires d'un traducteur*, Paris: Gallimard, 1974.

die verschiedenen Methoden des Uebersetzens (Sobre os Diversos Métodos de Tradução). Esta hermenêutica foi retomada e transformada pela fenomenologia e pela ontologia de Heidegger, que inclui traduzir, *übersetzen*, no compreender, concebido em geral como um transporte, por um puro jogo de palavras com o deslocamento do acento, para *übersetzen*[21].

No período que seguiu à Segunda Guerra Mundial, em relação às tentativas de tradução automática, surge uma linguística da tradução.

Resta distinguir de tudo isso uma poética do traduzir, observar entre os grandes tradutores, desenvolvê-la como uma teoria geral das relações entre a linguagem e a literatura.

Os Antigos na Idade Média.
Das Palavras ao Sentido

Na Antiguidade, a ligação íntima com o estrangeiro, por sua língua, é excepcional: Temístocles sabia o persa. Ovídio também é uma exceção, aprende a língua do país em que está exilado. A Grécia antiga não traduz: os outros são os bárbaros – suas línguas, borborigmas. Em Heródoto, os intérpretes são os estrangeiros. O Oriente Próximo antigo traduz somente para administrar seus impérios.

Roma inaugura a tradução literária. Ênio escreve que há "três almas" porque ele fala o latim, o grego e o osco. A ligação com o grego era diferente da (ligação) com todas as outras línguas, em Roma. Frequentemente Plauto, Terêncio e outros passaram por imitadores, sendo considerados criadores apenas os gregos.

Os gregos só tinham a palavra *hermeneuein*, "interpretar", para a ideia de traduzir. Os romanos inventam um léxico da tradução: *vertere, convertere, transvertere, imitari, reddere, translatare*. Roma tem o primeiro tradutor individual de que se conhece o nome, Livius Andronicus (284-205 a.C.), que traduziu a *Odisséia*, em torno de 240. Os escritores traduzem: Cícero, Catulo, Horácio. Mais tarde, Sílio Itálico (25-101 d.C.)

---

21 Volto ao assunto com maiores detalhes.

faz uma versão latina da *Ilíada* que foi lida em toda a Idade Média, antes que se recomece a saber o grego.

A primeira tomada de posição teórica conhecida sobre a tradução é a passagem de Cícero no *De Optimo genere oratorum* (v, 14), prefácio a uma tradução perdida de Ésquino e de Demóstenes. Cícero aí rejeita a palavra pela palavra. Reivindica fazer não o trabalho de tradutor (*ut interpres*), mas de orador. Depois, não só o conflito entre o sentido e a palavra se encerra, mas também o conflito entre o desejo de imitar o modelo e a obrigação de se exprimir com os meios de sua língua, a língua de chegada – o conflito entre o sentido e o estilo, mantido nas palavras da outra língua.

Uma *grande* tradução é uma tradução que marca, e permanece. Para que ela neutralize a diferença de valor banalmente admitida com o original. Diferença fundada empiricamente, porque a maior parte das traduções não dura.

A primeira grande tradução é a *Bíblia* dos Septuaginta, feita no século III antes da nossa era por e para os judeus helenizados de Alexandria. Primeira tradução coletiva conhecida. E simbolicamente, texto religioso. A *Septuaginta*, um dos suportes iniciais do cristianismo, mais que o original hebraico e utilizado contra ele, grega num mundo grego, e marca de neoplatonismo, inicia o papel de original segundo da *Bíblia*.

A primeira grande tradução latina, ainda para nós, é aquela que praticava Claudel, a *Vulgata* de São Jerônimo; Jerônimo tinha sido encarregado, em 384, pelo papa Dâmaso, de revisar a primeira tradução latina da *Septuaginta*, dita *Vetus Latina*. Ele aí trabalhou até a sua morte, em 420, retornando ao hebraico, e hebraizando fortemente o latim. O tradutor nele não é separável do exegeta e do teórico da tradução. Em seu *De Optimo genere interpretandi*, carta-resposta aos ataques (carta LVII a Pamachio), Jerônimo distingue a técnica de Cícero, pertinente para os gregos, da que convém às Santas Escrituras: "Ego enim non solum fateor, sed libera voce profiteor me in interpreatione Graecorum absque scriptoris sanctis, ubi et verborum ordomysterium esta, non verbum e verbo sed sensum exprimere de sensu" (Sim, não somente eu concordo, mas venho livremente reconhecer que na interpretação dos Gregos, salvo para as Escrituras Santas onde mesmo a ordem das palavras é um mistério, não traduzo palavra por palavra mas sentido a partir do sentido).

Esta concepção supõe a heterogeneidade do signo linguístico, entre as ideias (*sensum*) e as palavras. De onde se conclui que a tradução é conduzida à interpretação livre. Salvo nas Escrituras Santas.

O mundo árabe, desde seu nascimento, começa a traduzir os gregos, pela intermediação dos bizantinos e do siríaco: os filósofos (Platão, Aristóteles) e os sábios (Galeno, Hipócrates, Euclides, Arquimedes). É da tradução que sai a terminologia científica árabe, em medicina; e os filósofos, Avicena, Averróis. A tradução do árabe para o latim começa no meio do século X na Espanha. No século XII, uma referência a Aristóteles pressupõe uma tradução latina de uma tradução árabe, feita em siríaco, traduzida do grego.

A tradução funda a civilização da Idade Média ocidental, tanto quanto a civilização árabe medieval. A queda da dominação dos mouros em Toledo, em 1085, permite o acesso aos manuscritos originais árabes e às traduções do grego. O primeiro Colégio de tradutores foi criado aí em 1135. Aí se traduziu o *Corão* por várias vezes em latim. Mas, sobretudo, das ciências, e calcadas na terminologia árabe.

Há, paradoxalmente, alguma coisa a defender neste procedimento linguística e poeticamente indefensável do decalque. É que, é preciso reconhecê-lo, historicamente foi constitutivo da própria formação das línguas vulgares na Idade Média, e na sequência. Sobretudo pelo léxico, mais raramente pela sintaxe, o decalque introduziu uma alteridade na identidade, nisto enriquecendo esta identidade, que não dispunha de nada para dizer as inovações que entravam em sua língua. Negação mesmo de uma ligação, o decalque, transporte de um radicalmente outro, transformou o grego (desde a *Septuaginta*, e ainda mais o Novo Testamento); o latim, desde São Jerônimo; o francês, pelo latim. O decalque, desaparecido como prática dominante no século XVI (e que continua hoje nas ressurgências individuais, a *Eneida* de Klossowski, as traduções bíblicas de Edmond Fleg retomadas por Chouraqui) realizava então uma primeira mestiçagem. Pelo prestígio do latim, língua do saber, sobre as línguas vulgares tidas como inferiores.

A adaptação livre começa no século XIII no romance profano. Passagens do *Roman de la rose* (Romance da Rosa) de Guillaume Lorris, em torno de 1235, são traduzidas de *A Arte de Amar* de Ovídio. Os textos eruditos são o lugar do decalque. O papel indireto da tradução constitui aí a fábrica de palavras francesas.

Pierre Bercheure (1290-1362) traduziu Tito Lívio sob encomenda de Jean II, o Bom. Ele naturaliza *augure, auspices, cirque, expier, faction, fastes, inauguration, senat, transfuge, triomphe*. Charles V, que criou a Biblioteca Real em 1367, manteve tradutores, entre os quais Nicolas Oresme (1320-1382) que tem por tarefa "traduzir para o bem comum" as obras de Aristóteles. Oresme introduziu no francês, entre outras, *action, aristocratie, démagogue, despote, législation, monarchie, poète, politique, potentat, sédition, spectateur, tyrannie*. Ele declara em uma "desculpa", em 1370, que a ausência de correspondentes o obriga a "transplantar" palavras.

Há uma dupla inconsequência a reconhecer, nas histórias da literatura francesa, que estes tradutores deram uma contribuição maior à língua, reservando apenas um ínfimo espaço para suas traduções, e para a reprovação dos barbarismos e neologismos ridículos, um excesso de literalidade, ao mesmo tempo em que se louva uma notável fidelidade para a época.

Séculos XV e XVI.
Da Frase ao Ritmo

Como a queda de Constantinopla em 1543, as guerras da Itália determinaram um afluxo de traduções. A imprensa as difunde. Traduz-se do alemão o *Narrenschiff* (A Nau dos Insensatos, 1494) de Sébastien Brandt, em 1497, pela intermediação do latim. A retórica generaliza uma amplificação por duplicações pleonásticas.

A Renascença e a Reforma avivaram querelas de tradutores. A Reforma favorece a tradução da *Bíblia*. Estas querelas são negócios de Estado, negócios de religião. Dolet foi enforcado e queimado por ter deixado ouvir que negava a imortalidade da alma, traduzindo, em Platão: depois da morte "tu não serás mais – *su gar ouk esei*" por "tu não serás mais absolutamente nada".

A Renascença é o nascimento das palavras atuais para a tradução, *tradurre* em italiano, *traduire* em francês criada por Robert Estienne (1503-1559); *traduction* e *traducteur*, em 1540, por Étienne Dolet (1509-1546). Antes, falava-se de *translation* e de *translater*, que permaneceram no inglês.

A prática corrente é ainda então o método medieval de tradução indireta, tradução de tradução, até o século XIX para as línguas do Oriente pouco conhecidas. Ela ainda é defendida por certos escritores hoje. O humanismo, retorno ao grego e ao hebraico, as duas línguas de origem do Ocidente, procede a esta crítica.

Étienne Dolet publica o primeiro tratado de tradução em francês, *La Manière de bien traduire d'une langue en aultre* (A Maneira de Bem Traduzir de uma Língua a Outra), em 1540. Em cinco regras, Dolet coloca os princípios que permanecem fundamentais. A primeira regra, ouvir "perfeitamente o sentido & matéria do autor", coloca o primado do texto sobre a língua e da poética sobre a filologia; a segunda, o "perfeito conhecimento" das duas línguas não é sempre um truísmo, e na época se opunha à tradução indireta; a terceira, como a "palavra por palavra", pela escolha das "sentenças" e da "intenção", é a prioridade do discurso, enquanto a palavra o é da língua; a quarta regra, evitando os dois extremos do tempo, "palavras muito próximas do latim" e neologismos, consiste em "seguir a linguagem comum", o oposto do decalque, e esta procura da medida é já a ética de uma poética do traduzir; a quinta regra, dada como a mais importante, é "a observação de números oratórios", em outros termos, o ritmo e a prosódia já ao mesmo tempo que a coerência de uma "harmonia de linguagem". O essencial para uma poética do traduzir já está aí esboçado.

Du Bellay, em sua *Defesa e Ilustração da Língua Francesa*, de 1549, defende que é preciso traduzir para rivalizar, impor-se. Trata-se sempre de enriquecer a língua, admitindo-se que não se pode reproduzir o estilo, no lugar em que Dolet antecipa uma poética. Mas o capítulo "de só traduzir os poetas" se somos poetas, é uma outra maneira de colocar o problema literário mais importante da tradução. Algumas vezes interpretamos como o ponto de vista da tradução impossível, em contradição com o ensaio de tradução de Du Bellay do 4º canto da *Eneida*. Isso não é nada. A tradução reclama um gênio igual. O que desejava manifestar Du Bellay. É a questão da afinidade. Não sabemos pensá-la melhor hoje do que antes.

O maior tradutor francês do tempo é sem dúvida Jacques Amyot (1514-1593). É como tradutor que ele é escritor, para *Os Amores de Daphnis e Chloé*, de Longus, em 1547, que lançou a moda da pastoral, de *L'Astrée* às poesias pastoris do século XVIII; e para as *Vidas Paralelas*, de Plutarco, sobretudo, publicadas em 1559, lidas ainda por Jean-Jacques Rousseau e os revolucionários, e traduzidas outra vez do francês para outras línguas da Europa. Amyot modula os *et* (*kai*) semanticamente. Seu princípio: "O ofício de um bom tradutor não está somente em tornar fiel a sentença do seu autor, mas também ensombrecer a forma do estilo e maneira de falar desta". Ensombrecer (*adombrer*), termo de pintura. Em *Cotgrave* (1611): "To pourtray, or draw a resemblance grossely, as Painters do in their first lines" (Para retratar, ou desenhar uma semelhança de forma grosseira, como pintores fazem nos seus primeiros esboços).

Na Inglaterra, Chaucer foi um tradutor do *Romance da Rosa*. A época elisabetana traduziu muito. A grande tradução desse tempo é a de Homero por Chapman (em 1598, completada em 1611, com um prefácio em 1614-1616). Considerada durante muito tempo como clássica, lida ainda por Keats. Ela é antiliteralista.

A Igreja na Idade Média não encoraja a tradução da *Bíblia* em língua vulgar pelos riscos de heresia. Em 1369, o imperador Charles IV manda confiscar as traduções alemãs. Wyclif realiza uma primeira tradução inglesa em 1382. Ligada ao movimento de contestação religiosa e social dos Lollards, ela é chamada *A Bíblia Lollard*.

A agitação religiosa multiplica as traduções da *Bíblia*. Jacques Lefèvre d'Etaples traduz o Novo Testamento em 1528. Robert Olivétan, a *Bíblia*, em 1535, revista por Calvino em 1553. Os poetas exercitam-se nos salmos: Marot, *Trinta Salmos*, em 1541; Jean-Antoine de Baïf, em 1578; Philippe Desportes, em 1595. Blaise de Vigenère, em 1588, em prosa medida ou versos livres.

A primeira tradução, em inglês, do Novo Testamento foi publicada em Colônia em 1525, por William Tyndale. Na época, é proibida na Inglaterra. Tyndale é enforcado e queimado em 1536. A *Bíblia* inglesa se forma a partir das versões de Tyndale, de 1530, e de Coverdale, retomadas por Thomas Matthew em 1537. Depois vem a *Geneva Bible* em 1560, a *Bishop's Bible* em 1568. O conjunto, revisto por 47 eruditos, de 1604 a 1611, sob a direção de Lancelot Andrewes, bispo de Winchester, tornou-se, em 1611, a *Autorized Version* (ou *King James Version*), o texto que sem dúvida mais marcou a língua e a literatura inglesas. Ela continua, como uma obra, apesar das traduções do século xix e do xx.

Na Alemanha houve uma *Bíblia* integral em 1494, e muitas outras, antes daquela de Lutero. O humanismo estava do lado do latim, e a Reforma é feita na língua do povo, o alemão. Lutero publica *Das Neue Testament Teutsch* em 1522 e o Antigo Testamento em 1534. Ele explica sua prática em sua *Sendbrief vom Dolmetschen* (Epístola da Tradução) em 1530. Aí ele mistura o panfleto teológico e a autoafirmação de sua arte. A noção mestra é a do caráter popular da linguagem:

é preciso interrogar a mãe na casa, as crianças nas ruas, o homem comum no mercado, e considerar sua boca para saber como eles falam, afim de traduzir a partir disto; então eles compreendem e notam que se fala alemão com eles.

Mas frequentemente a tradução é palavra por palavra. Como a *Bíblia* inglesa de 1611, a de Lutero moldou uma cultura. É uma das grandes traduções europeias. As duas com belezas e um efeito cultural que nenhuma tradução francesa jamais teve. Tampouco as outras línguas da Europa.

*O Clássico e o Neoclássico
como Gênio da Bela Infiel*

O século xvii francês, politicamente absolutista, julga-se o universal da linguagem. Ele se universaliza. Princípio de sua própria racionalidade, generaliza e estende a paráfrase até a interpolação. É o efeito-tradução do reino da universalidade da língua francesa, e da transparência francesa. O efeito do *gênio*.

Gilles Ménage (1613-1691) cria a expressão *bela infiel*, a propósito de uma tradução de Nicolas Perrot d'Ablancourt, que dizia, num prefácio, em 1646: "Este autor está sujeito a repetições frequentes e inúteis, que nem minha língua, nem meu estilo podem suportar". A proscrição das repetições, que passa ainda hoje por um preceito indiscutível, e como aistórico, em muitas traduções, vem do classicismo. É uma sobrevivência da bela infiel.

A inexatidão torna-se regra porque remontamos aos Antigos: sabe-se melhor, faz-se melhor. Não é por acaso que a tradução está no centro da Querela dos Antigos e dos Modernos. O partido dos antigos, ao qual pertence Ménage, se opôs às belas infiéis. Pela tradução, a aposta é a noção de poesia e toda a teoria da linguagem. A querela faz efeito quando Mme. Dacier traduz, em 1681, Anacreonte e Safo próximo do texto, mas em prosa. Ela explicava que "os poetas traduzidos em versos deixam de ser poetas", que "somente a prosa pode seguir todas as ideias do poeta, conservar a beleza de suas imagens, dizer tudo o que ele diz", contra os tradutores que, para fazer versos, multiplicam seus rípios. A querela se reinicia com sua tradução da *Ilíada* (1711) e da *Odisséia* (1716). Lamotte-Houdar opõe-lhe uma versão em versos, abreviada, mas a partir da prosa de Mme. Dacier e do latim: ele não sabia grego. A querela acaba no ridículo. Seu desafio continua pleno e atual.

Malherbe deu a partida (a coisa, não a palavra), na sua crítica à tradução dos salmos por Desportes (1603, 1604), com sua rejeição dos Antigos, que formam aqui a plêiade, Montaigne e Rabelais. O próprio Marlherbe, traduzindo Plínio, Tito Lívio e Sêneca, deu-se o direito de acrescentar ou de cortar "para não cair em repetições, ou outras impertinências, com o quê, sem dúvida, um espírito delicado teria se ofendido". Malherbe opunha o "gosto de colégio" – a palavra pela palavra – ao da Corte: "fixo-me no do Louvre". Quando Godeau faz, em 1630, um "Discurso sobre as Obras de M. Malherbe", ele faz aparecer o catálogo dos princípios da bela infiel, a propósito de uma tradução de Sêneca:

Mas nossos ouvidos estão hoje tão delicados, e as mais possantes verdades produzem tão pouca impressão sobre os espíritos quando não oferecem ornamentos agradáveis para o deleite, que jamais um antigo tão depressa teria deixado seus leitores como este divino filósofo, se Malherbe não tivesse ousadamente revirado seus períodos, mudado as ligações para construir melhor a sequência, cortado palavras que pareciam supérfluas, acrescentado aquelas que eram necessárias para o esclarecimento do sentido, explicado pela circunlocução coisas que não estão mais em uso entre nós, e adoçado algumas figuras cuja ousadia teria indubitavelmente ofendido os leitores.

Toda a teratologia.
A principal tradução do século XVII na França é sem dúvida a da *Bíblia* por Isaac Le Maistre de Sacy, próxima da dos jansenistas, feita do latim, o Novo Testamento em 1667, completa em 1695. Durante muito tempo ela foi louvada pelo seu estilo. É a que ainda lia Hugo. Reputação supervalorizada. Uma via intermediária entre a bela infiel e a tradução literal: nem bela nem literal. Só ela é admitida para "L'Écriture et les Pères" (A Escritura e os Padres) por Pierre-Daniel Huet (1630-1721), em seu *De Interpretatione* (Da Interpretação, 1661, 1680). A *Bíblia*, em país protestante, foi lida por muito tempo na tradução de Ostervald, cuja primeira edição apareceu em Neuchâtel em 1720. Era impressa ainda em 1924. É a que lia Antoine Vitez.

A bela infiel contribuiu talvez para a desvalorização da tradução que testemunha a passagem famosa de *Cartas Persas* (Carta CXXVIII) em que, à declaração "há vinte anos que me ocupo em fazer as traduções", replica: "Ora! Senhor, diz o geômetra, há vinte anos o senhor não pensa!".

No século XVIII, traduz-se, na França, os romances ingleses contemporâneos. Defoe, Swift, Fielding, Richardson, e o romance negro. Marivaux é também Marivaux porque ele adaptou as peças de Richardson. Voltaire relança Shakespeare, por uma imitação, a *Morte de César*, em 1735. Pierre le Tourneur traduz Shakespeare integralmente, de 1776 a 1782.

Entrada em mundos estranhos. Começa-se a traduzir do português – Camões em 1735; do russo; traduz-se Saadi do persa em 1704; do sânscrito, do chinês. A grande tradução francesa da época continua a ser *Mil e Uma Noites, Contos*

Árabes de Antoine Galland, de 1704 a 1717 que, mesmo pertencendo à bela infiel, guardou um charme do original, o charme de uma obra que dura, até hoje.

Antoine Galland (1646-1715) traduz no tempo da reação puritana, nos últimos anos de Luís XIV, a partir de 1697. Ele faz o arranjo. Atenua as liberdades, aquelas de que justamente a litotes não rouba nada, pois deixa mais espaço para a imaginação. Seu sucesso é também o de um descobridor, a partir de manuscritos que faz vir da Síria, e mesmo a partir de um contador de histórias, oralmente. Sua tradução determinou e precedeu a publicação do próprio original árabe (primeira edição em 1814 em Calcutá, segunda em 1835, de Bulaq), tendo sido, estes textos, fortemente ocultados pela cultura islâmica, e o são ainda (foi até feito um auto-de-fé no Cairo em 1986). A tradução de Galland foi retraduzida, entre 1712 e 1794, em alemão, italiano, flamengo, dinamarquês, russo e em ídiche. Em inglês, duas traduções marcaram data e permanecem em curso; a de E. W. Lane (1839-1841) e a de R. Burton (1885). O alemão esperou por Littmann (1921-1928). A tradução francesa de Charles Mardrus (1898-1904), que se dava por exata e completa, acrescentava licenciosidades. As *Mil e Uma Noites* são ainda o terreno de retraduções recentes em francês. Nenhuma, porém, dispensa a versão de Galland. Ela conduz a vida de uma obra.

Na Inglaterra também o século XVIII é o tempo de belas infiéis, com o Virgílio de Dryden, ou a recriação de Rabelais por Thomas Urquhart (1653-1693). Pope é então o grande tradutor da *Ilíada* (1715-1720) e da O*disséia* (1725-1726). Aí onde Pope usa rimas simples, William Cowper, na *Odisséia* em 1791, o faz em versos brancos. Dryden, em um prefácio à sua tradução das *Epístolas* de Ovídio, vê a tradução segundo três técnicas e, curiosamente, para a poética de hoje, são três maneiras de negar a tradução: a primeira, que ele chama metamorfose, é palavra a palavra; a segunda, paráfrase ou tradução livre, via média; a terceira, a imitação, onde o original não é mais do que um ponto de partida.

A reflexão teórica sobre a tradução que marca data, na Inglaterra, é o *Essay on the Principles of Translation* (Ensaio sobre os Princípios da Tradução) de 1791, de Alexander Fraser Tytler, lord Woodhouslee (1747-1814), que institui a comparação entre as traduções. Seus três princípios não trazem nada de novo. O primeiro trata do sentido e das ideias, o segundo do estilo (sem ver a contradição que existe em separar o estilo das ideias, sobretudo se aí se admite clarificar e corrigir eventualmente o que parece obscuro no original) e, para a poesia, Tytler repete o que dizia Du Bellay: "none but a poet can translate a poet" (só um poeta pode traduzir um poeta); o terceiro princípio requer da tradução a destreza de uma composição original, é a anexação – escolher os equivalentes em língua de chegada para os provérbios e expressões idiomáticas. Ele terminava considerando a necessidade de uma afinidade de "gênio" entre o original e o tradutor.

Na França, Saint-Évremond (1610-1703) continua também no "não traduzir os poetas..." se não se é poeta, em *Quelques réflexions sur nos traducteurs* (Algumas Reflexões sobre Nossos Tradutores, 1684). D'Alembert publica as *Observations sur l'art de traduire* (Observações sobre a Arte de Traduzir), em 1763, e Rivarol um *Discours préliminaire à la traduction de* l'Enfer (Discurso Preliminar à Tradução de *O Inferno*), em 1783.

Na Alemanha, traduzir, nos séculos XVII e XVIII, significa antes revalorizar a língua alemã. A cobrança de especificidade das línguas quer a superioridade do alemão sobre o francês e inglês para traduzir Homero. É a união com a psicologia dos povos colocada por Herder no seu *Ueber den Ursprung der Sprache* (Sobre a Origem da Linguagem). Johann Gottsched (1700-1766), que traduz os clássicos franceses, funda, em 1732, os *Critische Beyträge*, a primeira revista consagrada aos problemas de tradução. Aí também a bela infiel desacredita a tradução e os tradutores. Depois de numerosas tentativas para traduzir Shakespeare, é August Schlegel (1767-1845) que produz uma tradução durável. Ludwig Tieck traduz *Dom Quixote* (1795-1799) que permanece até hoje, e a *Ilíada* (1778) e a *Odisséia* (1781), de Johan Heinrich Voss, são ainda consideradas clássicas. A *Bíblia* alemã de Moses Mendelsohn, em 1778, foi importante, pela ligação cultural entre judaísmo e germanismo.

Durante este tempo, na Rússia, Pedro o Grande e Catarina II fazem encomendas oficiais de tradução, e a tradução desempenha uma parte constitutiva na elaboração da língua, e mesmo da métrica.

Século XIX.
Traduzir ao Idêntico

O romantismo volta, por seu sentido da especificidade, à procura do original. Estranhamente, na sua recusa da universalidade à francesa, ele inaugura uma procura de especificidade que, nascida na Alemanha, torna-se universal.

Schleiermacher, em seu ensaio de 1813, distinguia as duas direções sempre fundamentais, em direção à língua de partida ou em direção à língua de chegada. No prefácio à sua tradução do *Agamenon* de Ésquilo em 1816, Humboldt marca um retorno à exatidão. Em seu *Divã Ocidental-Oriental*, em 1819, Goethe distingue três tipos de tradução: aquela que faz conhecer adaptando e suprimindo as particularidades do estilo – a *Bíblia* de Lutero; a tradução "parodística" – a adaptação à francesa, que dá a impressão de um original em língua de chegada; enfim,

o supremo e último período, aquele em que se desejaria tornar a tradução idêntica ao original, de maneira que ela possa valer não no lugar da outra, mas em seu lugar. [...] Uma tradução que visa a se identificar com o original tende a se aproximar, no final das contas, da versão interlinear e facilita grandemente uma compreensão do original; por isso nós nos encontramos de alguma maneira involuntariamente reconduzidos ao texto primitivo, e assim se conclui finalmente o ciclo, segundo o qual se opera a transição do estranho ao familiar, do conhecido ao desconhecido.

O século XIX é ao mesmo tempo o ápice do universal e o começo de seu declínio, o começo dos nacionalismos de língua--cultura, apesar da hegemonia europeia do francês. As traduções são inseparáveis do romantismo: todo Walter Scott por Auguste Defauconpret (1767-1843), todo Shakespeare por François--Victor Hugo, os *Sonetos* em 1857, o teatro de 1859 a 1866.

Os escritores traduzem: Chateaubriand, o *Paraíso Perdido* de Milton, em 1836, em prosa; Mérimée traduz Púchkin; Nerval traduz Goethe, Bürger e sobretudo Heine; Baudelaire e Mallarmé, Edgar Allan Poe.

Nerval foi um grande tradutor pelo sentido do incompreensível que soube manter, malgrado o circuito convencional e o academicismo de juventude do seu *Fausto*. Ele foi, em suas traduções como em sua escrita, um dos mais raros a manter o conjunto, sendo esta sua afinidade com Goethe, a poesia culta e a poesia popular, por um mesmo sentido de mistério.

O russo começa sua existência literária em francês por Púchkin, mas são as novelas, não os poemas. Mais tarde, depois de 1880, os primeiros tradutores de Dostoiévski filtram o que consideram uma torrente lodosa. A ideia preconcebida do russo como língua jovem, e do francês, língua velha, pode ser acompanhada até nos prefácios recentes de tradutores. Mais adiante, cito uma a este respeito.

As traduções dos textos religiosos e literários da China, do Japão e da Índia multiplicam-se. Eugène Burnouf traduz a *Bhagavad-Gita* em 1861.

Michelet traduz Vico em 1825, um século depois da primeira edição de *La scienza nuova* (A Ciência Nova). Bentham, John Stuart Mill, Spencer, Darwin esperam muito menos. Kant esperou de 1830 a 1865 para ser inteiramente traduzido em francês. Hegel, Marx, Schopenhauer, Nietzsche esperam muito menos.

A *Bíblia* continua a suscitar traduções confessionais. As mais significativas são a de Samuel Cahen (1831-1853); a de Louis Segond (o Antigo Testamento em 1874, o Novo em 1880), ainda editada; a do rabinato, em 1899, quadro do judaísmo francês de então, por seu apagamento do significante hebraico, mas sempre editada; a católica do cônego Augustin Crampon (1894-1904), que foi eclipsada pela *Bíblia de Jerusalém* (1955). Como tentativas literárias, as traduções de Renan: *Job* em 1858, o *Cântico dos Cânticos*, em 1860, o *Eclesiastes* em 1882. Teoriza-se pouco: Mme. Staël, em *Do Espírito das Traduções* em 1820; observações esparsas de Hugo, de onde o elogio da tradução literal em nota às *Orientais*.

Os ingleses do século XIX são classicizantes. Coleridge traduz Schiller. A grande tradução da época é a de *Rubaiyat* de Omar Khayyam por Edward Fitzgerald em 1859, que permanece um clássico. Seu autor dizia: "It is better to be orientally obscure than europeanly clear" (mais vale ser obscuro à oriental que claro à europeia). Matthew Arnold (1822-1888), em *On Translating Homer* (Traduzindo Homero), de 1861, integrando no pensamento do traduzir uma crítica das traduções, prende-se essencialmente ao princípio "de não traduzir os poetas..." para restituir as quatro qualidades que ele vê em Homero: rápido, simples, direto, nobre, rejeitando a ilusão historicista do arcaísmo enquanto falsa transparência.

Em alemão, Friedrich Rückert (1788-1866) é então o maior tradutor do Oriente – do persa, do árabe, do sânscrito. É preciso acrescentar à continuidade da *Bíblia* a tradução e a obra exegética de Samson Raphaël Hirsch (1808-1888), particularmente no *Pentateuco* (1867-1878) e nos *Salmos* (1883).

Entre os russos, alguns grandes escritores são também tradutores. Suas traduções, como no domínio alemão, são incluídas nas edições de suas obras. Púchkin, a propósito da tradução do *Paraíso Perdido* de Milton por Chateaubriand em 1836, comenta a nova exigência de ver os escritores "no seu costume nacional e com seus defeitos naturais", contra o gosto anterior que privilegiava "o espírito e não a letra", e ele louva Chateaubriand por ter traduzido palavra a palavra, *slovo v slovo*[22]. São sobretudo os poetas que foram grandes tradutores: Liérmontov, para Goethe; Tioutchev (1803-1873) que traduz poemas de Goethe e de Schiller; Annenski (1855-1909), para a poesia francesa, de Baudelaire aos simbolistas.

O Século xx.
Encenar o Traduzir

No século xx, foi o papel de comunicação que se desenvolveu na tradução, ao mesmo tempo que a atividade de metatradução. A interpretação de autoridade aparece em 1919. Ela é então consecutiva. Torna-se simultânea no processo de Nuremberg, depois da Segunda Guerra Mundial. A Guerra Fria promove a máquina de traduzir, em 1954. É essencialmente de seus limites, à falta de uma teoria da sintaxe, que surgiu o programa, militarmente financiado, da gramática generativa.

Em literatura, no domínio francês, os Antigos, incessantemente retomados, suscitaram e continuam a suscitar traduções

---

22 Artigo "Sobre Milton e a Tradução do *Paraíso Perdido* por Chateaubriand" publicado em *Sovremennik* (O Contemporâneo) em 1837; A. S. Pouchkine, *Polnoe Sobranie Sotchinenij*, Moscou: Academia de Ciências, 1958, t. 7, p. 488.

numerosas de Safo. A *Odisséia* de Victor Bérard aparece em 1925. A *Eneida* de Klossowski em 1964 escandaliza pelo seu literalismo. Os sonetos de Shakespeare passam ainda como os melhores traduzidos na versão em prosa de Pierre Jean Jouve, de 1955. Que é apenas menos pior que os outros. Lewis Carroll representa seus jogos de palavras por Henri Parisot. Contam-se mais os *Hamlet*, entre outros o de Eugène Morand e Marcel Schwob em 1899, de André Gide em 1946, de Yves Bonnefoy em 1957. Mas, sem dúvida, um dos maiores tradutores franceses ainda é Armand Robin (1912-1961), que traduz de tudo, em *Ma Vie sans moi* (Minha Vida sem Mim), de 1940. Lê-se Musil em francês através de Philippe Jaccottet, mas a *Odisséia* de Jaccottet não tem a beleza de Homero. Há também as falsas belas, reputadas mas sobrecarregadas, como as de Pierre Leyris para os poemas de Hopkins; aquelas que abasteceram o mercado mas foram apenas o condutor de uma parte do sentido, como a tradução de Kafka por Alexandre Vialatte. Há as belas verdadeiras como os "negro spirituals" traduzidas por Marguerite Yourcenar em *Fleuve profond, sombre rivière* (Rio Profundo, Sombrio Riacho, 1973). E o fenômeno marginal da autotradução como reescritura em Beckett.

O século xx da tradução, na França, é a introdução massiva do romance latino-americano. Jean Prévost traduz Lorca. Os escritores franceses preferem reescrever o teatro do Século de Ouro, Albert Camus traduz Calderón; Supervielle, Lope de Vega. Não se pára de traduzir Dante, porém mal: tiram-lhe a prosódia e os ritmos, e pretende-se reter apenas a rapidez. A crítica da complacência permanece surda. Em compensação Dostoiévski começa a falar francês com André Markowicz, mas com um ligeiro sotaque de Céline. Marina Tsvétaïeva revive em Ève Malleret. Juan de la Cruz, em Jacques Ancet. *A Gaivota* de Tchékhov, na tradução de Antoine Vitez, que via a encenação como tradução, a tradução como uma encenação.

A imensa matéria traduzida está longe de significar que existam grandes traduções, mas uma multiplicação de traduções. A *Bíblia* não deixa de ser confessional na *Bíblia de Mared-sous*, em 1949, do dominicano Georges Passelecq; depois, a muito católica *Bíblia de Jerusalém* (1955) erradica o hebraico tanto quanto pode; Édouard Dhorme é ainda um dominicano. Nele a erudição é a confissão (1956-1958); há a tradução do cônego Osty (1973), e a TOB (Tradução Ecumênica da *Bíblia*, [TEB], protestantes e católicos reunidos, cujo nome brinca com *Tov*, que significa "bom" em hebraico) em 1975. À qual se opõe uma velha reação literalista, cujo patrono poderia ser Áquila (no século II), em Edmond Fleg (1959-1963), que André Chouraqui retoma em 1974, cujo sucesso se funda neste mal--entendido: ele pensa ouvir o original enquanto tradução mal audível, pois multiplica as incoerências e os erros de linguagem. Porque não há o sentido do conjunto que é o ritmo.

Contra o desprezo antigo para com os tradutores, a época valoriza a tradução multiplicando os prêmios. Mas a tradução permanece massivamente solidária às noções da língua, da estilística. Uma poética da oralidade está apenas começando.

As grandes traduções inglesas são sem dúvida a de Scott Moncrieff para *Em Busca do Tempo Perdido*, em 1941; de Michael Hamburger para Hoelderlin e outros poetas alemães; de Arthur Waley para a poesia chinesa e japonesa, de 1916 a 1947.

No domínio alemão, os poetas são antes os autores das traduções que contam e duram: Stefan George traduz longos trechos de *A Divina Comédia*, os *Sonetos* de Shakespeare, *As Flores do Mal* de Baudelaire, trechos de Dante Gabriel Rossetti, Swinburne, Verlaine, Rimbaud, Henri de Régnier, Verhaeren, D'Annunzio, poetas poloneses, dinamarqueses, holandeses; Rudolf Borchardt traduz Dante; Rilke traduz Verlaine, Mallarmé, Valéry. Franz Rosenzweig e Martin Buber recriam a *Bíblia* em alemão, *Die Schrift und ihre Verdeutschung* (A Escritura e sua Tradução Alemã, 1925-1938), tradução revista por Buber em 1954, 1962. Paul Celan traduz muita poesia francesa contemporânea, mas também a poesia russa contemporânea, a poesia inglesa e americana, de Shakespeare aos nossos dias, Ungaretti, Pessoa, poetas romenos, e o israelita David Rokeah.Heinrich Böll, Hans Enzensberger, Martin Walser também traduzem.

Deste início do século emerge o prefácio de Walter Benjamin à sua tradução dos *Quadros Parisienses* de Baudelaire, "A Tarefa do Tradutor", de 1923. Prefácio que permanece como manifesto da alteridade contra a anexação costumeira à identidade, mas de língua a língua, não em uma poética dos textos.

O alemão dispõe de duas palavras-conceito que não têm correspondentes em francês. Stefan George chamava suas traduções *Umdichtungen*, poemas transformados, transpoemas; Paul Celan, em suas traduções, é um *Nachdichter*, a *Nachdichtung* é um poema depois de um poema, entre a transcrição exata e a adaptação.

Os russos fazem grandes traduções: Aleksandr Blok, de Heine, mas também uma peça de Rutebeuf e de Grillparzer; Pasternak, de Shakespeare; Marchak, a poesia inglesa; Lozinski, *A Divina Comédia* em 1946. Fala-se de teoria da tradução na Rússia a partir dos anos de 1920. Mas a teoria só faz opor uma doutrina da exatidão filológica, promovida a ciência da tradução, à tradução como arte. Veremos adiante, quando se trata de traduzir versos, o quanto esta prática é cultural, situada, e como os russos tomam os versos pela poesia.

Estado dos Lugares

A tradução se profissionalizou. É ensinada. Os manuais multiplicam-se. Eles generalizam a concepção, em que se inscrevem os tratados de estilística comparada, de que a tradução literária é uma passagem de língua a língua. O que é incontestável, mas insuficiente. Pois falta aí um vínculo indispensável a uma poética dos textos a traduzir.

No entanto, o signo da necessidade de uma poética para traduzir é o agrupamento das grandes traduções em torno dos grandes textos, isto é, aqueles que inventaram uma poética que permanece nova – Ezra Pound definia a literatura *news that stays news* – e que constituem indefinidamente as injunções para continuá-las, para voltar a enunciá-las. A retradução faz parte de sua capacidade de começar de novo. Há sempre essa retomada de traduzir Homero, a *Bíblia*, Dante, Shakespeare, entre outros.

Ora, não se pode deixar de constatar que um grande texto não arraste consigo uma tradução que seja também grande, isto é, que ela tenha tudo de uma obra, e assim ela perdure, num mesmo modo de atividade. Ao contrário, os grandes textos são seguidos de uma grande quantidade de traduções medíocres, que mostram apenas os limites de sua época.

Além disso, correntes e deslocações culturais, políticas, filosóficas causam atrasos às vezes consideráveis à tradução, ou não-traduções, da mesma maneira que as modas favorecem mais certas traduções do que outras. Textos da Escola de Frankfurt esperaram quarenta anos. A *Biografia Literária* de Coleridge jamais foi, salvo erro, traduzida para o francês.

Se passamos do sentido descritivo neutro ao sentido avaliador que contém implicitamente todo termo que designa um ato ou um objeto ao qual é atribuído um valor, e se vinculamos à noção de tradução o valor potencial máximo ao qual ela pretende pelo seu próprio projeto, e por onde toda tradução se mede, então pode-se dizer que a má tradução (no sentido neutro) é uma não-tradução (no sentido avaliador). Assim, como já se viu, metafórica, mas essencialmente, determinadas obras foram traduzidas, outras jamais, ou não ainda. Há imprevisibilidade no traduzir. Rabelais passava por intraduzível em russo, porque era mal traduzido, quando ele "se pôs a falar russo", como o disse Bakhtin, em *Gargântua e Pantagruel* de Lioubimov, em 1961. Neste sentido, se Virgílio conheceu, raramente, algumas transformações felizes, Lucrécio jamais teve tais felicidades. E não há ainda *Bíblia* francesa.

Os grandes tradutores não são grandes somente pela importância dos textos que traduziram. Há aqueles que são grandes por sua própria grandeza: São Jerônimo, Lutero, o grupo da *King James Version* de 1611, para a *Bíblia*. Mas também Liérmontov para um pequeno poema de Goethe. A grandeza não é assunto de dimensão. Mas de intensidade. Ela mesma pode ser de um outro tom que o do original, como para Galland e suas *Mil e Uma Noites*. Existem aquelas que foram grandes pelo efeito de língua que produziram, mais do que pelo porte de seu autor: Oresme, tradutor de Aristóteles; ou pelo efeito cultural, sua própria tradução restando no declínio da época, como Mme. Dacier; aqueles que transformaram a relação entre identidade e alteridade, rompendo com as tradições, mesmo se eles pouco traduziram: Edmond Fleg, em francês, para a *Bíblia*; os que se identificaram tanto com a obra a traduzir que fizeram dela sua obra, como Baudelaire, com

Edgar Allan Poe; os que foram grandes porque tiveram também uma concepção de conjunto do traduzir – São Jerônimo, Lutero; os que deixam sobretudo uma tal síntese: Étienne Dolet, Walter Benjamin, Valery Larbaud.

Uma grande tradução é uma contradição que se mantém, no sentido contrário da concepção corrente que tende a resolvê-la numa ou em outra direção, entre os dois termos da dualidade do signo: em direção à língua de partida ou à língua de chegada; rumo à forma ou ao sentido; à exatidão ou a uma beleza de adaptação, sempre no apagamento do tradutor.

A fidelidade e a modéstia que moralizam sua empreitada justificam-na em aparência. Sem sabê-lo, elas impedem a completa subjetivação da linguagem que a aventura exige. E também elas a confundem com uma subjetividade psicológica. A sociedade, então, pelo acúmulo de ideias prontas sobre a linguagem e a literatura, o possível e o impossível, proíbe a tradução como invenção de um sujeito histórico por este ato de linguagem.

Esta contradição tradicional se expõe claramente em *Sob a Invocação de São Jerônimo* de Valery Larbaud. Ele defende aí a ideia de um tradutor modesto e fiel, apagado, que, no entanto, deve participar da beleza do único: "Não se trata de uma empresa obscura e sem grandeza como a de fazer passar para uma língua e para uma literatura uma obra importante de uma outra literatura". Acontece que existe, para além do sentido das palavras, "um sentido menos aparente, e que só cria em nós a impressão estética pretendida pelo poeta. E mais, é este sentido que ele trata de trazer, e é nisto sobretudo que consiste a tarefa do tradutor".*Traduzir não o que dizem as palavras, mas o que elas constroem.* Como se verá. Sim, mas isto não se poderia realizar pela desaparição do tradutor em sua tradução, uma vez que "este sentido *literário* das obras de literatura, é preciso antes apreendê-lo; e não basta apreendê-lo: é preciso ainda recriá-lo". O que pede o compromisso máximo de um sujeito específico, para que o sujeito do traduzir seja sujeito do poema, para que haja a invenção recíproca de um texto e do tradutor como sujeito por esta atividade. O apagamento prescrito pela concepção normativa é uma das duas condições para que esta atividade não ocorra, a outra é a representação da linguagem como língua, palavra, sentido, forma – signo.

A dupla condição da grande tradução é clara. Seus dois componentes aí são inseparáveis: uma subjetivação generalizada da linguagem que faz disto a invenção de um sujeito, a invenção de uma historicidade, e é o que dura – Amyot, Baudelaire; uma intuição da linguagem como um contínuo de ritmo, de prosódia, uma semântica serial.

O ritmo, organização do movimento da palavra na escritura, é então a unidade de equivalência numa poética da tradução. A *Bíblia*, com sua rítmica irredutível a uma oposição entre verso e prosa, desempenha um papel piloto para a tradução como para a teoria da linguagem. Donde seu lugar neste livro. O ritmo, a organização do contínuo, transfere para o descontínuo do signo a oposição tradicional entre o literalismo e o sentido pelo sentido, situação que a concepção corrente de linguagem faz da tradução, e tal que seus partidários só podem ver a poética como uma procura da forma, voltada em direção à língua de partida, e segundo o signo. *Buscadores de fonte.* Este contrassenso pertence ao cômico do pensamento. Os deuses riem em Homero. Sem ir tão alto, há também um rir da teoria.

Os problemas do traduzir são os da teoria geral da linguagem, de tal maneira que podemos vê-los a partir de uma crítica do signo, ela própria possível e necessária somente como um pensamento do conjunto da linguagem e da literatura. Os problemas do traduzir põem a nu os efeitos do signo. É nisto que a tradução é ao mesmo tempo uma poética experimental e um lugar de observação único para a teoria da linguagem. O papel teórico da tradução é o de forçar a reconhecer a oralidade, a historicidade, a modernidade. Seu vínculo.

A história do traduzir mostra que não há de um lado a teoria, de outro os tradutores. Como o pretendem alguns empiristas que traduzem por aí ideias feitas. De Cícero a Nida, passando por São Jerônimo e Lutero, Dolet e Benjamin, todos os que legaram um pensamento do traduzir são tradutores. Seu pensamento foi sempre de experiência, e muitas vezes polêmico, porque eles se defendiam, como São Jerônimo e Lutero.

Bem diferente é uma doutrina que inclui o ato de traduzir em sua ideia preconcebida, como ilustração de relações entre língua e cultura, em Georges Mounin, ou como um caso particular do compreender, em Heidegger, Michel Serres ou George Steiner. Entretanto, mesmo tais doutrinas relacionam a tradução a uma teoria de conjunto.

Seja experiência, seja doutrina, a reflexão sobre a tradução reclama ser uma parte do conjunto. Este conjunto é o infinito da linguagem. Nisto não caberia haver aí uma "tradutologia" autônoma, sob pena de logo arrastar consigo uma "filosofia espontânea" da linguagem.

Mistério, quando se recusa a fazer disso um problema, a tradução literária não pode realmente se fazer sem sua teoria nem sua história.

Se a infidelidade não fosse assunto exclusivo de filologia, de saber, ela seria julgada rapidamente. A fidelidade não se contenta com uma confrontação termo a termo. Ela impõe a questão do conjunto, a da coerência interna do texto, de sua oralidade, de sua poética como sistema de discurso. Toda felicidade isolada contribui para o disparate, que é a ruína do conjunto. Este conjunto, por sua vez, pressupõe uma visão conjuntural, cuja ausência se nota cedo ou tarde. Assim as traduções de início festejadas parecem com o tempo incoerentes: a *Bíblia* de Chouraqui, por sua mistura de tons. Mme. Dacier, que se acreditava fiel, escrevia com a herança dos Preciosos, por perífrases: o asno se tornava "em animal robusto, mas lento e preguiçoso" e "pobre louco", "príncipe demasiadamente magnânino", evitavam o estilo baixo. A fidelidade a uma época parece mais tarde infidelidade, porque ela era, sem o saber, uma fidelidade não ao texto, mas à época.

A força de uma tradução bem sucedida é que ela é uma poética para uma poética. Não do sentido pelo sentido nem de uma palavra pela palavra, mas o que faz de um ato de linguagem um ato de literatura.

Parte I

A Prática: É a Teoria

1. Poética do Traduzir, não Tradutologia

Eu digo "poética", para a tradução, e não "tradutologia" – que significa *ciência* da tradução – por três razões, que se seguem.

A primeira razão é que a poética implica a literatura, e por isto impede este vício maior das teorias linguísticas contemporâneas, de trabalhar com a linguagem, separando-a da literatura, isto é, compartimentando-a, de onde os empirismos descritivistas regionais e dogmáticos sem teoria da linguagem. Ao contrário, a poética só se desenvolve em procedimento de descoberta se ela se liga ao conjunto da teoria, da literatura e da linguagem. Se ela própria torna-se a teoria da linguagem. Aqui, a poética na tradução desempenha um papel maior como poética experimental. Então, a poética não é mais do que um homônimo daquilo que o pós-estruturalismo designa com este mesmo nome em sua descrição das estruturas narrativas. Assim a poética tem um papel e um efeito críticos. Críticos, quer dizer de reconhecimento das estratégias e de estratégia contra a manutenção da ordem constituída pelos dogmatismos fenomenológicos ou semióticos, estes produtores de ignorância para circulação unicamente interna.

A segunda razão é que a poética, incluindo aí a tradução na teoria da literatura, não só permite distinguir claramente os problemas filológicos (o saber da língua) dos problemas propriamente poéticos, que supõem o estudo prévio da poética de um texto, mas também permite situar sobretudo a tradução em uma teoria de conjunto do sujeito e do social, que supõe e envolve a literatura, e que pertence à poética de reconhecer. Para que a poética, estudo das obras literárias, torne-se, por isto mesmo, permanecendo ou tornando-se o que ela é, uma poética do sujeito, uma poética da sociedade. Uma solidariedade do poema, da ética e da história. A poética da tradução constrói aí o estudo do traduzir, em sua história, como exercício da alteridade, e coloca à prova da lógica da identidade. Reconhecimento de que a identidade só acontece pela alteridade. Assim, a etnologia contemporânea aparece cada vez mais como uma etnologia de si própria depois de ter sido uma etnologia do outro. Aqui, as noções e as práticas se agitam, os elementos normativos se desmascaram, as resistências aparecem pelo que elas são, ligadas aos mitos da língua que são também os mitos políticos e xenófobos: o mito do gênio das línguas (como o da clareza francesa). Assim, a tradução é inseparável da transformação das relações interculturais. De sua lógica. Ela é a melhor testemunha da implicação recíproca entre a historicidade e a especificidade das formas de linguagem como formas de vida. Com sua ética e sua política.

Há ainda uma terceira razão para falar de poética do traduzir. A primeira se prendia ao papel de revelador que desempenha a literatura para a teoria da linguagem, a segunda dava à tradução sua situação e sua importância máxima na teoria da sociedade, a terceira é um efeito epistemológico: precaver-se contra o cientificismo estruturalista-semiótico, agravado pela frouxidão fenomenológica perpetuamente interessada em separar uma essência e uma história, para seu proveito, pela operação da pureza. A poética do traduzir não é uma ciência, primeiro porque há impostura em falar-se aqui de *ciência*. A menos que não se diga exatamente que sentido se dá a este termo. Que se diga claramente que se lhe atribui um sentido no século XVIII, na *Enciclopédia*, e filosófico (hegeliano), alemão, de *Wissenschaft* (Conhecimento). Mas mesmo esta precisão não eliminaria confusões complacentes com o sentido moderno de *ciência* (no sentido das ciências experimentais ou das ciências exatas), o subentendido de uma continuidade possível, senão já em curso, com este sentido. Há nisso uma germinação ideológica do termo, quer dizer, um filosofismo atrás de sua inocente boa vontade que testemunha, pelo menos, um confusionismo filosófico[1], e uma confiança ingênua na linguagem (confiança sempre punida) e pior, um imperialismo que a geografia universitária internacional confirma.

A poética do traduzir não é, pois, uma ciência em nenhum dos sentidos da palavra *ciência*. Porque precisamente ela é uma teoria crítica, crítica da ciência cada vez que aquela se identifica com o saber, àquilo que Horkheimer chamava a teoria tradicional, mantenedora da sociedade tal como ela é, e eu acrescento: da teoria tal como ela é. Aqui, trata-se da teoria do signo e de seu paradigma dualista não somente linguístico, mas filosófico, teológico, social e político. A poética é uma teoria crítica no sentido em que ela se encontra como teoria de conjunto da linguagem, da história, do sujeito e da sociedade, e recusa as regionalizações tradicionais, mas também no sentido em que ela se funda como teoria da historicidade radical da linguagem. A tradução desempenha aí um papel maior.

Por isso, o empírico é o próprio terreno da luta contra o empirismo, porque este último, com seu liberalismo aparente, sua honestidade aparente (as noções de fidelidade, de transparência do tradutor), mascara o dogmatismo da referência somente à língua, no desconhecimento do discurso; o dogmatismo da não historicidade, no desconhecimento da historicidade do traduzir, e do texto.

A armadilha tradicional da teoria tradicional é identificar esta poética do texto com o literalismo, assim como ela confunde a poesia com a versificação. Não se trata aqui de opor a *significância* (esta produção de sentido rítmico e prosódico por todos os sentidos aí compreendidos ultrapassando o signo) à *significação* e ao *sentido* como a teoria tradicional opõe a forma ao sentido e a letra ao espírito. Trata-se de mostrar que o

---

[1] Desviar-se da poética leva inevitavelmente à hermenêutica e a Heidegger, como ele aparecia claramente em Antoine Berman, *Pour une critique des traductions*: John Donne, Paris: Gallimard, 1995, p. 14-15. Posição fraca e debilitante. A das ideias embaralhadas. Ainda um teste do não crítico contemporâneo. Não é impunemente que se desconhece a necessidade da poética.

discurso não se pensa com os conceitos da língua. A tradução de um texto como discurso (e não língua) deve, em consequência, aceitar outros riscos e não mais se limitar a respeitar as autoridades da língua e do saber que são ao mesmo tempo a ignorância da poética. A ignorância do ritmo.

O conjunto apresentado aqui tenta mostrar ao mesmo tempo a inseparabilidade da teoria e da prática e, através da especificidade de algumas ligações culturais e linguísticas a identidade nele próprio, do signo e das traduções segundo o signo, ao tempo em que se dá a possibilidade de renovar a tradução por um novo programa teórico: o programa do ritmo como organização da historicidade do texto. Assim, traduzir não é mais difícil, mas diferente. A tradução também será diferente. E se ela não confunde retórica e poética, métrica e ritmo, sentido e significância, rebatendo a alteridade na identidade, sim, a tradução será melhor, simplesmente porque, em ligação com um texto, ela funcionará como um texto. Ela não será simplesmente conduzida por uma interpretação, mas será, por sua vez, portadora. Terá alcançado sua própria literalidade.

A poética do traduzir é o caminho desta literalidade. O trabalho em curso de uma poética da sociedade.

2. Os Tradutológicos

Há uma permanência, uma remanescência ou até uma eternidade, mais do que a atualização de um velho combate entre apresentações do ato e da atividade do traduzir que se misturam todas num certo número de duelos rituais, entre um sentido metafórico abstrato e um sentido empírico concreto, entre teóricos e práticos, entre a teoria e a sua rejeição, entre compreensões diversas do que se pode chamar *teoria*. E teóricos com ou sem teoria. Em tudo isto, é sempre do sentido da linguagem que se trata. E do sentido da coisa literária. Seguida do velho ditado sobre os gramáticos batalhadores.

Na velha história da interpretação, a tradução tem sempre sido um signo que mata ou que dá vida aos textos, o *shibboleth* das passagens de literatura em literatura. Os modernos não fazem, como os antigos, mais do que navegar entre o desnudar dos mecanismos e o seu desconhecimento. Os meios mudaram. Não necessariamente as estratégias e os desafios. Isto basta à aventura. Para se situar.

Neste inventário, o surpreendente é que os práticos empiristas tanto quanto os mantenedores de uma tradutologia, uns como os outros isolam o traduzir. Os práticos fazem assim a tradutologia sem o saber.

Todo balanço perecível tem lugar antes de ilustrar os pontos de vista mais característicos, seja qual for a data. Assim *Literatura e Tradução* de Leuven[1] situava os problemas da tradução na semiótica, numa "retórica geral". O formalismo aí mantinha a tradução como ligação entre duas línguas, não entre discursos, na variante hjelmsleviana do estruturalismo, a oposição entre expressão e conteúdo, o estilo como diferença. O efeito da pragmática aparecia em *Fatores numa Teoria da Tradução Poética* de Robert de Beaugrande[2]. Aplicação à tradução da "linguística textual". A unidade não era mais a palavra, a frase, mas o texto. O hermenêutico aí colocava o sentido na compreensão e no interpretante. Recorrendo, sempre criticando Chomsky, à noção de competência. O louvável cuidado de não esquecer o leitor levando ao vago da "competência poética", que tinha tão pouco valor quanto a competência linguística, com a diferença, o "desvio", a surpresa, a "intenção do autor"[3]. A teoria da informação e a estilística aí mantiveram a língua[4], com suas categorias tradicionais, o léxico, a morfologia, a sintaxe, tantas gavetas para abrir e fechar sucessivamente. Rejeitando a forma em proveito do sentido-resposta behaviorista, esta teoria visava uma "tradução objetiva"[5]. O cientificismo e o vago no lugar da pragmática. Opondo a forma que é o erro ao sentido que é a verdade.

Tradução generalizada, a teoria de George Steiner mudava de nome em tradução francesa[6]. O subtítulo inglês era feito no molde chomskiano de *Aspects of the Theory of Syntax* (Aspectos da Teoria da Sintaxe), e em francês sob a evocação de *Poética da Tradução* (*Para a Poética II*), ao qual se acrescentava o dizer fenomenológico. Com efeito, Steiner põe no mesmo nível uma poética e uma "metafísica da tradução", do mesmo modo que, em plena ambivalência, tanto prende-se a Heidegger

---

1 James S. Holmes; José Lambert; Raymond Van der Broeck (orgs.), *Literature and Translation: New Perspectives in Literary Studies*, Leuven: Acco, 1978.
2 *Factors in a Theory of Poetic Translating*, Assen, The Netherlands: Van Gorcum, 1978.
3 Idem, p. 47.
4 Idem, p. 99.
5 Idem, p. 88.
6 *Après Babel: une poétique du dire et de la traduction*, Paris: Albin Michel, 1978, tradução de *After Babel: Aspects of Language and Translation*, Oxford: Oxford University Press, 1975. Analisados por mim em *Pour la poétique V*, p. 193-207.

quanto a Walter Benjamin. Enquanto homem de cultura de que fala Maurice Blanchot, que tudo quer ter, Marx e Heidegger juntos. Mas ele sabe que não se pode apresentar uma teoria da tradução que não seja ao mesmo tempo um pensamento de toda a linguagem, de toda a literatura. Impossibilidade do regional. *O conflito entre as teorias da tradução leva sempre também a outra coisa além da tradução.*

Do lado da história, *O Intérprete Verdadeiro*, de Louis G. Kelly[7], continua sendo ainda a melhor história da tradução que conheço, dando conta das histórias misturadas da linguística com a tradução. Não é o livro de uma doutrina, como os de Beaugrande e de Holmes, com seus antolhos para a informação. Estes dogmatismos autísticos que são ensinamentos da ignorância. Ele não cai na armadilha escolar da *língua* e da *palavra*: a tradução é um "ato tão social quanto a linguagem, e também individual"[8]. O mito da "fidelidade" aí é frustrado, já que ela leva igualmente bem à tradução pragmática, voltada em direção à "resposta do leitor"[9] com Catford e Nida, no esforço para manter "a relação original entre a matéria e a forma". Não a forma, mas a relação. A tradução aí é constantemente referida a um conjunto histórico e cultural, não no vago de uma pragmática que de fato conjuga uma psicologia e uma sociologia abstratas com um pouco de filosofia anglo-saxônica, de estruturalismo e de gramática gerativa.

Para os práticos antiteoria, Georges Mounin continua sempre com seus *Problemas Teóricos da Tradução*[10], "no mais quase a referência exclusiva"[11] segundo um procedimento autorreferencial que faz de sua ignorância uma condição de

---

7 *The True Interpreter: a History of Translation, Theory and Practice in the West*, Oxford: Basil Blackwell, 1979. Depois, essencialmente, foram publicados: Robert Larose, *Théories contemporaines de la traduction*, Montréal: Presses de l'Université du Québec, 1989; Henri Van Hoof, *Histoire de la traduction en Occident, France, Grande-Bretagne, Russie, Pays-Bas*, Louvain-la-Neuve: Duculot, 1991; e Michel Ballard, *De Cícero à Benjamin: traducteurs, traduction, réflexions*, Lille: Presses Universitaires de Lille, 1992. Não confundir o recente com o novo.
8 L. G. Kelly, op. cit., p. 227.
9 Idem, p. 205.
10 *Les Problèmes théoriques de la traduction*, prefácio de Dominique Aury, Paris: Gallimard, 1963.
11 *Le Français moderne*, out. 1980, p. 292.

sua identificação com "a tentativa mais original e mais aprofundada produzida na França"[12]. Funcionamento e ideologia de grupo de que não é o único exemplo.

Este é o motivo inútil dos práticos contra a teoria. Serge Fauchereau notava que "as teorias sobre a tradução são geralmente produzidas por aqueles que a praticaram pouco"[13]. Não se pode melhor expor o mal-entendido ao qual nos prestamos, quando queremos uma noção de *teoria*: ela é compreendida como uma abstração, no sentido pejorativo e vulgar, daquilo que não tem ligação com as realidades (*esta é a teoria!*), mas ao mesmo tempo normativa. *Os Problemas Teóricos da Tradução* de Mounin, precisamente. Livre de linguística que expunha o estado do problema da tradução nas diferentes teorias linguísticas, estabelecendo uma linguística descritiva, e, mesmo antes, uma descrição das linguísticas. É por isso que os universais têm aí um lugar tão grande. Nada sobre o que se passa quando se traduz, ainda menos como é preciso traduzir. Um mal-entendido análogo opõe, ao menos depois de Hugo, a crítica literária e a criação: esta suspeita "quanto à utilidade das teorias desde que se pratique muito alguma coisa"[14], acrescentava Serge Fauchereau. Com a segurança de um prático.

Um outro exemplo de autismo, mas apresentando um muito vivo interesse teórico, é o da relação entre a teoria abstrata do ritmo, de Lusson e Roubaud[15], e a teoria da tradução. Não sem confundir a teoria com o efeito de grupo, o pensamento com o poder, a epistemologia com o *marketing* intelectual, segundo uma autorreferência única. Já Dante, em *O Convívio*, condenava as traduções que negligenciavam o ritmo. A teoria da tradução encontra a teoria do ritmo, desde que ela leve em conta os textos. É a contradição em que se encontram Lusson e Robel[16]. Pela sua teoria do ritmo abstrato. Pois eles somente

12 Idem, ibidem.
13 Traduire en collaboration, *Encrages: Poésie / Traduction anglais-français / français-anglais*, Paris: Universidade de Paris VIII, Dep. de Estudos dos países Anglofônicos, n. 4-5, primavera/verão 1980, p. 35.
14 Idem, ibidem.
15 Eu encaminho, para a discussão detalhada, à *Critique du rythme: Anthropologie historique du langage*, Paris: Verdier, 1982.
16 Pierre Lusson; Léon Robel, Traduction générale et traduction rytmique: vers la théorie, *Encrages*, n. 4-5, p 30-34. O artigo supunha a teoria do ritmo de Lusson e Roubaud.

se referiam à língua, não ao discurso. Aventurando-se imprudentemente a emitir teses sobre a tradução, impedindo-se de fazer "jamais apelo às considerações semânticas" para evitar as "implícitas de ordem filosófica e linguística" – que eles não faziam mais que agravar.

A busca de rigor estava colocada no "calculável". Na única tomada de marcação binária, a oposição do mesmo e do diferente, que reduz o ritmo ao metro. O sentido não é calculável. Mesmo o descontínuo do sentido não é "discreto". A rejeição do semântico supõe uma rejeição do discurso em vantagem da língua, do valor em vantagem da forma. Quanto ao contínuo, este cientificismo não sabe o que ele é.

Segundo este formalismo, um texto seria "o conjunto das traduções significativamente diferentes". Mas isto é linguística e poeticamente impossível. Tendo uma tradução uma historicidade específica, um ato de linguagem específico. Um texto e suas traduções estão nas histórias e línguas diferentes e sobretudo nas estratégias e propostas diferentes. Não há unidade cultural de um texto com suas traduções. *Dom Quixote* não é o conjunto de suas traduções. A de Florian não faz parte do texto, mas de um conjunto cultural datado, como a tradução do *Inferno* por Rivarol. É um outro objeto, linguístico e cultural. Suas histórias podem não mais coincidir: é o caso de Béranger, em russo. Assim nesta "Tese" ao enunciado intimidatório, a historicidade era e continua sendo escamoteada em proveito das estruturas, como o sujeito-discurso é escamoteado pela língua. A poesia "memória e exploração da língua" era uma história sem sujeito. A extensão máxima arrasta a compreensão mínima: é o que acontece com a definição abstrata do ritmo ("o calculável da estruturação dos objetos"), refazendo o sonho leibniziano do calculável achatado sobre a linguagem.

A linguagem, o ritmo, a tradução só podem recusar a aplicação ingênua da epistemologia científica sobre o discurso, seus efeitos de significância e de sujeito. A "tradução rítmica" de Lusson e Robel só retém um "esqueleto rítmico", só visa um "homomorfismo métrico". Em que se declara a identificação do ritmo ao metro. Além disto, a teoria normativa tende às "indicações". E, paradoxal, só ela pode fugir para o sentido no próprio sentido. É o seu fraco teórico.

Não há teoria da atividade teórica sem tensão. É o problema da noção de "tradutologia", como teoria autônoma, que defende Jean-René Ladmiral a partir de *Traduzir: Teoremas para a Tradução*[17]. Problema teórico, não simples questão de palavra. A especificidade do campo de estudos não está em causa. Mas a autonomia suposta. Seu sonho de ciência. À moda alemã. Não me parece que haja um lugar para falar a seu propósito de uma "linguística de intervenção", como "ajuda teórica ao trabalho do tradutor 'no campo'". Nada de específico. Todo pensamento interfere sempre. O ensino é a própria intervenção. A ignorância e as ideias feitas interferem ao menos tanto quanto o saber.

A objeção vem da teoria crítica, em Horkheimer e Adorno: uma teoria que toca o social – o que é o caso da linguagem, literatura, tradução – não pode ser uma doutrina parcial, regional, mas implica numa teoria da sociedade. A implicação recíproca da história, do social, da língua, da arte, opõe-se à constituição de uma tradutologia regional. Dirigida para ser, segundo estes termos, uma teoria tradicional.

Há, sem dúvida, um número indefinido de relações entre a teoria e a prática. Que as unem e as separam. Ainda é preciso definir os termos. Por *teoria* (da linguagem), entendo a atividade teórica (não tal ou tal "teoria"), como pesquisa dos funcionamentos, das estratégias, dos propósitos, das noções implícitas sobre a linguagem que mostram e encobrem ao mesmo tempo as práticas. Não o saber, mas a procura do que não se sabe na linguagem. Deste ponto de vista, sustento que não se sabe aquilo que se faz, se é colocado que "convém lembrar que se deve separar bem teoria e prática quando se trata de traduzir"[18]. Consequência: o espaço excessivo conferido a Mounin, o espaço dado à questão do intraduzível. Signo do estatuto essencialista da teoria da tradução.

Apesar do estatuto teórico afixado ao termo "teorema", esta tradutologia tornou-se realidade para o lado da pragmá-

---

17 *Traduire: théorie pour la traduction*, Paris: Payot, 1979, (Petite Bibliothèque). E em numerosos artigos. Como Philosophie de la traduction et linguistique d'intervention, *Lectures*, n. 4-5, *Traduzione, tradizione,* Dedalo Libri, Instituto di Lingua e letteratura francese, Facoltà di Lingue Università di Bari, ago. 1980, p. 11-42.
18 *Traduire*, p. 184.

tica, contra "as belas palavras de uma teoria"[19]. É o discurso de um prático antiteoria. À argumentação linguística de Mounin sobre o intraduzível, nenhuma resposta teórica, mas somente uma resposta pragmática. O problema da sinonímia[20] permanece bem perto: dizer que cavalo, pangaré, corcel são "três maneiras de dizer 'a mesma coisa'"[21] confunde o signo e o referente. O dualismo, recusado por sua fraqueza teórica[22], volta na oposição entre sentido e estilo, que subentende a oposição entre denotação e conotação[23]. Assim é mantida a estilística, que pertencia inteiramente à teoria tradicional, pelo seu pressuposto da distância, da língua. A conotação, criticada teoricamente, é mantida pragmaticamente. Por isso numa frouxidão epistemológica. Não se está longe da bricolagem dos práticos. No entanto trata-se sempre de teoria, pela distinção entre conotação semântica e conotação semiótica[24].

A pragmática dispõe juntas a estilística e a poética[25], porque ela não vê que elas divergem radicalmente. A estilística só conhece, na melhor das hipóteses, estruturas. Ela pode ser estruturalista. A poética supõe o sistema, que não tem nada a ver com a estrutura.

Prática e teoria, a tradução coloca um problema epistemológico, o da sua teoria da linguagem. E o problema das relações inevitáveis com o que a teoria da linguagem arranca da filosofia da linguagem. Nenhuma destas relações é inocente. Nenhuma se estabelece impunemente para as práticas. Por isso não seria bom, nem para a teoria, nem para a prática, recorrer à linguística de Hjelmslev[26]. Pedimos para ver a poética produzível por toda linguística. Reciprocamente, a teoria da linguagem que implica uma poética.

Não há uma poética somente para a literatura e a poesia, e a teoria da comunicação algures. É preciso procurar uma poética da filosofia, e de cada texto filosófico: *Angst* é só um signi-

19 Idem, p. 111.
20 Idem, p. 171.
21 Idem, p. 120.
22 Idem, p. 113.
23 Idem, p. 119.
24 Idem, p. 197.
25 Idem, p. 173.
26 Idem, p. 196.

ficante em Freud. Traduzi-lo tanto por "angústia" quanto por "medo" o modula em significados. É preciso ler poeticamente a psicanálise, e escutar os significantes. É pelo menos o que ela nos ensinou. Atribuir a tradução à hermenêutica, particularmente para os textos filosóficos, é permanecer no dualismo que dissocia os significantes dos significados. Também é muito ou muito pouco dizer que há uma "dimensão hermenêutica [...] inerente a toda tradução"[27]. Se tratamos de dizer que é questão do sentido, é um truísmo inútil. Tratando-se aí de uma inserção na fenomenologia, em que o texto é colocado no compreender, e no interpretante, no "querer dizer" fenomenológico e suas intenções, essas coisas são *velharias semânticas*, como Rimbaud falava das "velharias poéticas". Sem dúvida, também existem as velharias filosóficas.

Esta inserção na fenomenologia situa sua profissão de fé no incompatível "ao mesmo tempo adorniano e heideggeriano"[28]. Como a volta à ideologia do prático pragmático, a da *modéstia*, da *transparência*: "ser e saber desaparecer"[29]. O tradutor que desaparece se faz justiça. São Jerônimo e Lutero não desapareceram. A teoria clássica cava a sepultura dos modestos transparentes.

---

27 Idem, ibidem.
28 Idem, p. 234, nota 67.
29 Idem, p. 247.

3. A Poética é a Política do Traduzir

Há uma política do traduzir. E é a poética. Como há uma ética da linguagem, e é a poética. Ou antes, o inverso é forte: o ético só é verdadeiramente ético quando pratica a poética. Tento colocar em relação estes termos, porque me parece que se pode mostrar que eles não são separáveis. Eles têm a ver com o modo pelo qual a poética e a política se unem.

Não se trata da política imediata da tradução, se bem que aí haja uma, a dos editores. Tento colocar em relação a noção de identidade e de alteridade, mostrar que os seus conflitos e a distinção entre alteridade e diferença importam ao ato linguístico e poético da tradução. E que nesta relação entre poética e política, a passagem à oralidade, o reconhecimento muito recente de que a oralidade é um acontecimento que ocorre ao mesmo tempo na história da tradução e na historicidade atual da tradução.

No século XX, a transformação em curso das relações interculturais e do pensamento da linguagem desempenha aqui um grande papel. A história da tradução não pode ser isolada da história destas transformações. Em nossa época – e talvez apenas a tradução como campo de prática e de reflexão possa mostrá-lo – começa-se (não sem regressões, como o mostra o neotribalismo que é o multiculturalismo) a passar de uma oposição entre identidade e alteridade ao reconhecimento de uma interação entre identidade e alteridade, de maneira que a identidade aparecesse apenas pela alteridade, por uma pluralização na lógica das relações interculturais. Traduzir contém uma poética e uma política do pensamento. Onde o estatuto do sujeito é capital.

O pensamento da linguagem no século XX se prende à passagem da língua ao discurso. A noção de língua é venerável, tem ao menos 2,5 mil anos de capital de pensamento. A noção de discurso é muito recente, data dos anos de 1930. Ela é frágil, instável. Logicista na pragmática. No entanto, esta noção de discurso é a invenção maior do século XX, no pensamento da linguagem. Ela tem um efeito de teoria na tradução. A passagem das categorias da língua às categorias do discurso se faz acompanhar de um perigo: acreditar que se pensa o discurso, isto é, que se pensa ainda e ainda o discurso nas noções da língua. O discurso supõe o sujeito, inscrito prosódica e ritmicamente na linguagem, sua oralidade, sua física. No século XX, uma redescoberta da física da linguagem teve início com Jousse. A passagem da identidade a uma outra relação com a alteridade e a passagem da língua ao discurso encontram-se e agem uma sobre a outra na tradução.

O paradoxo é que a literatura é a realização máxima do discurso, e da oralidade. A prova máxima da teoria da linguagem. É, pois, exatamente a partir da literatura que a teoria da tradução pode ter um papel crítico, contra as resistências que tendem a manter o saber tradicional, por exemplo, a separação entre filologia e poética. Ou fenomenologia.

A fenomenologia da tradução é o principal adversário teórico. Sua essencialização do sentido, em Heidegger, não é separável da fenomenologia do compreender. Heidegger explicitou-o em diversas passagens. Em *Parmênides*[1] "compreender já é traduzir", há "um traduzir original" na própria relação que constrói o sentido. Toda esta passagem de Heidegger se apoia num jogo de palavras, o deslocamento de acento entre *über'setzen* e *'übersetzen*, entre a tradução e o transporte. Esta

---

1 *Gesamtausgabe*, t. 54, p. 17-18.

metáfora do transporte, enunciada treze vezes, tem por efeito renovar a noção linguística empírica, banal da tradução, da passagem de uma língua a uma outra, numa noção do sentido tal que se o "compreender" é um "já traduzir", ele é o operador, o justificador por excelência da hermenêutica. Traduzir é, pois, diluído analogicamente na história da interpretação. O que tem por efeito instalar esta banalidade especiosa ou ao menos insuficiente de que para compreender é preciso interpretar e para traduzir é preciso antes de tudo ter compreendido. Logo, a tradução é necessariamente uma interpretação. Há que sacudir esta verdade muito bem estabelecida, não para esperar fazê-la cair, mas ao menos fazê-la entregar o que ela contém e não mostra.

Tudo isto se mantém, em Heidegger, na essencialização generalizada do sentido, por todos os procedimentos que se conhece na parafilologia heideggeriana. Que assegura o primado fenomenológico da língua. Está excluído que haja um sistema do discurso. Todo o trajeto filosófico de Heidegger, que incluía *Rede* (discurso) em *Sein und Zeit* (Ser e Tempo) resultou na eliminação da *Rede* do discurso em *Unterwegs zur Sprache* (A Caminho da Linguagem) em 1959.

Este conflito da língua e do discurso, da essencialização e do empírico, é o que escondem os tradutores franceses de Heidegger para o caso emblemático da palavra *Sprache*.

A tradução desta palavra nas três versões francesas de *Ser e Tempo* – a de Alphonse de Waelhens publicada em 1964 pela Gallimard, a de Emmanuel Martineau em 1985, e a de François Vezin em 1986 pela Gallimard – e em *Acheminement vers la parole* (Encaminhamentos para a Palavra), adaptação de François Fédier a partir de *A Caminho da Linguagem*, é um belo problema pela contradição em que os tradutores se colocaram em relação aos filósofos comentadores de Heidegger[2].

Pois estes cronistas filosóficos têm claramente uma palavra-mestra, a palavra de seu mestre, que domina seu vocabulário, que é a palavra *língua*, segundo um estatuto que não é linguístico, nem saussuriano. E que mantém na famosa frase que serve aqui de modelo, em *A Caminho da Linguagem*, "die

---

2 Mostrei em detalhe a inconsistência desta representação em *Le Langage Heidegger*, Paris: PUF, 1990, p. 282-287.

Sprache spricht" (a língua fala), e o homem fala na medida em que responde, e corresponde à língua.

Ora, pela ligação a este desaparecimento do discurso, de *Ser e Tempo* à *A Caminho da Linguagem*, os tradutores franceses escamoteiam sistematicamente a palavra *língua* e se entregam a variações diversas: em Waelhens, uma concordância é apresentada, mas não é mantida; Martineau, que criticava tão vigorosamente, não tem nenhuma concordância, quatro ou cinco traduções diferentes, segundo os lugares, para *Sprache*. Nenhum deles tem o rigor conceitual implicado em Heidegger. O mesmo para *linguagem*, *palavra* ou *língua*. A alternância, aí onde ela tem lugar (em Vezin) é suficiente para confundir tudo. Tudo se passa como se os tradutores franceses de Heidegger não pudessem conservar a *língua* aí onde há *Sprache* em Heidegger. Para eles, traduzir mostra o que eles não querem ver.

Derrida diz que *Sprache* pode ter todos os valores em alemão. Certamente, *em alemão*. É, banalmente, uma palavra para muitos conceitos, que variam segundo as expressões, principalmente *linguagem* e *língua* no sentido de um idioma nacional, em valores numerosos que o artigo do dicionário de Grimm (t. 16, col. 1905) analisa com uma grande clareza e finura, onde predomina nitidamente a noção de *língua*.

Mas não é com os filósofos que se vai aprender mais do que uma palavra do dicionário, quando ela entra num sistema de pensamento, tornando-se aquilo que dela faz este sistema de pensamento. Não é mais, portanto, uma palavra da língua.

Os empregos que dela faz Heidegger não são separáveis de sua concepção da linguagem. Não se trata mais do alemão em geral, mas da teoria da linguagem, e do encaminhamento de Heidegger neste campo teórico, que condiciona o "analítico do *Dasein*"[3], com o estatuto da *Rede* (discurso) e do *Gerede* (dito), e seu vínculo com a cotidianeidade. É a lógica interna deste encaminhamento que elimina a *Rede*, apaga a palavra no sentido de Saussure, o discurso no sentido de Benveniste.

Ora, os tradutores, por lapso, ou melhor, sintoma, remeteram à palavra para aí onde só existe a língua. Daí esta con-

---

3 *Sein und Zeit*, p. 163.

tradição picante que ninguém mais senão os adoradores da *língua*, no sentido de Heidegger, falam da *palavra*, num sentido mal determinado, mas que sinaliza para a autenticidade, até mesmo para um valor místico.

É o próprio rigor de Heidegger que desaparece. Justamente entre os heideggerianos. A obra-prima da denegação sendo (com o argumento ilusório de guardar a aproximação entre o nome e seu verbo, *sprechen*, "falar") a tradução de Fédier *Acheminement vers la parole*, com o grotesco "é a palavra que fala" em lugar de *Acheminement* (ou *En chemin*) *vers la langue* (A Caminho da Linguagem). A obra-prima: apagar o sujeito, e apagar o apagamento do sujeito que teve lugar em Heidegger. O cúmulo: apagar a *palavra* justamente empregando o vocábulo palavra. Flagrante delito de uma política do traduzir e de uma política no pensamento da linguagem.

Como se poderia supor, hipótese fraca, que os tradutores não sabem o que fazem, por ignorância, eles são hiper-sábios ao contrário, mas é verdade que sua situação filosófica induz a uma ignorância secundária das questões da linguagem, resta-lhe, *lectio difficilior* (a mais difícil lição) e a hipótese mais interessante, que é precisamente sua situação filosófica que os compromete com este lapso revelador.

Na medida em que Heidegger, desde seu livro de 1914, *Tratado do Julgamento no Psicologismo*, não parou de querer fugir do psicologismo, o paradoxo heideggeriano é de fazer psicologismo sem o saber: ele rejeita o sujeito psicológico, mas não conhece outro além dele. Permanece nesta recusa. E o super-sujeito acaba sendo a língua.

À medida em que é preciso tentar pensar uma por uma a literatura e a linguagem, como uma política do sujeito, para assim compreender outra coisa além de esquemas, é no discurso que isto se dá. É, pois, necessário defender antes este diluir da tradução na interpretação que leva a uma caracterização psicológica tal que, mesmo para a hermenêutica, o compreender posto no compreendendo, acaba-se, em lugar de conceitos do traduzir, em uma classificação dos estados de alma do tradutor, como em George Steiner.

Incluir a tradução na interpretação é o mesmo que incluir o poema no sentido e na hermenêutica. O que declara

Derrida em *Schibboleth pour Paul Celan* (Chibolet para Paul Celan)[4]: "o poema ele mesmo é já um tal acontecimento hermenêutico, sua escritura torna a se levantar do *herméneuien*", e Derrida acrescenta: "ela emana disto". E ainda: "a poesia está no coração da filosofia, o poema é um filosofema"[5]. Se tentamos manter juntas a poesia e a reflexão sobre a poesia, na sua especificidade, pode-se apenas reagir diante da agressão que constitui para a poesia sua inclusão na filosofia. O filósofo não pode dizer melhor do seu abuso de poder sobre o poema.

Este gesto esconde um desconhecimento da alteridade. Ele instala um obstáculo ao saber e à ética do poema. Visto sob o prisma da poética, é um ardil da razão, um efeito do signo que consiste em "pré-filosofar" o poema, como se diz, "ministrar a pré-medicação" a um paciente, antes da operação. Trata-se de convertê-lo antecipadamente em enunciado. É tornar-se incapaz de compreender o poema como um irracional da interpretação. O contínuo saindo indefinidamente da tomada do descontínuo. Que não pode ser a da interpretação. Eis porque também traduzir deve extravasar a interpretação. Falando do poema, falo também da tradução, já que é na enunciação do sujeito do poema que se faz a historicidade de um texto. O problema da tradução é de aí se afrontar.

Aqui se situa a ideologia que pretende que o traduzir esteja por todos os lados, e que tudo é traduzir. Ao contrário da tradutologia, que isola o traduzir, a analógica o vê por todos os lados. É neste sentido frágil e analógico que Derrida toma a tradução, quando diz, comentando Schelling e a "semelhança" que ele via entre as matemáticas e a filosofia: "Esta permite a tradução de uma na outra, pois ambas se fundem na identidade do geral e do particular"[6], e quando ele fala da "intertradutibilidade do racional e do fantástico"[7]. Ele constata, no entanto, o paradoxo que esta "tradutibilidade fundamental se liga poeticamente a uma língua natural e resiste à tradução"[8]. Mas seu discurso mantém, voluntariamente ou não, uma

---

4 Paris: Galilée, 1986, p. 88.
5 Théologie de la traduction, em *Du droit à la philosophie*, Paris: Galilée, 1990, p. 337.
6 Idem, p. 376.
7 Idem, p. 377-378.
8 Idem, p. 378.

ambiguidade, quando evoca uma "retórica ou uma tradutologia generalizada"[9]: não se sabe mais com certeza se este é ainda o comentário de Schelling ou um discurso dirigido por sua própria conta nesta "panretórica da tradução"[10]. E é nesta indeterminação, nesta argúcia do discurso de comentador filosófico, que termina o propósito de Derrida, ao colocar a tradução ao mesmo tempo como um suplemento e um complemento à "manifestação do próprio Deus", e "é também o que se chama o destino da universidade"[11]. Eis-nos numa teo-lógica da tradução. Os caminhos da filosofia são impenetráveis.

Mas se a defesa da alteridade se identifica à do literalismo, à das origens, é de novo uma figura bem conhecida. É a teoria de Nida: a equivalência dinâmica contra a equivalência formal. Nenhuma outra além do signo, a forma, o sentido, a não ser em Nida, a equivalência dinâmica identifica o sentido com a resposta e, na relação estímulo/resposta, situa a teoria da tradução numa psicologia.

Tudo isto mostra que se tem constantemente que fazer na teoria da linguagem, quer dizer, no signo, à onipotência do signo, a forma, o sentido. E no contínuo, que o ultrapassa. Colocar a poesia, e, pois, a tradução, no sentido, é produzir o mistério, o intraduzível. O intraduzível não é um dado empírico, é um efeito de teoria.

Se empiricamente só existe o discurso, o significante torna-se significância, e com o ritmo é a historicidade de um texto que se percebe, sua especificidade. Isto quer dizer que mudamos de teoria da linguagem. Este não é mais o reino do descontínuo, que é o modo dominante do pensamento da linguagem, é a redescoberta do contínuo. Mas nós estamos numa civilização que, no que diz respeito ao pensamento da linguagem, a partir de Platão, quase exclusivamente privilegiou o descontínuo. O pensamento do contínuo, que aparece em Humboldt, concerne imediatamente ao traduzir.

Neste sentido, do ponto de vista de sua eficácia prática e teórica, a fenomenologia da tradução reside no signo, como a

---

9 Idem, p. 390.
10 Idem, p. 391.
11 Idem, p. 394.

linguística da tradução. Na política do signo. Há espaço para pensar uma política do ritmo.

Outro aspecto da situação, o corte entre a filologia e a poética. Ela não é própria apenas à tradução. E é bom situar a tradução no conjunto do campo das práticas de linguagem. Eu só tomaria um exemplo, o da pontuação na edição dos textos. Já que o critério que funda a crítica é o do ritmo e da significância, devia despertar um sentido histórico e um sentido poético, ambos solidários, adormecidos, para lançar, enfim, a seu século xix, a modernização da pontuação na maior parte – salvo raras exceções – das edições francesas do século xvi de Mallarmé e Proust. Esta modernização constitui um verdadeiro desconhecimento da relação interna necessária entre filologia e poética. Até aí onde subsiste um fetichismo da ortografia, pode-se mostrar que a pontuação e a tipografia (as letras maiúsculas) modernizadas destroem a poética de um texto, visual e auditivamente. Em Descartes tanto quanto entre os poetas. A filologia, na edição de textos, mostra sua arrogância, sua ignorância, seu arcaísmo. Outras devastações além do domínio da tradução.

Aqui atinge-se a distinção entre as noções de alteridade e de diferença. Não é porque as línguas são diferentes entre elas que as traduções mudam. Mesmo sendo, sem dúvida, impróprio dizer exatamente em que a língua alemã e a língua francesa mudaram a partir de uns cinquenta anos, não é sua diferença que causa problemas às traduções de Kafka, e a insatisfação que se experimenta hoje com as traduções de Vialatte datadas do pós-guerra. Alguma outra coisa mudou. E se não é a diferença entre o alemão e o francês o que mudou, é mais porque a diferença entre as traduções não guarda a diferença entre as línguas. Ela tem a ver com o que chamo a "alteridade". O que situa uma tradução é a maneira pela qual ela marca sua situação na teoria da linguagem, quer dizer, no conjunto das ideias do tradutor sobre a linguagem, a literatura, aquilo que ele julga possível ou impossível. Uma relação entre uma ideologia literária, uma ideologia linguística e os saberes do tempo. O que Althusser chamava de a "filosofia espontânea dos sábios". Há sem dúvida uma filosofia espontânea da linguagem e da literatura no tradutor. O problema do discurso, o problema da transformação da identidade pela alteridade é sem dúvida de voltar as costas à grade do signo. Seria necessário quase dizer: voltar as costas à época. Pedir o impossível. Quase.

É preciso, pois, transformar o traduzir através da alteridade, e pelo discurso. Em *Jonas*, há duas maneiras de exprimir *dizer a* (*dire à*). Quando um personagem fala a um outro, é *dizer a*, mas quando Deus fala ao profeta para enviá-lo *em direção a* (*vers*) um certo lugar, dá-lhe uma missão, ele emprega uma outra preposição, não a preposição abstrata *o* mas a preposição concreta *el*, que quer dizer *em direção a*. E que é ainda uma palavra-valor da profecia, da missão. Nesse caso, traduzi por *dizer em direção a* (*dire vers*), não *dizer a*. Evidentemente, isto não é "francês". É o risco do discurso. Além disso, *vaidade das vaidades* (*vanité des vanités*) tem mil e quinhentos anos de pátina, enquanto *barrela de barrela* (*buée de buée*) não existe, mas talvez seja a chance de uma decapagem do texto, para achar o concreto de sua força.

Na concepção comum de linguagem, a poesia é ainda a figura privilegiada da oralidade: tudo se passa como se ela fosse "a outra" da prosa. É um efeito do signo: a poesia, colocada ao lado do irracional, da emoção, e da prosa, ao lado da razão. Tudo isto é solidário a um padrão ideológico que quer que o francês não tenha ritmo, seja a língua da razão, uma língua não poética, enquanto outras línguas seriam poéticas. Dificilmente podemos separar os saberes e as ideologias da língua. No entanto, é preciso fazê-lo se queremos traduzir um texto como um texto. E saber, também, o que é uma língua. A língua. Francesa. A estética é mais política do que quer parecer.

4. Traduzir a Literatura

A literatura é a prova da tradução. A tradução é um prolongamento inevitável da literatura. Assim a literatura pede contas à tradução. Ela é o que importa mais para a experiência e a transformação do traduzir. Não porque a literatura seria o que mais ocupa a tradução, ou há mais tempo. Nem porque traduzir a literatura seria mais prestigioso ou mais difícil do que a tradução técnica ou científica, e resultaria em outros princípios. Não que traduzir seja diferente para uma receita de caldo em pó, um artigo de física nuclear, um poema, um romance. É a receita, o artigo, o poema, o romance que não se encontram na linguagem da mesma maneira.

A tradução técnica é sem dúvida a mais antiga e a mais divulgada, a partir dos textos administrativos do Oriente-Próximo Antigo. Depois vieram os textos sagrados. Os primeiros por motivo de nomenclatura, os outros por serem sagrados impuseram uma linguística da palavra. Quer dizer, um lexicalismo que ao mesmo tempo reduz a linguagem à unidade da palavra, em séries sucessivas e, neste isolamento do sentido, identifica frequentemente o sentido à sua origem, tomando a etimologia pelo "verdadeiro sentido" (o que diz a etimologia da palavra "etimologia", discurso verdadeiro) da unidade primeira. Esta concepção, a mais antiga, está longe de ser um arcaísmo, uma espécie extinta. Na linguagem, como na arte, não mais do que nos costumes, não há sem dúvida progresso de um estado dito primitivo a um estado dito evoluído. Há uma história não linear, do acesso a uma linguística da frase e do enunciado. Daí, menos ainda e com resistências, uma linguística do discurso. Começa uma poética do ritmo. O que, em parte, a tradição acrescentaria ao enunciado sob o nome de estilo. As comissões bíblicas associam a seus especialistas de língua e teólogos, um estilista. Ele acrescenta o estilo.

Não existe uma definição da tradução para a literatura, uma outra para os textos científicos e técnicos. Mas, independente disto, o caráter dos textos faz a diferença, essencialmente terminológica para a técnica e a ciência; admite-se que estas requerem para traduzi-las uma competência na matéria de que se trata, no referente. Um químico para traduzir a química. Mas para a literatura, o critério é somente filológico: conhecer as duas línguas, de partida e de chegada. Estranha contradição, que em nossa sociedade, ao mesmo tempo, sacraliza a literatura e a trata simplesmente como a língua, colocando uma questão fundamental à tradução literária, sobre a relação que ela pressupõe da literatura com a língua. Se aplicássemos aí o mesmo critério de competência, que evocamos sem jamais realizar, seria necessário que um tradutor de romances fosse romancista, e poeta para os poemas. O que já reclamava Du Bellay. De fato, as melhores traduções de poemas são as de poetas. Quem não concordaria que a tradução de um poema deva ser um poema? Pois ela deve substituir o original, transformar em função aquilo que se supõe fora de acesso, sem o que a tradução seria inútil. Se aceitamos que o poema seja substituído somente pelo enunciado do que ele diz, ao qual ele não se reduz, é porque os critérios da tradução literária são então mais frouxos que os da tradução técnico-científica.

A tradução literária está num modo da linguagem não terminológica. Quer dizer que, contrariamente à ideia divulgada que opõe literatura e poesia à linguagem comum, elas estão justamente na linguagem comum. Um discurso. Não da língua. O discurso científico se identifica ao máximo com a língua. O essencial é o referente, que é preciso conhecer. Mas na literatura e diversidade das obras, existe antes o primado empírico do discurso sobre a língua. Este primado passa pelo da rítmica, da prosódia, da polissemia, banal na linguagem comum e, de maneira nenhuma definitório da coisa literária, como acreditam alguns atrasados que creem fazer diferir o sentido, mas excluem a poética – os desconstrucionistas. A literatura, à diferença do que não é literário, constrói e inclui sua situação e seu referente.

Se reconduzimos o discurso à língua, como a isto convida a história do pensamento da linguagem na tradução, a tradução é linguística, mais que literária. Romance ou poema, quais sejam os caracteres do discurso, eles são concebidos como enunciados de uma língua a fazer passar em uma outra. É a língua que se traduz, não os textos. Privilegiam-se normalmente os hábitos e as aparências da língua de chegada. Da forma do sentido em tal língua à sintaxe paratática se transpõe para sintaxe de subordinação, como se passa legitimamente de uma ordem não marcada verbo-sujeito numa língua de partida para uma ordem não marcada sujeito-verbo em francês. É o estado linguístico corrente da tradução. O próprio bom senso.

O paradoxo é que, diante da literatura, não é a literatura que visa então a tradução, mas a língua. Também a escala do traduzir não ultrapassa aí a frase. Ainda sua noção linguística da redundância (as frequências e os hábitos da língua de chegada) conduz a um protocolo de permutações em que o objetivo do natural conclui os quatro tipos de modificações de órgãos da teratologia. A polivalência da linguagem e sua rítmica são temidas como um mal. São tratadas através da redução: redução do discurso à língua, da rítmica ao sentido, da polissemia à monossemia.

O paradoxo da tradução literária é o de visar apenas o signo linguístico, onde a tradução técnico-científica é confrontada com o referente. A linguística espontânea e implícita dos tradutores, inscrevendo-se no pragmatismo instrumentalista do signo, dela não guarda mais do que o significado. Ora, a literatura opera uma transformação do esquema aristotélico do signo. Integrando o referente, a situação e, sobretudo, o sujeito no discurso, ela faz da linguagem um significante generalizado. O signo extravasou. A literatura, diferentemente segundo cada obra, requer uma modificação do semiótico, e do semântico. Rumo apenas ao semântico.

Se não há, segundo cada obra, uma modificação correlativa no traduzir, há isto que se pode definir como a *má* tradução. A *boa* tradução é aquela que segue o que constrói o texto, não apenas em sua função social de representação (a literatura), mas em seu funcionamento semiótico e semântico. Assim os critérios de bom e de mau não são mais os critérios simplesmente filológicos definidos pelo bom conhecimento da língua: Amyot e Baudelaire cometeram erros, mas sua tradução é boa. Uma tradução sem erro pode ser má. Os critérios não são mais os critérios subjetivos, estéticos, o cumprimento de um programa ideológico, os gostos de um indivíduo, de um grupo, de um momento. São os critérios pragmáticos da conquista histórica, quer dizer, a duração, que não é outra senão um funcionamento textual, uma atividade discursiva de relê. Os exemplos disto não são tão raros. As traduções ruins são, por certo, mais numerosas, como os livros maus são mais numerosos que os bons. Mas as boas são exemplares nisto que, contrariamente ao caráter perecível dado como inerente à tradução – como se a tradução fosse em sua essência identificada com a má tradução – que a tradução bem sucedida não se refaz. Tem a historicidade das obras originais. Permanece um texto apesar do seu envelhecimento. As traduções são então obras – uma escritura – e fazem parte das obras. Que se possa falar do Poe de Baudelaire e do de Mallarmé mostra que a tradução bem sucedida é uma escritura, não uma transparência anônima, o apagamento e a modéstia do tradutor que o ensinamento dos profissionais preconiza.

A confrontação do traduzir com a literatura é, pois, a confrontação permanente da língua ao discurso, das ideologias da língua e da literatura ao funcionamento histórico da literatura. É nisto que a literatura é uma prova de fogo do traduzir, das ideologias do tradutor, de sua passagem ou não de uma linguística espontânea implícita a um questionamento de suas práticas. Esta prova de fogo define a historicidade do traduzir, sua situação, que se inscreve na sua tradução. A tradução literária mostra e oculta ao mesmo tempo, por sua própria escritura, a interação da teoria da linguagem e da teoria da literatura que pertencem à obra no discurso do tradutor. Queira ou não o *prático*, a teoria da tradução é inevitável. Quanto mais ele recusa a ideia de que há uma teoria da tradução, mais ele a reforça, por sua própria recusa, a necessidade de um exame das razões que o impelem a esta recusa, do como, do porquê e da historicidade do traduzir. *A rejeição da teoria faz parte da teoria.*

Os problemas da tradução podem se colocar em termos universais e em termos históricos. Em termos universais, eles são colocados na língua, o sentido oposto à forma, e como eles confrontam uma língua com a outra, cada uma em sua interioridade formal de sentido, a questão da tradução neste caso é essencialmente a argumentação tradicional, a partir de Santo Agostinho, sobre a impossibilidade de traduzir. Este argumento antiempírico não se separa de sua filosofia da linguagem: todas as traduções são más, do mesmo jeito que a linguagem é enganosa, insuficiente e confusa, porque é metafórica, polissêmica, genérica. Mas nos termos de uma historicidade radical da linguagem e dos discursos, a tradução não está na língua, mas no discurso. No empírico. Por isto a história do traduzir é a história do retraduzir.

Para a maior parte dos tradutores, que não estão somente no empírico e na história, mas que são também empiristas, a prática da tradução já é toda sua teoria, é o seu tratamento do sentido, seu conflito com o valor (no sentido saussuriano) que circunscreve sua situação, seus meios. Traduzir é uma atividade empírica, como toda atividade de linguagem. Mas a especificidade da literatura, e da relação da tradução com a literatura, impõe duplamente uma reflexão que entra em conflito com o empirismo tradicional, tomado pelo empírico. No entanto, a partir de Cícero, os tradutores escrevem sobre sua prática. Como os pintores escrevem sobre a pintura. Linguagem de uma prática, que não se limita a anedotas.

Neste caso em que a literatura é invenção permanente, em e contra as tradições, e só é reconhecida como tal, sob pena de não ser nada, esta coisa de epigonal do mercado dos livros, a tradução é um domínio da atividade em que a tradição é não somente mais forte do que a invenção, mas dada pela própria condição do exercício e do êxito. Em literatura, não existem evidências. Na tradução, certas evidências fazem a lei. A autoridade inegável da evidência leva a que a tradução funcione na língua de chegada, logo, sem recurso atribuído à língua de partida. Na língua de chegada, quer dizer só com os meios da língua de chegada, não daqueles da língua de partida, nem as interferências de um entre dois monstruosos, porque ele transgrediria o código da língua de chegada. Mas o que fazia diferente a *Vulgata* de São Jerônimo? A correção é o objetivo obsessivo do transmissor. A linguagem de chegada, em consequência, é uma linguagem adquirida, conhecida, passiva, já transformada. É sua maior contradição com a obra literária, que é tão somente o que é, e permanece uma linguagem ativa, transformadora. Transformadora de obras precedentes, de modos de relação com o mundo e os sujeitos entre eles e neles próprios.

A primeira e última traição que a tradução pode cometer contra a literatura é a de lhe roubar aquilo que a faz literatura – sua escritura – pelo próprio ato que a transmite. O adágio *traduttore traditore* indica há séculos que a tradução é o lugar de um conflito definido por dois paradigmas irredutíveis um ao outro. A tradução está no binário que opõe o autor original ao tradutor assim como a invenção à reprodução, o autêntico ao edulcorado, a língua de partida à língua de chegada como dois mundos que não podem se sobrepor, a indissociável e misteriosa associação da forma e do sentido no original da mísera dissociação dos dois, para não reter mais que o sentido, na tradução. Esta situação, longe de ser tomada como um efeito das concepções da linguagem, foi e é ainda dada por um caráter. Que o bom sentido consiste em reconhecer e aceitar. Se bem que diante da escolha entre mostrar a tradução por aquilo que ela é, uma tradução, e esconder esta vergonha, o tradutor foi levado a apagar tudo o que mostra que se trata de uma tradução. O tradutor procura o natural.

O natural da língua de chegada, que deve normalmente atingir o bom tradutor, supõe uma atitude pragmática quanto à comunicação, que parece mesmo o bom sentido. O paradoxo é que ela cumpre e perpetua assim e sem o saber, o mito de Babel. Pois o *natural* procura suprimir a diferença das línguas, ele faz disso uma coisa a esconder, e esta diferença ocultada mantém a diversidade das línguas como o mal, mítico da linguagem. Cada língua de chegada é assim ao mesmo tempo a ordem natural e a transcendência das particularidades. O que ingenuamente mostrava para o francês, no tempo de seu reinado europeu, a gramática de Port-Royal, e em nossos dias a gramática gerativa para o inglês, estrutura profunda de todas as línguas, e acompanhamento teórico de sua hegemonia cultural.

Temos de distinguir entre o desperdício e a traição, e a transformação. A forma do sentido permanece em sua língua, como sua fonologia. É um desperdício, não uma traição. Ainda o que passa, longe de depender da natureza das coisas, será diferente segundo a concepção que se tem ao mesmo tempo do sentido, e do modo de passagem. Muda-se necessariamente de fonologia mudando de língua. Mas se um discurso fez de sua fonologia valores de discurso e não apenas valores da língua, o resultado será outro, à medida que se considere aqui apenas os valores da língua, perdidos de antemão, ou os valores que o discurso de chegada pode produzir por sua vez, com seus próprios meios. Por transformação. Série prosódica para série prosódica, uma outra. Uma metáfora do original. Aplicação do princípio: traduzir o marcado pelo marcado, o não marcado pelo não marcado. No plano fraseológico, pode-se, no entanto, ser levado a privilegiar o marcado. Privilegiando o discurso. Assim, para o circuito bíblico "montanha de Deus", a tradução suposta equivalente em valor de língua, pelo adjetivo, "montanha divina", desconhece a alteração que ela faz do sentido. O sentido está ligado à forma do sentido. A tradição que transpõe faz mais do que traduzir, que é produzir um equivalente de sentido, de valor, de função, e de funcionamento. Ela substitui traduzir por adaptar. Na *Bíblia*, tomar uma parataxe por uma subordinação tranforma um movimento semítico, oral, num procedimento indo-europeu escrito. A tradução transforma o outro no mesmo. A tradução é, então, aquilo que ela é muitas vezes, o etnocentrismo e a lógica da identidade – o apagamento da alteridade. Nisso ela só faz realizar um programa que a deixa para trás.

Também é preciso examinar a noção de fidelidade, que é tida como sendo o critério das boas ou das más traduções. Se a fidelidade é exatidão na equivalência, supõe-se que ela tenha acesso ao funcionamento do texto. Mas esquecemos então que nem o leitor nem o tradutor têm um acesso direto ao texto.

Esquecemos que *ninguém tem acesso direto à linguagem*: mas sempre através das ideias que se tem dela, e que são situadas. Pois o texto só funciona através da leitura, e esta comporta um elemento que lhe é invisível, mas que não é transparente, que é de ordem histórica: a idéia que se tem do funcionamento da linguagem, e do texto. E que não se pode deixar de ter. Assim a *Bíblia* pode ser alcançada não somente através das traduções que escrevem a história do olhar ocidental sobre a *Bíblia*, mas o próprio texto hebraico não está acessível fora deste olhar e de sua história. O que ilustra a invenção do paralelismo. Não há, não há nunca acesso direto ao texto.

Há, portanto, lugar de reconhecer, e de analisar, para cada texto, a história e a natureza do olhar. É do texto que passa, mas também a grade do tradutor que aí se incorpora, tudo o que ele acredita que se pode ou não pode dizer, seu sentido de ilegível ou do que se pode dizer em tal língua, mas não em francês; todas as ideias sobre o gênio das línguas, e o pseudo-cartesianismo vulgar, a clareza francesa, tudo passa e se inscreve na sua tradução.

No dualismo que constrói a pragmática corrente do sentido, através da fidelidade atribuída ao texto – fidelidade que tem sua própria historicidade, pois as épocas em que se corrigiam os erros do autor eles não a partilhavam –, a fidelidade do tradutor é antes ao dualismo da forma e do sentido, com os efeitos de mito, o primado político da língua, no instrumentalismo do signo, e o estilo concebido como uma distância da linguagem costumeira. À revelia das melhores intenções, na moralização que as acompanha, e que tem mais na conta de uma honestidade admitida de convenção do que das condições reais e variáveis de pressa ou de incompetência, a fidelidade permite com toda boa fé deixar cair o ritmo e a prosódia de um discurso, colocar sobre o único e mesmo plano da língua a pluralidade dos modos de significar, desconhecer as relações específicas entre cada discurso e sua língua. No quadro da língua, e do primado do sentido, a fidelidade é um efeito do dualismo, um efeito especificamente ideológico. Longe da objetividade que ela acredita ser, a fidelidade é uma historicidade que não se reconhece como tal. O que mostra que ela é um mito. Quero dizer aqui: uma impostura.

A importância da tradução para a literatura é um aspecto da importância primeira da tradução na história das culturas e das trocas. De onde a importância da reflexão sobre as noções e as práticas que governam o traduzir. Esta reflexão tem sua história, que acompanha a da tradução. A questão sobre o que é uma boa tradução não depende da aplicação de uma doutrina normativa, nem mesmo de um conjunto empirista de receitas. É uma questão situada cada vez por e para um observador ele mesmo situado, e que faz parte daquilo que ele observa. Não se trata somente de que cada tradução seja de seu tempo e de seu lugar, mas de que as questões, na tradução, vêm depois de feita. É o deslocamento histórico dos discursos, é a historicidade que faz a crítica. A própria mediocridade e a caducidade das traduções o testemunham.

A história ocidental da tradução apresenta alternâncias, conflitos que valorizam em parte os tipos de textos e funções da tradução. O Targum aramaico da *Bíblia* mistura tradução e comentário. A Idade Média, diante dos textos sagrados foi, sobretudo, literalista – garantia única da ortodoxia contra as heresias, diante de uma linguagem objetivamente vinda de Deus. Daí os empréstimos e decalques. Mesmo nas traduções de Aristóteles a partir do latim no século XIV. A tradução era então oposta à interpretação. Ainda no século XVIII, o termo cópia não era pejorativo. A tradução dos textos profanos levou, a partir da Renascença, a mais liberdade. Port-Royal, dividindo a sintaxe em uma sintaxe de conveniência, universal, e uma sintaxe de regime, particular a cada língua, identificava a ordem natural à do francês. O estilo era do particular, como o particular das línguas. Esta oposição faria, no século XVIII, do espírito do povo, o *Volksgeist*, o paradigma de oposição do racional ao afetivo desenvolvido pelo positivismo. Ela comanda ainda o gênio das línguas, assim o alemão motivado e o francês arbitrário para Charles Bally, em 1932, em *Lingüística Geral e Lingüística Francesa*.

O francês "ordem natural", ordem da razão, e a primazia europeia da língua francesa, no duplo século clássico, são os elementos que serviram à "bela infiel". Le Maistre de Sacy dizia que o maior crime era uma "submissão que degenera em servidão". O artigo "Tradução" da *Encyclopédie*, por Marmontel, opõe a *versão* "mais literal, mais presa aos procedimentos próprios da língua original", à *tradução*, "mais ocupada com a base dos pensamentos, mais atenta em apresentá-los sob a forma que poderia lhes ser conveniente na língua nova". Mas desde que uma obra "profundamente pensada é escrita com energia", a diferença "se prende mais à imaginação do escritor do que ao caráter da língua", e, "para imitar o colorido da poesia, é preciso participar do talento do poeta". Donde uma relação ativa e não passiva com a língua: "é preciso ter o dom de enriquecer a si mesmo, criando, quando necessário, torneios e expressões novas". Nos afrancesamos nesta época, do mesmo jeito como nos anglicizamos, ou germanizamos. Os tradutores querem um Virgílio francês, um Homero inglês. O afrancesar que submete os ingleses, Shakespeare por exemplo, é a operação que consiste em afastar as belezas de seu filão. Depois do fim do século muda: quer-se enfim perceber o original através da tradução, começa-se a rejeitar o hábito à francesa que reveste tudo o que se traduz.

O romantismo alemão mostra que as mudanças na concepção do traduzir são a historicidade e a política do traduzir. Especificidade literária, cultural e nacional estão ligadas. Goethe, como eu o lembrei no começo, distingue três tipos de tradução: a que informa, a que reescreve e a que recria a especificidade do original. É uma tradução afim, cujo exemplo poderia ser o *Paraíso Perdido* de Milton traduzido por Chateaubriand. Movimentos diversos, a matizar, pelo literalismo. Hugo disse de uma tradução, numa nota de *As Orientais*: "Ela é literal e, por consequência, segundo nós, excelente". Deste romantismo da tradução nasceram duas ideias, ainda atuais, em suas transformações: a primeira é que a tradução enriquece a língua – Hugo ilustra-o, a propósito do Shakespeare de seu filho; a outra é a de uma continuidade entre o original e suas traduções, continuidade de vida segundo o organicismo linguístico do século xix.

O positivismo tinha dividido a tradução em duas, uma técnica e mesmo uma ciência, de um lado, considerando apenas os meios, e, para tudo o mais, uma arte. A aliança do século xx entre o estruturalismo linguístico e o formalismo literário aproximou os dois numa conciliação à maneira hegeliana que tem sua formulação-tipo na frase de Georges Mounin, em 1963: "a tradução continua a ser uma arte – mas uma arte fundamentada numa ciência". Hoje, depois do triunfalismo estruturalista, mais que nunca deve-se situar historicamente a tradução, mas não mais no binário do signo, e seus efeitos – a ciência, do lado dos significados e da língua; a arte, do lado dos significantes e do estilo –, do que numa lógica da conciliação. O discurso, organização subjetiva e historicidade, é o que permite manter em tensão o sentido e o valor, os meios e a visada, a escritura e a tradução. Pois a relação entre literatura e tradução implica tanto uma teoria quanto uma historicidade.

A história do traduzir é só um aspecto da história das teorias e das práticas da linguagem. Conforme a linguagem seja reduzida à informação, ou a um estímulo-resposta, a teoria e a prática do traduzir serão diferentes. O estilo visto como uma escolha, um desvio em relação à norma, determina uma teoria da tradução, em que prima a linguística contrastiva. O primado e o isolamento do sentido legitimam a tradução de traduções, por meio de alternâncias, não pelo original. É o caso da *Bíblia* traduzida em francês a partir do latim da *Vulgata*. Esta separação entre língua e texto, sentido e estilo permite a prática frequente, em poetas contemporâneos, de traduzir de uma língua que não se conhece, e que alguns pretendem que seja melhor mesmo não conhecer, ou através de um informante. Isto é ainda tradução? Ou uma imitação do traduzir, do símile--traduzir? É preciso muita indiferença pelo significante para admitir este relaxamento. Malgrado a aparência, pois que os poetas se abandonam a ela, é aos meus olhos uma antipoética.

Anexa à retórica e à crítica literária, à "estilística comparada", ou linguística aplicada, está sempre o corte entre a linguagem comum e a literatura, é deste dualismo que deve sair a relação entre o traduzir e a literatura.

O efeito de uma concepção geral da linguagem sobre a tradução aparece plenamente na fenomenologia que põe a linguagem no compreender de um interpretante, de onde *traduzir, interpretar, compreender* são equivalentes, e toda relação interpessoal, intercultural, toda troca de pensamento é tradução. A especificidade da linguagem, e das línguas, dilui-se numa pansemiótica vaga, analógica.

A única coisa clara é que o sentido aí é um abstrato transcendendo às línguas. O mito leibniziano de uma característica universal é revelador de uma atitude forte a-histórica e acrítica muito apreciada em nossos dias. Ela faz o sucesso de Michel Serres e de George Steiner.

Ver a linguagem como uma realidade escondida, uma atividade revelando uma presença divina, uma verdade a desvelar, e o trabalho da motivação, a metafísica da origem e da natureza vão agir ao mesmo tempo na língua e na relação de tradução entre as línguas. O que fazem os tradutores franceses de Heidegger. O que fazem também estas proposições que reencontram o gênio das línguas de Mme. Staël, em Yves Bonnefoy, quando ele coloca que a palavra inglesa seria "abertura", e a palavra francesa "fechamento".

Reduzam a língua à informação – aos esquemas da teoria da informação – a um instrumento de comunicação, e percam o significante, o sujeito, a enunciação. A tradução não será mais a mesma. Nida acrescenta aí o behaviorismo: o sentido é uma resposta de comportamento. De onde sua oposição entre a tradução como equivalência dinâmica e como equivalência formal. A equivalência dinâmica é o que permite uma resposta do receptor suposto como equivalente à reação do receptor inicial (de que não se sabe nada) apagando as diferenças linguísticas, culturais e históricas. O beijo sagrado se transforma num aperto de mão. A equivalência formal é uma correspondência entre unidades linguísticas sem levar em conta o conteúdo ou o efeito. A teorização do biblista americano não é separável do modelo arcaico (em inglês, da *King James Version*, ingenuamente tomada pela origem e o exemplo da incompreensão considerada própria da equivalência formal, por seu arcaísmo. O efeito a obter sendo a evangelização atual dos selvagens, pelas traduções indiretas (a partir do inglês), a eficácia legitima a prática. Para os letrados, se restabelecerá o estilo.

O esquema da comunicação pode variar segundo as teorias. Mas ele permanece um esquema da comunicação, não da tradução. Se você toma este esquema para simbolizar o funcionamento da tradução, perde a especificidade do que estava por se definir. O que ocorre se as categorias da sintaxe, as relações universais, de coordenação, de subordinação e de seleção são tomadas, como em Mounin, para categorias da tradução.

A hermenêutica da tradução por George Steiner distingue quatro tempos sucessivos: a confiança, a agressão, a incorporação, a restituição. Esta descrição fenomenológica não descreve o funcionamento linguístico e literário de uma tradução, mas as etapas psicológicas do tradutor-interpretante, no ato de traduzir. Ela confunde o ato com a atividade. Ela é para a tradução o que a crítica das intenções é para a obra. Mas há que se fazer uma história e uma crítica da confiança. Este estado de alma inclui o bom-senso e o gosto, com o vago e os não-me-toques dos subjetivismos de época. Na Idade Clássica o tradutor desculpava e corrigia os erros do autor. A confiança muda pelos meados do século XVIII. À noção de agressão hegelianiza a tradução: ela a transforma numa síntese da oposição entre a língua de partida e a de chegada. Outros veem nisso uma relação de amor, de amizade, de troca. Categorias cuja própria indefinição vaga mostra-se incapaz de especificar a tradução. A incorporação descreve ingenuamente a anexação, a adaptação, o poder da mesma. A restituição se dirige a compensar o que foi perdido, chegando até a melhorar o original, tomando aquilo que se deveria deixar escapar.

A fenomenologia do ato de traduzir, tanto como a do ato poético, não diz nada da atividade, do funcionamento da tradução, e muito menos da atividade do poema. É a tradução, é a literatura que estão para se analisar, eventualmente até para situar os estados de alma do tradutor. Mas eles não dizem nada dos efeitos reais da linguagem, de sua historicidade. Da relação com o leitor. As traduções mostram que nem a linguística nem a hermenêutica têm os conceitos necessários para os analisar em sua poética.

Já que as traduções não traduzem nem as palavras, nem as frases, mas obras, discursos, elas são o lugar de interação entre linguagem e literatura que só os conceitos resultados das práticas poderão reconhecer e analisar, não como enunciados, mas como enunciações. De que nem as receitas da "estilística comparada" das línguas, nem as descrições psicológicas dão conta.

A história e o funcionamento das traduções de literatura são tensionadas, conforme os momentos, as situações, entre *relação* e *transporte*. O transporte rumo à língua de partida é o decalque, do léxico ao sintático. O transporte para a língua de chegada é adaptação em que o natural é uma das formas de ilusão. Tudo como decalque. A relação mostra a tradução como tal. Assim, as práticas e as teorias do teatro fizeram o papel do natural, pois, ao contrário, mostraram assim a convenção. É que a relação é dupla: com uma obra, que é um discurso, com o que o discurso na língua de partida faz desta língua, recebe dela constrangimentos, mas também lhe inventa limitações que pertencem somente a ele, e que o fazem reconhecido. O transporte só visa as línguas. A relação é um discurso quando considera discursos. E o que prima no discurso é a subjetivação generalizada das unidades do contínuo. Daí que o ritmo, com a prosódia, seja o significante maior. Assim a literatura alcança uma antropologia da linguagem, em que ela não se opõe mais à linguagem comum, como o fazem ainda a pragmática e as ciências da linguagem.

A tradução não faz mais do que colocar as literaturas em contato. Ela não coloca as línguas em contato, quando é questão de literatura. É o trabalho das obras nas línguas e das línguas nas obras, que a tradução traduz quando ela se inventa enquanto relação.

A relação permite situar a tradução como anexação, ou como *descentramento*. Então são as traduções, ao mesmo tempo, portadoras e transportadas, numa história das relações de identidade e de alteridade que as ultrapassa. A resistência ao descentramento continua a oposição de Santo Agostinho a São Jerônimo; Jerônimo procurava uma *hebraica veritas*, Agostinho voltou-se apenas para o público receptor. Por sua vez, Jerônimo procurava incluir na tradução o modo de significar. Mas também Valery Larbaud tomou São Jerônimo como patrono dos tradutores, e Santo Agostinho continua o patrono da impossibilidade de traduzir – este pseudouniversal da linguagem, o patrono da recusa aos descentramentos. A recusa do discurso e do ritmo é agostiniana sem o saber.

A permanência e a atualidade da interação entre escritura e tradução se faz marcar na relação que a poética estabelece entre a teoria do ritmo e a teoria da tradução. O discurso, o ritmo, o assunto do poema, a tradução como relação e descentramento definem uma solidariedade das propostas e estratégias, a nos mostrar que nada do que alcança a linguagem aí intervém impunemente, pois toca-se nas lógicas do social, e o social passa por todo sujeito, onde o mais subjetivo, o mais passional, nas práticas e experiências de linguagem, é ao mesmo tempo o mais político.

5. Ritmo e Tradução

No estado atual da teoria da linguagem e da literatura, confrontar os dois termos, ritmo e tradução, não consiste mais em lembrar, banal e estilisticamente, que há ritmo num texto e que a tradução deve levá-lo em conta. Seria permanecer no sentido tradicional do *ritmo*, e da teoria tradicional. O ritmo põe em questão a regência do signo, o primado do sentido. O ritmo transforma toda a teoria da linguagem. Há que tirar disto consequências para a teoria e a prática da tradução. O que de fato não se fez, até aqui. E que aciona as resistências. No que o traduzir aparece como o revelador das teorias, e uma prática que impõe teorizar. Trata-se de mostrar que o ritmo, como dado imediato e fundamental da linguagem, e não mais em sua limitação formal e tradicional, renova a tradução e constitui um critério para a historicidade das traduções, seu valor. Sua poética e sua poeticidade[1].

É enquanto tradutor que eu teorizo. Isso contra a negação da teoria que separa supostamente os tradutores e os teóricos.

---

1 As proposições sobre o ritmo, que eu enuncio aqui de maneira implícita e rápida, são desenvolvidas em *Critique du rythme, Anthropologie historique du langage*, Paris: Verdier, 1982. Aqui só posso repercutir.

Pois só há teoria através da prática. A menos que se tome a má abstração por teoria.

É na poesia e para a poesia que eu trabalho a poética da tradução. Na tradução da literatura, a poética é necessariamente pressuposta: daí aparece cruelmente a ausência de uma poética, em certos tradutores, que acreditam resolvidos os problemas, geralmente, só pela filologia, ou por uma linguística da tradução, que faz apenas uma aplicação didática e dogmática do dualismo tradicional (o sentido e a forma), conformando-o segundo os modos linguísticos, a gerativa ou a pragmática.

Enfim, é como linguista que proponho manter uma por outra teoria da tradução, a teoria da literatura e a teoria da linguagem. Pois, paradoxalmente, a literatura é um critério estratégico das teorias da linguagem. Para encontrar o ponto fraco de uma teoria linguística, procure o que ela faz com a poesia[2]. Veja o que se tornam então a glossemática, a gramática gerativa, a semiótica, a pragmática. Elas não param de separar a literatura da língua comum, de reproduzir o signo. Elas se proíbem de descrever o funcionamento empírico da linguagem. Ora, a tradução é primeiro uma questão empírica.

O paradoxo é que a língua não é acessível diretamente. Um texto a traduzir, não mais. Nem à teoria, nem à prática. Ela só é acessível através das maneiras de falar da língua: as ideias, do tradutor ou de quem quer que seja, sobre a língua. E estas ideias são sempre históricas. Elas constituem uma grade, à qual não se pode escapar. A primeira ilusão que esta grade produz é fazer crer que ela não existe. Todo modelo linguístico participa disto. Sendo invisível, passa pela natureza das coisas. É o que ocorre com o modelo dualista do signo, nesse caso.

É, pois, tanto em suas próprias ideias da linguagem quanto no texto que deve trabalhar o tradutor. Ele as inscreve em sua tradução tanto ou mais do que sua compreensão do texto. São elas, através de sua tradução, que vemos primeiro. Quanto mais ele as esconde ou recusa vê-las, mais ele as mostra. Elas constituem um meio metaliterário e metalinguístico que se interpõe entre o texto e a tradução. Este meio composto, mal

---

2 É o que eu buscava fazer em *Le Signe et le poème*, Paris: Gallimard, 1975.

conhecido, mal dominado, é o gosto, a cultura, a situação do tradutor. Todos os clichês sobre o fundo e a forma, a prosa e a poesia, o escrito e o oral, o *gênio* das línguas, formam a matéria ideológica deste magma, os mitos da linguagem que alguns tomam por uma transparência. Mitos políticos: a *clareza* francesa. Então eles são uma parte necessária da historicidade e da relação. Mas também um obstáculo teórico e prático, para aceder ao funcionamento dos textos.

De onde a insuficiência da linguística da frase, do enunciado, da língua – portanto, da "estilística comparada" das línguas – diante dos problemas do discurso, e da enunciação, que são os dos textos. Onde a tradução está em dificuldade, pois ela é geralmente pensada com os conceitos da língua, do enunciado, do signo.

O ritmo faz a crítica destas categorias. Como o discurso faz a crítica da língua. Do mesmo modo que ele refaz a teoria da linguagem, segundo sua estratégia própria e para o propósito do sujeito, ele refaz a história da tradução. Nada põe melhor em evidência o quanto a teoria e a maneira de escrever história de uma prática estão ligadas, por uma mesma estratégia e um mesmo desafio. Até aqui a história da tradução foi escrita pelo primado da língua e o dualismo do signo. Resultado: as más traduções (traduções-língua) fazem o tipo do traduzir. Não as traduções-texto. Caso único talvez em que o modelo é dado não pelo êxito, mas pelo fracasso. O primado do discurso, e do ritmo no discurso, organiza de outra maneira a visada sobre as práticas, assim como a própria prática.

Eu não considero mais o ritmo uma alternância formal do mesmo e do diferente, dos tempos fortes e dos tempos fracos. Na pista de Benveniste, que não transformou a noção, mas que mostrou, pela história da noção, que o ritmo era em Demócrito a organização do movente, entendo o ritmo como a organização e a própria operação do sentido no discurso. A organização (da prosódia à entonação) da subjetividade e da especificidade de um discurso: sua historicidade. Não mais um oposto do sentido, mas a significação generalizada de um discurso. O que se impõe imediatamente como o objetivo da tradução. O objetivo da tradução não é mais o sentido, mas bem mais que o sentido, e que o inclui: o modo de significar.

Nesta prova de força, teórica e prática, entre a teoria tradicional e a teoria crítica da tradução, ligada à teoria crítica do ritmo, a *Bíblia* desempenha um papel exemplar, fundamental. Não somente porque ela constitui o mais velho e mais vasto terreno para a tradução em nossa cultura. Mas porque ela apresenta uma organização única, que eu saiba, do discurso pelo ritmo. E que sua oralidade neutraliza a oposição dual própria ao reino do signo, entre o escrito e o falado. Leva, pois, a distinguir o oral do falado, o oral como primado do ritmo no discurso. Donde uma organização que não entre mais na repartição binária entre prosa e poesia, segundo a qual a poesia e o ritmo estão de fato incluídos na métrica. É precisamente por isso que o Ocidente teológico-semiótico tem ininterruptamente ensaiado integrar o mundo bíblico da linguagem, concebendo o versículo bíblico primeiro enquanto métrica, depois como uma retórica, pela redução ao paralelismo. Ora, a *Bíblia* não tem métrica. Pois não conhece a distinção entre a prosa e o verso. Mas ela é de parte a parte uma codificação do ritmo, corporal-oral, versículo por versículo. Até contrariar a sintaxe.

Nossa época pode reconhecer melhor que antes este primado do ritmo. Assim o reconhecemos na pontuação de teatro do in-fólio de Shakespeare, mas também em seus sonetos.

Não se trata somente da diferença de sentido que traz uma diferença de ritmo, ou de pontuação. Coisa banal, em todas as línguas: uma vírgula que muda o sentido, se a deslocamos. O exemplo mais ilustre e o mais significativo é talvez a passagem de *Isaías* (40, 3) traduzido muito tempo com uma pausa depois de "deserto" em "ouviu-se a voz daquele que clama no deserto /: Preparai o caminho do Senhor"[3]. Pois que o hebraico *kol korè* (uma voz que fala) tem um acento maior sobre *korè*, e em seguida o grupo *bamidbar // pánu derekh ladonai* (no deserto / abri um caminho a Adonai):

> *qol qoré// bamidbar // pánu/ dérekh ihvh /// iaschru*
> une voix parle // dans le désert // ouvrez / un chemin à Adonaï /// faites droit (uma voz fala // no deserto // abri / um caminho a Adonai /// segui)

---

3 Tradução de Le Maistre de Sacy, que traduziu a *Vulgata*: *vox clamantis in deserto parate viam Domini*.

*baaravá // mesilá / leloheinu**
dans la plaine // une route / pour notre dieu (na planície //
uma via / para nosso deus)

O hebraico em seu ritmo (o acento depois de *bamidbar* é secundário em relação àquele que o precede) tem um sentido histórico e terrestre, situado pelo exílio de Babilônia: ele chama de volta a Jerusalém através do deserto. Mas, cortado depois de *deserto*, tal como a passagem foi compreendida e citada a partir do grego da *Septuaginta*, em *Marcos* (1, 3), *Mateus* (3, 3) e *João* (1, 23), o apelo tomava um sentido messiânico, impedindo o povo de seu retorno à terra, em direção à sua terra. Outra teologia, outra teopolítica.

A *King James Version* ia ao assunto francamente: "The voice of him that crieth in the wilderness, Prepare ye the way of the LORD, make straight in the desert a high-way for our God!". As traduções modernas corrigem tudo. A *New English Bible*:

There is a voice that cries:
Prepare a road for the LORD through the wilderness, clear a high-way across the desert for our God.

A *Bíblia de Jerusalém*:

Une voix crie: "Préparez dans le désert
une route pour Yahvé.
Tracez droit dans la steppe
un chemin pour notre Dieu.
(Uma voz clama: "No deserto, abri
um caminho para Iahveh;
na estepe, aplainai
uma vereda para o nosso Deus)**.

E a TEB (Tradução Ecumênica da *Bíblia*):

Une voix proclame:
"Dans le désert degagez

---

* A transliteração das palavras hebraicas seguiu a norma fonética que a editora Perspectiva tem adotado a fim de facilitar a leitura e pronúncia para o leitor de língua portuguesa, sem atender, portanto, normas de outra ordem para a transliteração dos étimos de origem hebraica (N. da E.).

** As citações remetem à edição brasileira da *Bíblia de Jerusalém*, São Paulo: Paulus, 2002 (N. da E.).

un chemin pour le SEIGNEUR
nivelez dans la steppe
une chaussée pour notre Dieu
(Uma voz proclama:
"No deserto separe
um caminho para o SENHOR
nivelai na estepe
uma calçada para nosso Deus).

Este não é o único exemplo, mesmo se o jogo não é sempre uma teologia. A diferença de sentido é capital. Mas esta é apenas uma diferença de sentido. Se o ritmo determinasse somente diferenças de sentido na *Bíblia*, não haveria aí nada de específico, nem de alegórico.

Mais do que o sentido, e mesmo aí onde o sentido das palavras aparentemente não é modificado, o ritmo transforma o modo de significar. O que é dito muda completamente, conforme levamos em conta este ritmo ou não, a significância ou não. A situação das traduções encontra aí seus critérios específicos: texto por texto, ou não texto por texto. E isto não vale somente para os poemas. *Um texto filosófico tem também sua poética*. Onde aparece tanto mais do que a redução ao sentido é próprio de uma filosofia pobre, que se impõe só pelo dogmatismo e inércia do *establishment* universitário. Um culto pedante e falso da ciência. Em que se impõe tanto mais a crítica, e o papel estratégico do traduzir.

Podemos apenas cada vez esboçar a demonstração. Mas todos os exemplos deste livro contribuem para isto. Era já o caso de *Jonas* (2, 9) para o poder transformador do ritmo na tradução, ou seja, a transformação da tradução pelo ritmo. Retenho aqui o exemplo do *Deuteronômio* (11, 30) para o ritmo como modo de dizer, e o que se passa em um verso de Homero, na *Ilíada* (VIII, 64-65) para o ritmo não como expressividade, mas como significância; um detalhe enfim em *Hamlet* (I, 1, 114) para o ritmo como transformação da língua pelo discurso.

A Transformação da Tradução pelo Ritmo

Mencionei o versículo de *Jonas* para lembrar, pois eu já o analisei[4]. A confrontação das traduções mostra que a tradução é transformada se o ritmo entrar em seu programa, no lugar em que considerar apenas o "sentido" seria desconhecer o funcionamento do texto, e finalmente seu "sentido" mesmo. Não se pode dizer que a tradução com e para o ritmo seja mais "difícil". O que mudou foi somente porque uma poética se ativou na tradução, enquanto que as traduções do sentido se fazem numa ausência de poética. Traduzir a poética não é mais difícil. É somente uma relação com a linguagem que não se limita à filologia, à língua. Ela não se opõe ao saber. Ela impõe um outro saber. Ela mostra que não basta o saber da língua. As traduções fazem somente o que sua teoria da linguagem lhes diz para fazer. Vale mais evitar ser um senhor Jourdain da tradução.

O exemplo do *Deuteronômio* (11, 30) é pouco espetacular. Não há mudança do sentido como em *Isaías* (10, 3), ou de construção prosódica como em *Jonas* (2, 9). Mas opera-se, no entanto, uma transformação mais forte na medida em que ela possa parecer imperceptível, e não tocar no sentido. Escolhi este versículo, aparentemente simples indicação topográfica, anódina, porque Rashi aí comenta explicitamente a importância dos acentos, e que o tom aí deixa filtrar o sublime: a proximidade do divino nas palavras de Moisés. É que no versículo precedente a bênção divina pesa sobre o monte Garizim, e a maldição sobre o monte Ebal. Mas Dhorme nota: "Parênteses para situar os montes Garizim e Ebal pela ligação com a Transjordânia". Como se fosse o guia Michelin:

halo-hemá / beever há-iarden / aharei / dérekh / mevo há-schemesch //

palavra a palavra:

---

4 H. Meschonnic, [1981], *Jona et le signifiant errant*, 2. ed., Paris: Gallimard, 1996, p. 72-76: *meschamrim / haveli-schav /// hasdam / iaazovu* (guardas / vapores úmidos-vaidade /// sua piedade / abandonarão), por exemplo, na *Bíblia de Jerusalém*, "Aqueles que servem as vaidades, é por sua graça que abandonam", torna-se: " Aqueles que veneram vaidades mentirosas / abandonam o seu amor".

ne sont-elles pas / au-delà le Jourdain / derrière / chemin entrée le soleil //
não são elas / além do Jordão / atrás/ caminho / entrada do sol //
be-éretz / hakenaani // haioschev / baaravá /// mul / hag[u]il-gal //
dans-pays / le cananéen // qui habite / dans la Arava /// en face
de / le Guilgal //
em país/ o cananeu // que habita / na Arava /// de frente a / o Guilgal//
étzel / elonei-moré ////
près de / chênes de Moré ////
(perto de / carvalhos de Moré ////)

Marquei o fim de versículo por quatro barras oblíquas; o acento *atná* (que significa "repouso" e que é a principal cesura do versículo), por três barras; o acento disjuntivo importante, *zaquef katan*, por duas barras; os outros acentos disjuntivos, por uma barra. Rashi comenta em particular o acento *paschta* – cujo nome evoca a mão estendida para dirigir a leitura e significar uma pausa – sobre *aharei*, "atrás", preposição que comanda a palavra *dérekh*, "caminho". Marquei os acentos conjuntivos por um traço de união. É notável, neste versículo, que as três preposições de lugar (*aharei, mul, etzel* – atrás, de frente de, perto de) sejam todas marcadas por um acento disjuntivo que as separa de seu substantivo. Acrescenta-se a isto três acentos disjuntivos à contrassintaxe: sobre *dérekh*, no interior do grupo nominal *dérekh mevo há-schemesch*, literalmente "o caminho da entrada / do sol"; sobre *eretz*, no interior do grupo nominal *be-eretz hakena ani*, "na terra / do cananeu"; sobre *haioschev*, "o habitante" que separa esta forma nominal do verbo, o particípio presente, de seu complemento de lugar. Assim, a multiplicação das disjunções estabelece um modo partido, hiper-separado, marcado, pela relação com o ritmo sintático, no sentido da sintaxe.

Se um grupo rítmico é um grupo de sentido, as separações instalam um conflito entre grupo sintático e grupo de sentido. O "sentido" oscila entre a sintaxe e o ritmo. Mas o ritmo prima, porque ele separa, contra a sintaxe que liga as preposições a seu substantivo, e os elementos entre eles de um sintagma nominal.

Ora, o ritmo não muda nada no sentido lexical. Se ele muda alguma coisa, e muda necessariamente alguma coisa, já que tudo o que chega ao discurso modifica o discurso, isto só pode ser no modo de significar. Pois estas indicações de lugar não têm nada de trivial. Elas não pertencem a um guia turístico. Sua importância liga-se à enunciação, não ao enunciado. As próprias condições da enunciação transformam a significação (não o sentido) do enunciado. É tudo isto que deve se passar na tradução se ela quer levar em conta a enunciação.

Vê-se logo que as traduções correntes da *Bíblia* (eu me limito mais ou menos às traduções francesas) traduzem o enunciado, não a enunciação; a língua, não o discurso; o sentido, cortado pelo ritmo, no lugar de tomar a *linguagem* com seu efeito global, onde tudo faz sentido, ritmo e prosódia tanto quanto léxico e sintaxe. É o dualismo inscrito na tradução. A tradução, em seu estado habitual, dogmatizada pelos teóricos do signo, traduz primeiro o dualismo antes de traduzir o texto. E tem-se o trivial de um guia turístico, no lugar do divino.

Assim a tradução do *Rabinato* (1899) apaga as particularidades do texto: ela acrescenta as "montanhas", para explicar (empréstimo ao contexto do versículo precedente: os montes Garizim e Ebal); transforma o torneio enfático interrogativo-negativo em afirmativa (subtradução); moderniza para adaptar ("direção", "província"); não leva em conta o ritmo dos acentos, e deste modo "para trás" é tratado adverbialmente, mas este isolamento é gramaticalmente inexato. O que deveria ser a mais hebraizante das traduções traduz primeiro o estado do judaísmo francês fim de século: ele se assimila, e ela se assimila de saída ao significado, mais voltada para o significado que a tradução protestante de Segond, que leva mais em conta o significante. Eis o *Rabinato*: "Ces montagnes sont au-delà du Jourdain, en arrière, dans la province des cananéens habitants de la plaine, vis-à-vis de Ghilgal, près des chênes de Morê" (Estas montanhas estão além do Jordão, atrás, na direção do poente, na província dos cananeus habitantes da planície, defronte a Ghilgal, perto dos carvalhos de Moré).

Aqui, duas famílias de traduções. Uma guarda a construção sintáxica do começo, interrogativa-negativa, a outra o inverso em afirmativa. Simplifica. Guarda o significado. E começa com Jerônimo: "Qui sunt trans Jordanem post viam quae vergit ad solis occubitum / in terra chananei qui habitat in campestribus / contra Galgalam quae est iuxta vallem tendentem et intrantem procul". *Galgala* tanto quanto este final muito aproximativo se encontram em Le Maistre de Sacy: "Qui sont au-delà du Jourdain, à côté du chemin qui mène vers l'occident, dans les terres des chananéens, qui habitent dans les plaines vis-à-vis de Galgala, près d'une vallée qui s'étend et s'avance fort loin" (Que estão além do Jordão, ao lado do caminho que leva ao ocidente, nas terras dos cananeus, que habitam as planícies defronte ao Galgala, perto de um vale que se estende e avança até muito longe).

A *Bíblia de Jerusalém* (1955) se inscreve no modo familiarizante, inserindo-se um *como se sabe*, como equivalente ao "dinâmico" da construção hebraica inicial: "Ces monts, on le sait, se trouvent au-delà du Jourdain, sur la route du couchant, dans le pays des cananéens qui habitent la Plaine, vis-à-vis de Gilgal, auprès du Chêne de Moré" (Estes montes, como se sabe, estão no outro lado do Jordão, a caminho do poente, na terra dos cananeus que habitam na Arabá, diante do Guilgal, perto do carvalhal de Moré). A TEB atribui à planície um nome próprio, acentuando o tom guia turístico, visando a eficácia da linguagem comum: "C'est au-delà du Jourdain, au bout de la route du couchant dans le pays du cananéen qui habite dans la Araba, en face de Guilgal, à côté des chênes de Moré" (Está além do Jordão, na beira da estrada do poente no país do cananeu que habita a Arábia, diante de Guilgal, ao lado dos carvalhos de Moré).

Era o que fazia Lutero, o que fazia a *New English Bible*, que coloca no meio o grupo final, reduz a pontuação, acrescenta uma explicação (*mountains*) e reduz o significante ao significado (*west*): "(These mountains are on the other side of the Jordan, close to Gilgal beside the terebinth of Moreh, beyond the road to the west which lies in the territory of the canaanites of the Arabah)".

A outra família segue o significante hebraico do começo. É o que fazia a *King James Version*: "Are they not..." E Buber-Rozenzweig: "Sind die nicht..." Assim é Ostervald, tradução protestante do século XVIII (sigo com o texto de 1904): "Ne sont-ils pas au-delà du Jourdain, vers le chemin du soleil couchant, au pays des cananéens qui demeurent dans la campagne, vis-à-vis de Guilgal, près des chênes de Moré?" (Eles não estão além do Jordão, pelo caminho do pôr-do-sol, no país dos cananeus que permanecem no campo, defronte ao Guilgal, perto dos carvalhos de Moré?). E Segond, versão protestante (1874; 1910): "Ces montagnes ne sont-elles pas l'autre côté du Jourdain, derrière le chemin de l'occident, au pays des Cananéens qui habitent dans la plaine vis-à-vis de Guilgal, près des chênes de Moré?" (Essas montanhas não estão do outro lado do Jordão, atrás do caminho do ocidente, no país dos cananeus, que habitam na planície em frente de Guilgal, perto dos carvalhos de More?). Duas, três variantes lexicais. Praticamente a mesma coisa.

Dhorme[5], como a NEB, acrescenta tipograficamente o parêntese: "(Ne sont-ils pas au-delà du Jourdain, derrière la route du couchant, au pays du cananéen qui habite dans la Arabah, face au Guilgal, à côté des chênes de Moréh?)" [(Eles não estão além do Jordão, atrás da estrada do poente, no país do cananeu que habita a Arabah, frente ao Guilgal, ao lado dos carvalhos de Moré?)].

Chouraqui (1974-1979, revisto em 1985) não faz nada de novo senão que, como Leconte de Lisle com os nomes em Homero, ele os torna selvagens devolvendo-lhes a forma original. Mais a *estepe*, deslocada. Tom e geografia ao mesmo tempo. E a apresentação versificada, duplamente enganosa porque versifica, e porque falseia os verdadeiros grupos rítmicos: "Ne sont-ils pas, au passage du Iardèn, / derrière la route du déclin du soleil, / em terre du Kena'ani qui habite la steppe, / devant Guilgal, pres des chênes de Morè?" (Eles não estão, na passagem do Iardèn, / atrás da estrada do declínio do sol / em terra de cananeu que habita a estepe, / diante de Guilgal, perto dos carvalhos de Morè?). Ele foi aliás precedido nisto por Samuel Cahen (1830; 1994): "Ne sont-elles pas au-delà du Iardène, sur le chemin qui tire vers le soleil couchant au pays du kenaânéen qui demeure dans la plaine, vis-à-vis de Guilgal, pres des chênes de Môre?" (Elas não estão além do Iardène, no caminho que

---

5 Paris: Gallimard, 1956.

leva ao pôr-do-sol na terra do cananeu que fica na planície, em frente ao Guilgal, perto dos carvalhos de Morè?).

A fraca variação em tudo isto é apenas semântica, em alguns termos. Nenhuma destas traduções guardou o ritmo original, nem o *ouviu*. Ora, é só ele que instala aqui outra coisa além do sentido, pelo acréscimo das divisões, alguma coisa do estranho e do terrível – o discurso do divino, ou sobre o divino, o teo-lógico.

Propondo uma divisão exata dos grupos rítmicos, não faço mais do que manter a relação do texto com o ritmo e o sentido. Esta posição recusa o dilema de Nida, equivalência funcional ou equivalência formal (naquela parte do arcaísmo mostra como a *King James Version* é o vicário do original). Pois este é apenas um outro nome, o nome behavorista, do dualismo tradicional – a letra e o espírito. Mas o ritmo é muito o funcionamento global da significância para se deixar colocar ao lado da forma: só haveria o ritmo do sentido tradicional, incluído no dualismo do signo. Traduzo, pois, com os vazios tipográficos já justificados em *Os Cinco Rolos*[6]:

> Ne sont-elles pas   au-delà du Jourdain   derrière le chemin   où va le soleil   au pays du Cananéen   qui habite
>   la Arava
>   Face   au Gilgal   pres   des chênes de Moré

> Elas não estão   além do Jordão   atrás   do caminho   por onde vai o sol   para o país do cananeu   que mora
>   na Arava
>   De frente   ao Gilgal   perto   dos carvalhos de Moré

O Ritmo como Significância

Brevemente, um exemplo reencontrado em a *Ilíada* (VIII, 64-65) pode mostrar que o ritmo constitui paradigmas de significância que desbordam o sentido lexical. Aqui uma equivalência

---

6 *Les Cinq Rouleaux: Le Chant des chants, Ruth, Comme ou les Lamentations, Paroles du Sage, Esther*, traduzidos do hebraico, Paris: Gallimard, 1970; 3. ed., 1995.

morfológica e rítmica instala uma equivalência entre duas palavras de sentido praticamente oposto. Em

$$— \cup \cup | — — | —\!/\!/\cup \cup | — — | — \cup \cup | — —$$

ἔνθα δ᾽ ἅμ᾽ οἰμωγή τε καὶ εὐχωλὴ πέλει ἀνδρῶν

$$— — | —\!/\!/ \cup \cup | — \cup \cup | —\!/\! \cup \cup | — \cup \cup | — \cup$$

ὀλλύτων τε καὶ ὀλλυμένων, ῥέε δ᾽ αἵματι γαῖα

– na tradução de Paul Mazon[7]: "gémissements et clameurs de triomphe montent à la fois. Les uns tuent, les autres sont tués; des flots de sang couvrent la terre" (gemidos e clamores de triunfo elevam-se ao mesmo tempo. Uns matam, outros são mortos; ondas de sangue cobrem a terra) – *oímogé* e *eúkholé* têm o mesmo esquema rítmico: três sílabas longas. Tanto são semântica e sintaticamente (*te kai*) opostas, e motivadas, o primeiro por seu elemento *oí* (que retoma e arremeda a onomatopeia do gemido *oi*), o segundo pelo prefixo *eú* que evoca a satisfação, quanto as duas palavras são equivalentes em ritmo, o que valoriza seu ambiente (três vezes duas breves, antes, entre elas e depois) e a cesura pentâmero depois *oímogé*. Mas os "tuers" (matadores, – – – –) e os "tués" (mortos, – ˘ ˘ –), eles, não têm o mesmo ritmo.

Esta equivalência rítmica não é uma expressividade, uma pintura pelos sons, como frequentemente, e a partir da Antiguidade, os comentadores anotaram, a propósito de efeitos de esquemas rítmicos, e em particular da acumulação de longas (espondeus). Assim para o "grito terrível", cinco longas (*Ilíada* I, 49):

$$— — | — — | — \cup \cup | — \cup \cup | — \cup \cup | — \cup$$

Δειὴ δὲ κλαγγὴ γένετ᾽ ἀργυρέοιο βιοῖο

"un son terrible jaillit de l'arc d'argent" (um som terrível brotou do arco de prata, [Paul Mazon]) ou "et l'arc d'argent rendit un cri terrible" (e o arco de prata produziu um grito terrível, [Louis Bardollet])[8].

---

7 Paris: Belles-Lettres.
8 Paris: R. Laffont, 1955.

Ou para os trabalhos de Sísifo (*Odisséia* XI, 594) "soulevant un roc" (levantando uma pedra), cinco longas:

— —| — —|— ᴗ ᴗ| — ᴗ ᴗ | — ᴗ ᴗ|— ᴗ

λᾶαν βαστάζοντα πελώριον ἀμφοτέρῃσιν

O que Leconte de Lisle traduzia por "poussant un immense rocher avec ses deux mains" (empurrando um imenso rochedo com suas duas mãos), Victor Bérard: "ses deux bras soutenaient la pierre gigantesque" (seus dois braços sustentavam a pedra gigantesca, [Les Belles-Lettres]), Philippe Jaccottet: "soulevant des deux mains un énorme rocher" (erguendo com as duas mãos um enorme rochedo)[9] e Louis Bardollet: "il soupesait une pierre énorme des deux mains" (ele sopesava uma pedra enorme com as duas mãos).

Com a diferença desta expressividade física, o que é notável no caso presente, é que um efeito de significância, desapercebido da métrica, se afasta em relação à antropologia homérica: uma semântica prosódica, rítmica; um efeito segundo, incoativo, nem léxico nem contextual, que iguala os gritos dos assassinos e dos mortos, iguala os assassinos e os mortos a um nível metaguerreiro, além da visada imediata do combate. O que Simone Weil teve como intuição, em *La Source grecque* (A Origem Grega): "O mesmo desespero então impele a morrer e a matar"[10]. "Vencedores e vencidos são igualmente próximos, são a título disso os semelhantes do poeta e do ouvinte"[11]. "A fria brutalidade dos feitos de guerra não é disfarçada por nada, porque nem vencedores, nem vencidos são admirados"[12]. O que as intuições de Simone Weil, ou as pesquisas da antropologia contemporânea[13] encontram, com seu desvio próprio, o ritmo do verso de Homero não o *diz*, ele

---

9   Paris: Maspero/ La Découverte, 1982.
10 Paris: Gallimard, 1953, p. 30
11 Idem, p. 31.
12 Idem, p. 37.
13 "O herói épico vai para a morte porque a vida é tudo para ele", Nicole Loraux, Mourir devant Troie, tomber pour Athènes: de la gloire du héros à l'idée de la cité, em Gherardo Gnoli; Jean-Pierre Vernant, (org.), *La Mort, les morts dans les societés anciennes*, New York: Cambridge University Press; Paris: La Maison des sciences de l'Homme, 1982, p. 33.

o *mostra*, ele o faz. Ao bom entendedor, a poesia, salve. Nem tudo o que assistimos sabemos. Mas uma vez tendo reconhecido, sabemos o que ouvimos.

Desde que haja um efeito poético, há um problema poético de tradução, o problema de uma poética da tradução. Mazon não se preocupou com isto: "gémissements" (gemidos) e "clameurs de triomphe" (clamores de triunfo) deixaram toda forma do sentido a seu grego de partida. Um conteúdo é traduzido. Ainda podemos nos perguntar por que o singular (genérico?) do texto – *oímogé, eukholé* – se tornou um plural; por que "em vez" (*am'*) é deslocado do começo para o fim da primeira frase; por que o imperfeito homérico (*pélen*) passa para o presente; por que, sobretudo, o sujeito e o agente da última frase são invertidos ("ondas de sangue cobrem a terra"), o que banaliza um forte efeito de sentido.

Eu proponho, pelo desafio do texto, para o hexâmetro dactílico, um verso de quatorze sílabas (sobretudo não o alexandrino), uma prosódia não métrica (das finais vocálicas-consonânticas), e para as duas espécies de gritos, tão opostas e tão iguais, a aproximação *infelicidade-clamor* (clamor [*clameur*] contém, e inverte, infelicidade [*malheur*], fonicamente):

> Ensemble montaient le cri de malheur et la clameur
> des tueurs et des tués et la terre coulait de sang
> (Juntos se elevavam o grito de infelicidade e o clamor
> dos assassinos e dos mortos e a terra vertia sangue)

A Transformação do Discurso pelo Ritmo

Depois um exemplo, escabroso desígnio, a própria provocação que o discurso não pára de fazer à língua, o oral ao escrito, e a criação da linguagem às autoridades instaladas da gramática. Este exemplo é de uma simplicidade extrema. Por isso que ele leva justamente ao limite da experiência em vias de se fazer a aplicação dos valores recebidos. Em *Hamlet* (I, 1, v. 14), a sentinela de guarda diz, como ouve chegar "that rivals of my watch": "I think I hear them". Dificuldade para um principiante. Quem não sabe que o *that* pode aqui ser omitido em inglês?

Problema de *língua*, pois. Para a "estilística comparada". Do tipo *he swam across the river*, ele atravessou o rio a nado. E François-Victor Hugo traduz: "Je crois que je les entends" (Creio que os ouço). Corretamente. Yves Bonnefoy acrescenta a isto um pouco: "Je crois bien que je les entends" (Creio bem que os ouço). Mas Raymond Lepoutre, para a versão encenada no Théâtre de Chaillot e levada à cena em 1983 por Antoine Vitez, traduziu: "Je crois, je les entends" (Acredito, eu os ouço). Ele substituiu o *que* por uma vírgula, a sintaxe pelo ritmo – uma pausa, um suspense. Esta não é mais a língua. É o discurso. O tradutor criou um problema novo. Note-se, antes de condenar o barbarismo segundo o francês escrito, que é uma sintaxe de teatro, de oralidade: a sintaxe está aí, mas sob uma outra forma. Oral. Quanto mais o critério de julgamento de valor estiver seguro de sua escrita, mais ele escorrega com o oral. Diz-se: cada um fica livre a seu gosto. Mas a historicidade dos discursos é caso de gosto? Não é ela, pelo contrário, o que indefinidamente desloca o gosto, o passado passivo do já recebido?

Aos maus entendedores dogmáticos do dualismo, que continuam a restringir os problemas da tradução a uma concepção do sentido que a significância devolve a todo momento à sua pobreza teórica, cabe contrapor que o valor do sentido de Saussure, no discurso só flui por conta do ritmo. O ritmo mostra que o primado caduco do sentido se faz substituir por uma noção mais possante, mais sutil também, já que ela pode se realizar no imperceptível, por seus efeitos de escuta e de tradução: o modo de significar. No que a aventura da tradução e a do ritmo são solidárias.

6. Pensar o Contínuo, Traduzir o Contínuo

A implicação recíproca dos problemas da literatura, dos problemas da língua e da sociedade constrói o que eu chamo, e o que se tornou, para mim, a poética. Contra a autonomia destes problemas, em termos de disciplinas tradicionais, separadas. É sua força crítica. Crítica no sentido da teoria crítica de Horkheimer e de Adorno, como exigência de uma teoria de conjunto. Eu acrescento a isto a procura das estratégias e das historicidades. E nem Horkheimer, nem Adorno o encaminharam, como tento fazê-lo, por e em direção à teoria da linguagem.

A poética se define então não apenas por sua própria história – a história dos conceitos com os quais se pensou e se pensa a literatura –, mas também por sua lógica interna, através dos conceitos da relação entre a literatura e a linguagem, dos conceitos da relação entre a linguagem e o sujeito que se expõe e que se inventa na linguagem, dos conceitos do sujeito e de sua relação com a sociedade, dos conceitos da inter-relação entre a história e a linguagem. Já que a história, como a linguagem, é uma representação do sentido. A exploração desta lógica múltipla faz com que a poética não se defina somente por sua história, mas também por seu futuro. Por seus limites, mas ainda por sua própria falta de limites.

A teoria da linguagem, ou seja, a reflexão sobre os conceitos com os quais se pensa a linguagem, desempenha nisso um papel central. Do ponto de vista da poética. Do que eu entendo por isto. Quando digo *a poética*, não há mais do que uma homonímia com aquilo que o mesmo termo designa em outra parte: a poética de Aristóteles, ou a dos formalistas russos, ou uma neorretórica das figuras ornadas pela noção de gênero. Esta diferenciação é assunto de estratégia. Explico-o claramente. Esta mudança de sentido é um acontecimento banal na história das noções.

O revelador do funcionamento da linguagem, a prova de sua teoria, pela união específica entre literatura e linguagem, é o funcionamento da literatura.

O paradoxo da poética, no panorama contemporâneo do saber, em relação ao lugar e ao papel da linguagem no estudo dos funcionamentos sociais do sentido, e mesmo do papel central que se parece conferir à teoria da linguagem as sociologias de Habermas na Alemanha e de Bourdieu na França, é ser uma utopia. Isto é, ao mesmo tempo, a expressão de uma necessidade e daquilo que não encontra lugar no mundo. Ela não encontra aí o seu lugar. Um pensamento deslocado. Utopia, ela o é três vezes, enquanto teoria crítica, reconhecimento do papel central da teoria da linguagem e crítica do signo pela crítica do ritmo.

Na medida em que a poética se funda como uma crítica do signo, esta crítica começa saindo do modelo indo-europeu das línguas, tal como o faz Wilhelm von Humboldt. O pensamento da diversidade das línguas e o da especificidade são solidários de uma pesquisa do contínuo entre língua e literatura, língua e sociedade, língua e sujeito em Humboldt. É o que faz dele, contra todo o século XIX dos dicionários e das gramáticas – o que ele chamava o "esqueleto morto da linguagem" –, uma parábola da utopia como teoria da linguagem. Um pensamento que tem mais de futuro do que de passado. Através e apesar de sua descendência, aquela ao menos se engajou a uma psicologia dos povos e das línguas. É aqui o lugar de uma das guerras da linguagem, mesmo quando Humboldt é lido rebatendo-o em Kant ou através de Hegel, cada vez que, em Sapir e Whorf como em Benveniste, é colocada em questão a relação entre categorias da língua e do pensamento. Onde se exercem a crítica, como procura das historicidades, e a polêmica, como estratégia de dominação. Aí incluída no travestimento, pelos adversários, desta busca de uma relação entre uma causalidade direta e mecânica. Um determinismo. Pois os partidários da teoria tradicional aí têm interesse de salvar a transcendência do pensamento, sem ver que ela mesma é solidária com o signo. A reputação ritual de dificuldade vinculada a Humboldt é característica da procura do contínuo visto a partir da norma e do hábito do descontínuo. Que é o signo.

O ponto de vista da poética me parece o único a ter simultaneamente o sistema, o valor, o funcionamento e o radicalmente arbitrário de Saussure (segundo uma estratégia da solidariedade e não da disjunção entre a língua e a palavra – iniciativa individual, falada ou escrita), o caráter histórico junto com a sincronia e a diacronia, o caráter plural das relações associativas e do plano sintagmático. Daí substituir as "subdivisões tradicionais", em que o estruturalismo permaneceu como também o pós-estruturalismo – léxico, morfologia, sintaxe –, categorias da língua como nomenclatura, por uma conceitualidade capaz de pensar "o rio da língua", esta metáfora de Saussure a meu ver nunca posta em destaque pelos estruturalistas, que tanto citaram a comparação com o jogo de xadrez, e que foram fragados, como no conto do tocador de flauta de Hamelin, todos seguindo a última frase apócrifa do *Curso de Lingüística Geral*, sobre *a língua nela mesma e por ela mesma*. Mas a indiferenciação entre sistema e estrutura continua a ser a opinião reinante. A diferenciação ou a indiferenciação entre estes dois termos é um revelador de estratégia, do papel crítico ou não da teoria da linguagem, e da poética, na teoria da sociedade.

Ver o signo como um modelo cultural supõe um ponto de vista que lhe seja exterior, e que torna possível a crítica. É o ritmo. A crítica que o ritmo faz do signo implica em uma mudança radical de atitude, e aciona a transformação de um certo número de conceitos. E como todo conjunto conceitual tem sua sistematicidade, esta transformação só pode desestabilizar o mundo do signo, levar a um outro mundo do sentido, a outros modos de análise.

A aposta é na historicidade do sujeito e dos valores. Entendo o valor num duplo sentido. A hipótese de trabalho é que os dois sentidos se realizam, e são o efeito um do outro: o sentido, em Saussure, de um diferencial interno em um sistema, a língua – mas para a poética, um discurso como sistema; o sentido que se chama tradicionalmente estético, o de uma qualidade especificamente literária. A continuidade de um ao outro faz do valor um efeito da escritura. Não se trata do gosto, de um ponto de vista individual ou social, mas da transformação da literatura pela literatura, do critério não do que faz com que um discurso seja literário ou não, mas do que faz com que, como dizia Aragon em 1928, em *Tratado do Estilo*, ele "não tenha duplo emprego". O valor, por isso, não é mais uma noção da estética, mas da poética. Deste ponto de vista, a estética de Adorno resulta mais da teoria tradicional do que da teoria crítica.

O paradoxo do signo é que ele constitui um modelo da linguagem do qual a linguagem empírica não pára de escapar, o qual o sujeito linguístico não pára de ultrapassar. Pelo corpo, pela voz. E o assunto do poema pelo poema. É um modelo que se poderia dizer cientificamente ineficaz, bom para colocar num museu, se o estudo da linguagem fosse uma ciência no sentido das ciências experimentais ou das ciências exatas. Por mais que as doutrinas linguísticas se façam de limites, e do que está fora, para se comportar como as ciências, elas não o conseguem. Elas preferiram deixar de lado tanto o próprio sentido, quanto o discurso e a literatura, elas só conseguiram aceitar os seus limites pelas condições da ciência. Falar de ciência da linguagem, e, melhor ainda, de ciência da literatura, ou de ciência da tradução (tradutologia), não é mais do que um *jogo de linguagem*, sobre a palavra *ciência*. Como já o evoquei. No signo, o modelo binário, totalizante, expõe sua fraqueza. O próprio modelo do signo, com seus derivados, sendo o principal a noção de sentido, é um obstáculo à teoria da linguagem.

O signo reina porque é um modelo inseparável e pragmaticamente linguístico, antropológico, filosófico, teológico, social e político. Seu esquema binário aí se reproduz e se reforça de cada um destes paradigmas: o som e o sentido; a voz viva e a escrita morta; a palavra e a coisa; a origem e a convenção; a teologia da prefiguração que leva a relação do Antigo ao Novo Testamento, em que o Antigo desempenha o papel do significante, e o Novo, o papel do significado; do mesmo modo a minoridade e a maioridade no contrato social; o indivíduo e a sociedade.

Este esquema múltiplo repete tantas vezes o apagamento e a manutenção em conjunto do significante em proveito do significado, que é, às vezes, uma parte do signo e empiricamente o essencial, senão o todo. Este cuja menor tradução fornece a prova. O esquema inclui o observador da linguagem na própria linguagem tantas vezes quanto isso ocorrer. Esta condição da observação, que faz da linguagem o sujeito e o objeto juntos da antropologia, torna impossível uma objetivação radical da linguagem, ou, por exemplo, sua colocação entre parênteses (*épokhê*) na fenomenologia. Esta condição faz de toda descrição da linguagem, de toda reflexão sobre a linguagem, um ato cultural e histórico. Em completa contradição com o conceito do signo enquanto forma de relação entre a linguagem e o mundo, e como constituição intrínseca.

O ritmo faz uma crítica desta taxinomia. Benveniste mostrou que a noção comum que se tem disto, que mistura o regresso periódico do mesmo e do diferente e a estrutura da relação entre simetria e dissimetria, foi obra de Platão, trazendo as noções de ordem (*táxis*), de proporção matemática (*harmonia*), de mensurabilidade e unidade de medida (*metron*), à noção, própria da filosofia jônica, de organização do movente[1]. Platão transformou assim o contínuo em descontínuo, criou o círculo vicioso do ritmo e do metro. Como diz Baudelaire, ele criou uma banalidade. Donde temos as confusões entre a poesia e o verso, a prosa e a linguagem falada. O universal do ritmo foi perfeito para a música e os ritmos biológicos. O que mais sofreu com isto foi a linguagem.

Voltando à noção heraclitiana de ritmo – o que não faz Benveniste, que se prende a seu trabalho filológico – tentei mostrar, em *Crítica do Ritmo*, pela primeira vez desde Platão, que o ritmo na linguagem pode aparecer como a organização do movimento na palavra, a organização de um discurso por

---

[1] La Notion de "rythme" dans son expression linguistique (1951), *Problèmes de linguistique générale*, Paris: Gallimard, 1966.

um sujeito e de um sujeito por seu discurso. Não mais o som, não mais a forma, mas o sujeito. Uma historicidade.

Todos os paradigmas do signo são então deslocados. Eles aparecem pelo que são, com seus limites. Até então, não tinham limites. Vale dizer que são conceitos pertinentes nos limites em que a linguagem só é considerada como da língua e do descontínuo. Nada mais. Uma representação.

Se o ritmo volta, ou antes, é reconhecido (empiricamente, ele não deixou nunca de o ser), a organização do contínuo na linguagem, o binário do signo não tem mais nenhuma pertinência quanto aos limites do discurso. Não há mais o som e o sentido, *não há mais a dupla articulação da linguagem*, só há os significantes. E o termo significante muda de sentido, pois ele não se opõe mais a um significado. O discurso se realiza numa semântica rítmica e prosódica. Uma física da linguagem. Sem esquecer a continuidade com a voz e o corpo no falado. Esta semântica não se faz segundo as unidades descontínuas do sentido. Ela determina um modo novo de análise.

A partir do ritmo como organização subjetiva de uma historicidade, pode-se distinguir o falado e o oral. Não há, pois, mais o modelo binário do signo, o oral e o escrito, no padrão da voz e na escritura. Mas um modelo triplo, o falado, o escrito e o oral. O oral é compreendido como um primado do ritmo e da prosódia na enunciação. Ele compõe uma semântica particular – Apollinaire falava de "prosódias pessoais", e Gerard Manley Hopkins do "record of speech in writting". O oral é então uma propriedade possível tanto do escrito como do falado. A imitação do falado não é mais necessariamente oral. É o caso de Céline, na França. Que é uma fabricação escrita, até ao pseudofalado. A identificação tradicional do falado ao oral levava a tomar – é um dos clichês contemporâneos – Céline como modelo da oralidade, oposto então a Proust, o próprio exemplo de um estilo escrito, sem oralidade pois. A poética anula esta falsa oposição: na sua longa frase, Proust tem sua própria oralidade, que é a subjetividade de seu ritmo. Mallarmé adivinhava que na subjetivação a língua se tornava discurso, escrevendo a Verlaine: "O senhor tem realmente sua sintaxe". Já Montaigne, com seu "quero poder fazer aí qualquer coisa de meu". Por isso – paradoxo somente para o signo – de

Rabelais a James Joyce, de Gógol a Kafka, a literatura é a realização máxima da oralidade. Ela o é cada vez que se realiza como uma subjetivação máxima do discurso. Escrita ou não, quando ela se cumpre plenamente. A oralidade é a literatura. É seu papel social.

Neste sentido, a oralidade não é uma arqueologia perdida, por oposição ao seu desaparecimento pretendido no mundo moderno, conforme a representação de Walter Ong, por exemplo, em *Orality and Literacy* (Oralidade e Cultura Escrita)[2]. Ideia dominante em nossos dias. A expansão desta representação é perfeitamente coerente com aquela do efeito Heidegger. Ela reúne a deploração consagrada, através de Mircea Eliade, numa ideologia da história das religiões, e Emmanuel Lévinas, no plano da ética única: os lamentos sobre a perda do religioso, do arcaico e dos valores comunitários. Todas estas representações se reforçam uma a outra, parecendo se confirmar mutuamente. Mas esta representação da oralidade (perdida, como a união das palavras e das coisas) supõe uma linearidade orientada: do oral como ausência de escritura, acompanhamento presumido das sociedades arcaicas onde tudo ia bem, para a escrita das sociedades civilizadas onde tudo vai mal. É um esquema ideológico grosseiro e simplista, em que a nostalgia toma lugar de informação antropológica, de rigor histórico e de poética. Um pensamento fraco.

Ao contrário, a história do traduzir em suas transformações recentes mostra que as traduções, e não somente aquelas de obras teatrais, se fazem de mais a mais em função de uma ritmicidade e da prosódia dos textos. Por isso a tradução aparece, e Ezra Pound foi um dos primeiros a ver, como um laboratório da literatura da mesma maneira que as obras ditas originais. Reconhece-se melhor a oralidade.

O ponto de partida, para mim, da transformação da noção tradicional de ritmo, bem antes de conhecer o artigo de Benveniste, é precisamente a experiência da tradução, e o reconhecimento do funcionamento do ritmo nos textos bíblicos. Trabalho em curso.

---

2 W. Ong, [1982], *Orality and Literacy: the Technologizing of the Word*, 5. ed., London/ New York: Methuen, 1988.

A *Bíblia* trouxe o ritmo a um sistema de organização do versículo que é único e irredutível ao modelo do signo, que é o modelo grego. Não se deixou, a partir de Flavius Josephus, desde que a *Bíblia* entrou em contato com o mundo grego, de tentar pensar a linguagem bíblica nos termos de uma oposição entre uma prosa e uma poesia[3]. Mas a pan-rítmica do versículo torna impensável, formalmente, uma tal oposição.

É por aí que a *Bíblia*, no meu entender, por sua organização do ritmo, é a alavanca despercebida até agora pela hermenêutica judaica que só vê aí um dos modos do sentido, uma transformação generalizada da teoria da linguagem. O que eu tentei mostrar ao mesmo tempo que traduzi certos textos, conforme sua rítmica própria. Está aí um novo papel do texto bíblico, que não é mais o do "Grande Código". Um futuro deste passado. Ao mesmo tempo, a oralidade aparece como uma sociabilidade, uma física do sentido, que contribui fortemente para mostrar o fracasso do signo. Seu destino como um universal. Um golpe de *Bíblia* na filosofia.

Há um futuro do ritmo, até na necessária tecnicidade de seu estudo, onde o contínuo deve substituir o binário da métrica por uma rítmica do discurso. Este futuro está numa escuta mais apurada da linguagem. As surpresas são as provas imprevisíveis de que não há teoria do discurso sem o ritmo e a prosódia, a menos que voltem para trás à revelia os conceitos da língua, quando se acredita pensar o discurso.

A poética não seria crítica se ela não fosse o teste permanente da teoria, um processo de descoberta, e a transformação empírica dos conceitos e das práticas. Uma transformação do traduzir.

Transformar o Traduzir

Mas transformar por que, como, quando e para quem? Não se faz o que se quer do traduzir, e ainda menos do escrever. Nós nos confundimos com uma historicidade que nos faz,

---

[3] Como o mostrou James L. Kugel, *The Idea of Biblical Poetry: Parallelism and its History*, New Haven: Yale University Press, 1981. Que retomei ao criticar algumas conclusões de James Kugel, em *Crítica do Ritmo*.

nos constrói quando a exercemos. Mas a historicidade não é voluntarista. E nem terrorista. Ela é o exercício de um reconhecimento, empírico e teórico. Se traduzir é fundado em historicidade, traduzir é o exercício da crítica. Senão, traduzir é puramente documental: um documento sobre um gosto, uma época, e sua maneira de tratar a língua e a literatura. Não uma metáfora da obra, nem a poética experimental de que tem necessidade a literatura.

Mas por que transformar o traduzir, quando de toda maneira a tradução muda, não pára de mudar? Transformar o traduzir é antes reconhecer o que muda, quando e por quê. E no mesmo movimento trabalhar para *fazer* a tradução, como se diz de uma obra *feita* em seu tempo: trabalhar para o reconhecimento da interação entre as práticas da linguagem e o pensamento destas práticas, sob o efeito de um pensamento do contínuo sobre a regência do descontínuo que conduz o signo, ou seja, as representações da linguagem; e para reconhecer como as práticas ensinadas e comumente seguidas do traduzir, e mesmo honradas por prêmios, desnaturam grosseiramente a menor página de literatura. Hoje. A tradução muda, mas não para todo o mundo. Importa à prática e ao pensamento da literatura reconhecer estas práticas duplamente invisíveis: identificar-se com os hábitos que se dão por naturais, dar-se para o texto que eles pretendem traduzir sem que o leitor, para a imensa e normal maioria, possa ele mesmo verificar, confrontar, protestar. Uma vez que a tradução está aí para que ele leia o que ele só pode, na maior parte, ler somente em tradução. A tradução apagadora é uma prisão.

O traduzir muda. Não se pode impedi-lo de mudar. Nem todos os tradutores, nem todas as traduções. Onde se encontra este paradoxo da tradução, que tudo o que se ensina só tende a definir e programar a má tradução, e corresponde à prática do maior número de traduções, no lugar em que a definição e o ensinamento se fundamentam nas muito mais raras traduções, que não fizeram de tudo como dizem fazer, mas que têm-se saído bem, maravilhosamente bem: significa que elas são obras, envelhecem como as obras. Invertendo o propósito banal, que quer que as traduções envelheçam, uma vez que elas são periodicamente refeitas, enquanto as obras não envelhecem. É o inverso que é verdadeiro. As obras verdadeiras envelhecem, no sentido que seu estado de língua não as encerra em um passado que não se lê mais. E as traduções-obras fazem disto tanto quanto. O que não se lê mais, é o que não envelhece, as obras ditas originais bem como as traduções. O descarte da época.

Imediatamente se coloca a questão: como reconhecer esta transformação do traduzir, este traduzir que transforma? Na relação com as traduções que não transformam nada. O que não é, de modo nenhum, mais perfeitamente a questão que consiste, estilisticamente, em distinguir uma tradução boa de uma ruim. Pois o sentido mesmo de *boa* e de *ruim* muda com a mudança da questão.

A questão impõe a necessidade de uma crítica, de um pensamento do valor, de critérios de valor, de uma crítica dos critérios.

Vê-se que é a mesma questão que se coloca a cada instante à literatura, à poesia. A do valor, que todo o tecnicismo estruturalista impediu de pensar; a necessidade eludida por muitos fatores (aí compreendidos os efeitos de poder, distritais ou de moda), mas que no entanto se impõem cedo ou tarde para ter os meios de reconhecer, eu não distinguiria mais um bom poema de um mau, eu distingo um poema disto que faz tudo para parecer um poema porque parece poesia. Àquilo que ele sabe da poesia. À diferença de um poema que não sabe ou antes que não sabe mais o que é a poesia, porque no lugar de tê-la atrás dele, ele a inventa para si mesmo, no momento em que se enuncia.

E se esta questão parece com o Terror – no sentido de Paulhan –, sim, a transformação é sempre terrível. Por aquilo que ela ignora. Uma vez tranquilos, tudo passa desapercebido, a escala das mudanças da linguagem não é sempre perceptível para uma experiência individual. E nada iguala a segurança dos que têm a seu favor as autoridades da língua.

Existem épocas do traduzir. Sabe-se. No mundo ocidental, desde os tempos mais remotos, quando há tradução, a unidade é a palavra, porque a palavra é o nome, do mesmo modo que a lista vem primeiro, na administração do mundo e no sagrado. Quando Cícero diz que não é preciso traduzir palavra por palavra, é justamente porque ele se opõe a um procedimento admitido. O sagrado, fixador dos textos, é também um fixador da unidade-palavra. E do traduzir.

A unidade-palavra prevalece, a *grosso modo*, até o momento em que a tradução dos textos profanos faz passar a unidade da palavra à frase, última unidade da língua e primeira unidade do discurso.

Tanto que a unidade não é o texto, pode-se fazer como Florian com o texto de Cervantes, acrescentar e suprimir passagens inteiras, e ainda, um século mais tarde, como o marquês de Vogüé com Dostoiévski, expurgar a frase, pois faz-se passar ao gosto da sociedade de chegada tanto quanto na língua de chegada. E enquanto dure a unidade-frase, quer dizer, a unidade-língua, o discurso não texto, traduz-se *anexando*, não *descentrando*.

A relação entre anexação e descentramento inverte-se, primeiro empiricamente com o romantismo, antes de encontrar sua teorização mais conhecida no prefácio de Walter Benjamin em 1923 em sua tradução dos *Quadros Parisienses*, de Baudelaire. Mas sempre *de língua a língua*. Sem nenhuma linearidade progressiva generalizada. Ao contrário, manifestação minoritária, se bem que não menor. Os encerramentos culturais são os mais fortes. Mas uma tal inversão (é já o que tinha feito São Jerônimo, hebraizando o latim) é no entanto o signo que as transformações do traduzir reabilitam de uma transformação das lógicas que levam às relações interculturais. Relações entre identidade e alteridade, entre binário e plural. Reconhecimentos ou negações, e denegações, da alteridade, da pluralidade.

Onde traduzir é igualmente situado pela história geral da descolonização, pela transformação da antropologia binária totalizadora de Lévi-Bruhl: o pré-lógico oposto ao lógico, o selvagem ao civilizado, o louco-a-mulher-a-criança-o-poeta ao adulto normal masculino branco. Antropologia à qual Lévi-Bruhl renuncia em seus *Carnets* (Diários) em 1940. Mas ela tem seus efeitos de levada. O primitivismo em arte, no século XX, na Europa, e sua relação com as vanguardas literárias (dadá, o surrealismo) é também um elemento de transformação da linguagem. Da metalinguística e do metaliterário. Por isso, um deslocamento dos possíveis do traduzir. Já que este é um deslocamento dos possíveis no pensamento e na escrita. Ao mesmo tempo, a representação da linguagem se transforma pelo advento da noção de discurso, invenção maior no pensamento da linguagem deste século, por Benveniste, em torno de 1935. É um antropólogo, Malinóvski, que descobre a função "fática" em torno de 1925. Todas estas transformações convergem para um pensamento específico da linguagem – fora da filosofia contemporânea, é necessário precisá-lo. O que fez Wittgenstein ainda não repercutiu, que eu saiba, senão entre os lógicos.

É no pensamento da literatura e da arte que Baudelaire reinventa a modernidade, em relação com uma poética e uma ética do sujeito. Toda a história das transformações da poesia e da literatura mostra que elas são transformações do pensamento do ritmo e da oralidade. Pelo que a poética e a modernidade aparecem como os dois aspectos de uma mesma crítica, sem a qual a tradução só pode ser vista conforme a teoria tradicional, no sentido de Horkheimer, segundo o dualismo do signo. Em termos de língua, não de poética.

Dos modos principais de representação do traduzir – o modo empírico, o fenomenológico, o linguístico, o poético, só o da poética pode pensar, ao mesmo tempo, a relação do traduzir com a literatura e a relação do traduzir com a modernidade.

Há primeiro uma empiria da tradução, de Cícero a Valery Larbaud, emblematicamente: os discursos da prática. Ecléticos, mas não dogmáticos. Nisto, toma-se a atitude não empírica, mas empirista dos profissionais da tradução, especialmente quando eles a ensinam. Seu ecletismo se faz um *self-service* na linguística, e eles se satisfazem com os conceitos da língua e da estilística. Teoria tradicional, no sentido de Horkheimer: o oposto de uma teoria crítica.

A abordagem da tradução pela fenomenologia e a hermenêutica permanece igualmente no primado do sentido, no dualismo do signo, essencializando o compreender, metaforizando a noção de tradução. Não é de estranhar que a glosa entre, sem prejuízo, no texto traduzido.

A linguística da tradução só pôde dar ao pensamento da tradução conceitos de que dispõe: os conceitos da língua. Pois mesmo a linguística do discurso só sabe pensar o discurso com os conceitos da língua. Seu pragmatismo é apenas uma logística. O ecletismo de Nida, que é nisso o teórico maior, toma um pouco de todas as doutrinas que passam, a partir da teoria da informação, bem envelhecida, até a gramática gerativa, que não conhece mais o discurso, e ainda menos a literatura.

Por isso, se traduzir a literatura é uma relação com a literatura, o que dificilmente negaríamos, embora os empiristas que só querem conhecer a língua o ignorem, só a poética da tradução pode pensar, e realizar uma tradução-literatura da literatura.

O que faz ressaltar o simplismo, com todos os desastres invisíveis que se oferecem, desta representação comum que valoriza o traduzir como a operação que permite fazer conhecer as literaturas estrangeiras. O que tem um jeito de ser o próprio bom-senso, ao mesmo tempo, a boa consciência dos tradutores. Pois esta apresentação, e representação, da tradução, que parece tão evidente, a ponto de tomar para si o lugar da poética, satisfaz-se plenamente com a representação comum da linguagem: não reter mais que os conteúdos, a informação, modulada estilisticamente, uma passagem de língua a língua.

Representação agravada pelos preceitos tradicionais de transparência, de apagamento do tradutor. Visa-se fazer *como se* a obra traduzida fosse escrita na língua de chegada e para o leitor desta língua. A tradução é bem sucedida quando o selvagem a evangelizar, como fala Nida: "Eu não sabia que Deus falava minha língua". Efetivar a ilusão do natural. Fazer esquecer que a tradução é tradução, no que idealmente ela visa apagar as diferenças linguísticas, históricas, culturais. E ela apaga, ligeiramente, o essencial a traduzir.

É no entanto o estatuto geral a situação universal da tradução. Porque o mundo inteiro lê tudo em tradução, salvo o que, para cada um, pertence à sua própria língua. Este estatuto, esta situação leva ao máximo o conflito entre o que a tradução *realiza* então à literatura que ela é levada a transmitir, e o que *realiza* a literatura, na sua língua, sem o que ela não seria a literatura, e não convidaria a traduzir.

Por isso o que está em jogo na tradução da literatura não é somente o modo de significar de um texto literário, é a própria teoria da linguagem em geral. E uma teoria da tradução que não seria ao mesmo tempo e por ela mesma teoria do conjunto da linguagem, poética generalizada, só pode ser um cienficismo regional, profissionalista, ocultando-mostrando a trivialidade do signo, o desconhecimento de seu próprio objeto.

Assim a poética da tradução ultrapassará sempre o que se apresenta como *tradutologia*.

É da ordem de um cômico do pensamento, ver que, conforme os fenomenólogos e linguistas do traduzir, a poética da tradução não faria mais do que recair num fetichismo dos significantes (no sentido linguístico), um decalque, um *literalismo*. Evidentemente oposto ao partido o mais (o único) razoável, o do sentido, com seu pragmatismo realista. Que seria inevitável se a língua fosse idêntica ao modelo cultural do signo.

E certamente existem traduções-decalques. Mas não são os da poética. Elas mostram, ao contrário, precisamente nisso, sua ausência de poética: a *Bíblia*, e o *Corão*, de Chouraqui.

Mas o linguista-fenomenólogo, como o signo, e porque ele não conhece nada além do signo, não compreendeu nada do poema, e da poética. Não é talvez muito bom nem mesmo para a filosofia.

O papel, o trabalho da poética é justamente sair desta armadilha do binário em que caem igualmente o literalista, que crê poetizar, e o filósofo, que se acredita mais esperto porque é pragmático. Simplesmente, um cai na forma, o outro no conteúdo. Estes dois extremos não são mais do que os dois termos inseparáveis de uma mesma relação. Mas um identifica a forma numa visada rumo à língua de partida, o outro identifica o sentido numa visada da língua de chegada. Duas definições (é verdade, desigualmente representadas, dada a hierarquia interna do signo) de um fracasso da tradução e de um desconhecimento radical da linguagem.

Se traduzir deve agir como obra a traduzir, a mesma poética que constrói a atividade de uma deve fazer a atividade da outra. Truísmo, ou o que deveria passar por um truísmo, e que está longe ainda de ser alcançado, e compreendido.

Nisto a sacralização acrítica, que está na moda, do ensaio *A Tarefa do Tradutor* de Walter Benjamin, está-se tornando paradoxalmente um obstáculo para a poética. Com este efeito perverso de manter a *língua* contra o *discurso*. De bloquear o pensamento. Sintoma de mudança significativa nas relações, o ensaio de 1923 permanece mais numa concepção da linguagem não desligada de teologia. A poética o ultrapassa.

Inverter a direção do traduzir, da anexação rumo ao descentramento em si mesmo, não faria mais do que programar o decalque, e não mudaria nada quanto à manutenção da tradução sob o comando do signo.

A única unidade da poética é o texto. É por isso que a poética ultrapassa a inversão-língua de Walter Benjamin. Se daí ela conserva elementos, estes elementos são apenas motivados pelo sistema do texto. E é a única tomada em conta de tal ou tal elemento isolado que pode parecer dar lugar à imputação de literalismo pelo filósofo. Há literalismos nas traduções de Chouraqui, porque tudo em sua técnica mostra que o esforço de ostentação leva seu efeito cada vez para a palavra isolada tomada por unidade. De onde a surdez específica do grupo, ao conjunto que resulta em inumeráveis desencontros (a *seca terra* = sectária) que tornam sua tradução inaudível.

Se o literalismo extremo mostra quase muito facilmente seus ridículos, o que se poderia chamar o semioticismo extremo não esconde seus horrores, fazendo-os passar pelo pseudonatural da língua de chegada. O literalismo mostra seus vícios. O semioticismo procede por apagamento, e apagamento do apagamento. Do texto, só resta um enunciado. Do discurso, com seu modo de significar, sua rítmica, semântica serial, resta apenas a língua.

À poética de mostrar, pela análise dos modos de significar, pela significação (que não é o sentido) que a literatura, os poemas fazem a parábola do desbordamento do signo pela linguagem.

Ora, a situação atual, na França, do traduzir e a acolhida feita às traduções pela *acrítica literária*, mostram que, como absolutamente não existe crítica da poesia, não existe crítica da tradução. Para a grande maioria. Com efeito, quando ela tem lugar, como para a tradução de Freud, não é mesmo pelas razões da poética.

Aqui a questão do ritmo semântico das repetições é reveladora. É sempre o mesmo apagamento da oralidade, sob pretexto de que o francês não suportaria o que faz o italiano. Ou o alemão. Dou sobre isto exemplos mais adiante. Qual seja a língua a traduzir, a ideologia literária do tradutor francês é geralmente a mesma. É bem o sentido do sentido que deve ser mudado.

Não é a heterogeneidade das línguas entre elas que causa problema. É o ensino da transparência e do apagamento. A ideia reinante continua, apesar de tudo o que é dito e apregoado, a fazer como se a diversidade das línguas fosse um mal, a apagar. Ou a exibir, conforme uma doença infantil da alteridade.

Não é, pois, a heterogeneidade das línguas que faz a diferença entre as traduções, mas a poética ou a ausência de poética. Onde esta heterogeneidade é um dos meios do texto.

Mas se existe um primado da poética, para pensar e tratar os problemas poéticos de um texto, ele poderia aparecer, ao contrário do clichê (romântico), sob a condição de ler (e de traduzir) poeticamente a poesia, pois a poesia é o que há de mais traduzível. No sentido que falava Goethe em *Poesia e Verdade* e que já citei no começo deste livro.

Através da aparência de um pensamento todo clássico separando um conteúdo e uma forma, o que está em questão, mais profundamente é, acredito, aquilo sobre o que nós pensamos ainda há pouco, é que possa haver aí um pensamento poético. Uma transformação das relações conhecidas entre o dizer e o dito, entre o sujeito e o mundo, na subjetivação do mundo, e uma transformação tal que nenhuma tradução, por pior que seja, não poderia destruir. Caso muito particular e sempre raro, do pensamento. Por exemplo, em *O Canto dos Cantos* (o "cântico dos cânticos"), a expressão "o amor é forte como a morte", idêntica ao texto, *kiazá kamavet ahavá*, idêntica em todas as traduções, mesmo as piores, significa que só conservam o sentido, e justamente é o próprio enunciado que constrói o trabalho do pensamento. Mas o enunciado do sentido pode ser destruído mesmo pelas traduções que visam apenas o sentido: aí pelos começos do *Canto dos Cantos*, em *Os Cinco Rolos*, traduzi "Negra eu sou e bela de ver", o que diz exatamente o hebraico, *schehorá ani ve navá*, todas as outras traduções francesas, a partir da Vulgata, de Le Maistre de Sacy à TEB (Tradução Ecumênica da *Bíblia*), opõem a negritude à beleza, por um *mas*, "negra mas bela", salvo a de Chouraqui: "Eu, negra, harmoniosa". É verdade que ela também apagou o *e*, que causava todo o problema.

No entanto, além de haver pouca poesia, o pensamento, e talvez mais que qualquer outro pensamento poético, é inseparável de sua prosódia, sendo uma física da linguagem para ser uma atividade, que é bem mais que o sentido.

Tudo se passa como se fosse esta física da linguagem que as métricas codificaram. De onde a interação, através do seu próprio convencionalismo, entre os meios do verso e a poesia. Historicamente, e no melhor dos casos. Daí, na confusão dos academicismos do neoclássico e dos academicismos da modernidade, o problema do verso na tradução da poesia, hoje. Agravado e mascarado duplamente, na história da modernidade poética francesa, pelos cortes com a tradição, que produziram um símile-verso livre, uma ideia da forma poética desversificada, mas também, inversamente, uma confusão entre verso e poesia (que não tem mais nada da interação primeira) e que faz com que alguns tomem o verso pela poesia. Embora num certo sentido, hoje, traduzir versos não dispõe mais nem do verso nem da ausência do verso.

O verso, as formas fixas, sendo modos ao mesmo tempo culturais e poéticos do dizer, são necessários, mas transponíveis. Caso de espécie. Não traduzir em alexandrino o alexandrino comum. Assim para os sonetos de Shakespeare a falsa prosa de Pierre Jean Jouve passa pela melhor das traduções francesas somente porque ela é menos ruim do que aquelas em símile-verso. Resta olhar de perto como. O que toca à historicidade do pentâmetro iâmbico – decassílabo ocultado pelo fantasma alexandrino dos versificadores. O que se verá mais adiante.

A questão do verso não se liga tanto, apesar da aparência, aos constrangimentos do metro e da rima, quanto ao princípio de coerência (concordância, historicidade, sistematicidade) de uma poética do texto, que destrói imediatamente a incoerência de uma mistura de princípios diversos, à pequena ventura, à sorte linguística, rima, assonância ou nada, a métrica e a não métrica misturadas, com uma sucessão de medidas variáveis, que não faz mais que parecer de longe com a feição de um poema contemporâneo, sem nenhuma ideia de um rigor próprio.

Ao mesmo tempo, não se pode deixar de destacar como, recentemente, grandes canteiros poéticos não cessam de se reabrir, de Dante a Homero e Virgílio, de Milton a Púchkin. Desafio permanente da poesia ao verso, da poesia ao traduzir. E demanda correlativa de poética. De uma teoria da oralidade. Menos difundida do que era de se esperar naturalmente. Testemunha a surdez das críticas à metrificação generalizada em Saint-John Perse.

Mas a tradução pode também inventar métricas. Por exemplo, a sequência de cinco bissílabos para a quadra chinesa clássica de cinco monossílabos (linguisticamente impossível em francês), segundo uma prosódia do falado não métrico, com os brancos entre os grupos, como ensaiei, por duas vezes, para os poemas de Meng Haoran, poeta contemporâneo dos Tang. Mais do que um símile-alexandrino ou um símile-verso livre, e sobretudo a barbarização falaciosa de um palavra a palavra.

Há ainda que retomar a questão da estética, em termos de poética. Não mais os critérios culturais do gosto, mas a tentativa – indefinidamente a recomeçar – de pensar o que faz a coisa literária, para poder pensar o que faz disso uma tradução. Pois é a mesma questão, para um poema ou para a tradução de um poema: o que seria o *ruim*, o que seria o *bom*?

Para a poética, é *má* a tradução que substitui uma poética (a do texto) por uma ausência de poética: ou seja, a língua pela estilística ou pela retórica – as unidades da língua; a tradução que substitui o ritmo e a oralidade como semântica do contínuo pelo descontínuo do signo; que substitui a organização de um sistema de discurso onde tudo se realiza e faz sentido, pela destruição deste sistema, seja sua destruição por um etimologismo formal e um decalque (o que se chama de literalismo), seja sua destruição por um pragmatismo que acredita ter tudo compreendido porque não conhece e só retém o sentido – os dois extremos não sendo mais do que um mesmo efeito produzido pelo divisionismo do signo, os efeitos de seu dualismo; é má a tradução que substitui o risco do discurso, o risco de uma subjetivação máxima da língua, sua historicidade máxima, que só faz com que haja um texto, pelas autoridades, as garantias da língua e do gosto ambiente; uma tradução que substitua a alteridade pela identidade, a historicidade pelo historicismo (o que Pézard faz com Dante) ou pela des-historicização, ainda que maquiada por arcaísmos, como Jouve nos sonetos de Shakespeare, ou fazer uma coisa qualquer da terça rima de Dante.

Boa, quer dizer tanto literatura ou poesia que é a obra a traduzir, a tradução que, em relação com a poética do texto inventa sua própria poética, e que substitui as soluções da língua por problemas do discurso, até inventar um problema novo, como a obra o inventa; uma tradução que, tendo o texto por unidade, guarda a alteridade como alteridade. Ela é, com seus meios ao seu alcance, historicidade por historicidade.

Não há aí dogmatismo, e decorre manifestamente que existe uma infinidade de *boas* traduções possíveis, e uma infinidade de *más*. Não uma só, mas uma infinidade: tanto quanto relações, quanto historicidades. Já que o valor é a historicidade.

A historicidade, é toda a poética. A tradução é uma poética experimental à medida em que ela constrói a experiência, e a demonstração. A historicidade, como uma força dos contrários entre os saberes e o desconhecido de toda a poética. Não o historicismo, que a poética faz aparecer como uma redução do sentido às condições históricas de produção de um sentido.

Assim, o grande transformador do traduzir não é o sentido, as diferenças no sentido, a hermenêutica. É o ritmo. Não o ritmo no sentido tradicional, de alternância formal do mesmo e do diferente, ordenação, medida, proporção. Mas o ritmo tal como a poética o transformou, organização de um discurso por um sujeito, e movimento da palavra na escritura, prosódia pessoal, semântica do contínuo.

Nisso traduzir sai da oposição entre literalismo e semioticismo. O filósofo pode voltar a rir.

Nisso também se inverte aquilo, no entanto, passava pelo próprio bom-senso: que interpretar precede o traduzir, já que é preciso compreender antes que haja tradução. Sim, mas se a interpretação – toda a cadeia interpretativa – é concebida como portadora da tradução, a tradução é levada por uma interpretação que a precede, tanto quanto por toda hermenêutica. Insidiosamente, a situação da tradução foi assim invertida em relação àquela do texto a traduzir, pois este é portador das interpretações, e não levado por elas. Poderão dizer que isto não pode ser feito de outro modo, já que a tradução vem *depois*. Sim, mas esta situação não apaga o problema, ao contrário, ela não faz mais do que o vivificar. O texto resulta da poética. A tradução só poderia resultar da hermenêutica. Do signo. Do sentido. Ela perdeu de saída, em seu combate com o texto. Há, pois, somente uma coisa a fazer para que a tradução seja, como o texto a traduzir, da ordem de uma poética: fazer com que a tradução também seja portadora e não levada. E esta posição aparentemente impossível de manter só aparece vista pelo signo. Vista pela significação, que não é outra coisa que o empírico dos discursos, ela não é mais difícil que o próprio poema, quando é a parábola da linguagem. É aquela dos originais segundos.

A historicidade é o ritmo. O portador. Só o sentido é levado.

Eu tomaria agora apenas um exemplo. Os dois primeiros versículos do Salmo 22, o segundo sobretudo conhecido porque é citado em *Mateus* (27, 46), pelas palavras que Jesus diz sobre a cruz: "Meu Deus, meu Deus, por que me abandonaste?" – salmo interpretado segundo a teologia cristã da prefiguração, como descrevendo "por adiantamento de inúmeros episódios da Paixão", diz a *Bíblia de Jerusalém**.

O exemplo é ilustre e ao mesmo tempo o mais desconhecido, talvez, o que o torna duas vezes simbólico, porque ele é apagado por toda uma tradição. Em *Mateus*, já existe uma dupla tradução, uma vez que ele é citado em transcrição do aramaico, já traduzido do hebreu, e seguido de sua tradução grega:

Ἠλί, Ἠλί, λσμὰ σαβαχθιανί; τοῦτ᾽ ἔστιν, Θεέ μου, θεέ μου, ἱνατί με ἐγκατέλιπες;

Eli, Eli, lama sabachthani? C'est, mon Dieu, mon Dieu, pourquoi m'as-tu abandonné?

(Eli, Eli, láma sabachtani? É, meu Deus, meu Deus, por que me abandoste?)

O texto no Salmo, em hebraico, é:

ynTbzu hml yla yla

---

* As citações traduzidas são da edição brasileira, *Bíblia de Jerusalém*, São Paulo: Paulus, 2002 (N. da E.).

em transcrição: *Eli Eli lama 'azavtani*. O que todas as traduções compreenderam e traduziram como a questão *por que*: "por que me abandonaste?". Desde a *Septuaginta*, que acompanha mais de perto *Mateus*, a variação não acentua o "por que":

Ὁ θεός ὁ θεός μου, πρόσχες μοι, ἱνατί ἐγκατέλιπες με;

Dieu mon Dieu, protège-moi [rajouté], pourquoi m'as-tu abandonné?
(Deus meu Deus, proteja-me [acrescentado] por que tu me abandonaste?)

Depois da *Vulgata*: *Deus Deus meus quare dereliquisti me*, Lutero (1545) e mesmo Buber e Rosenzweig (1962): *Mein Gott / Mein Gott / warumb hastu mich verlassen*, a *King James Version* (1622) e a *New English Bible* (1970): *My God, my God, why hast thou forsaken me?*, Le Maistre de Sacy: *Pourquoi m'avais-vous abandonné?* (Oh Deus, oh meu Deus, lançai sobre mim vosso olhar: por que me abandonastes?) Em espanhol, a *Bíblia* de 1569 revisada e novamente revisada: *¿por qué me has desamparado?* Em italiano, a de Dario Disegni: *perchè mi hai abbandonato?* e a *Bíblia* russa (de Siède, em 1946) que diz: *dlja tchevo ty ostavil menja?* – *dlja tchevo*, "por que razão".

Nas traduções correntes, em francês:
Segond:

1. Au chef des chantres. Sur "Biche de l'aurore". Psaume de David. (Ao chefe des chantres. Sobre a "Corça da aurora". Salmo de David).
2. Mon Dieu! Mon Dieu! Pourquoi m'as-tu abandonné (Meu Deus! Meu Deus! Por que me abandonaste).

Rabinato:

1. Au chef des chantres. D'aprèss l'Ayyelet Hachahar [m. à m. "la Biche de l'Aurore"]. Psaume de David (Ao chefe des chantres. Segundo a Ayyelet Hachahar [palavra a palavra "a Corça da Aurora"]. Salmo de David).
2. Mon Dieu, mon Dieu, pourquoi m'as-tu abandonné (Meu Deus, meu Deus, por que me abandonaste).

Bíblia de Jerusalém:

1. Souffrances et espoir du juste. (Sofrimentos e esperança do justo).
Du maître de chant. Sur "la biche de l'aurore". Psaume. De David. (Do mestre de canto. Sobre "A corça da aurora". Salmo. De David).
2. Mon Dieu, mon Dieu, pourquoi m'as-tu abandonné? (Meu Deus, meu Deus, por que me abandonaste?).

TEB:

1. Du chef de choeur, sur "Biche de l'aurore". [em note: Probablement premiers mots d'un air connu, sur lequel on devait chanter ce psaume]. Psaume de David. (Do chefe de coro, sobre "Corça da aurora". [em nota: Provavelmente primeiras palavras de um tom conhecido, sobre o que devia-se cantar este salmo]. Salmo de David).
2. Mon Dieu, mon Dieu, pourquoi m'as-tu abandonné? (Meu Deus, meu Deus, por que me abandonaste?).

Chouraqui, em 1976:

1. Au chorège. Sur: "Biche de l'Aurore". (Ao corego. Sobre: "Corça da Aurora").
Chant de David (Canto de David).
2. Eli. Eli, pourquoi m'as-tu abandonné? [En 1970: Eli, Eli:]. (Meu Deus. Meu Deus, por que me abandonaste? [em 1970: "Meu Deus, meu Deus:"]).

Em 1956:

1. Au maître du chant, sur la biche de l'aurore, cantique de David: (Ao mestre do canto, sobre a corça da aurora, cântico de David).
2. Mon Dieu, mon Dieu, pourquoi m'as-tu abandonné? (Meu Deus, meu Deus, por que me abandonaste?)

É claro que no versículo 2, todas as traduções, inclusive a literalizante de Chouraqui, têm a mesma tradução, a do *por que*. Tradução antiga, tradução-tradição.

Este coral tem uma voz tão unida, está tão ocupado a se escutar e imitar a si mesmo, que nem ouviu nem permitiu ouvir o ritmo. Aqui, o sentido é o silêncio do ritmo. No entanto, o ritmo é muito simples. Visível, audível desde sempre, pode-se dizer. É o lugar do acento em *lama* no hebraico: o acento conjuntivo *muná* chama a atenção para a segunda sílaba. Se ele enfatizasse a primeira: *'lama*, a palavra significaria "por que". Acentuado *la'ma*, não pergunta mais "por que razão", como assinalou Samson Raphael Hirsch[4], mas "para que resultado", ou intenção. Numa única sílaba, o sentido brinca. É por isto que traduzi[5]:

GLOIRES 22 (GLÓRIAS 22)
[Psaume 22 (Salmo 22)]

1
De qui la victoire   sur la force de l'aube   un chant de David
(De que a vitória   sobre a força da alvorada   um canto de David)
2
Mon Dieu mon Dieu   à quoi m'as-tu abandonné (Meu Deus meu Deus   a que me abandonaste).

É sobre um ponto de ritmo que tudo balança, no próprio sentido do versículo. O ritmo é o eixo. Para uma diferença mínima, uma transformação extrema – o cristianismo de um lado: uma escatologia, o judaísmo de outro lado: o exílio.

O sentido, e toda uma antropo-teo-logia, balança.

Por que: o cristianismo, simbolicamente surdo ao significante hebraico, numa relação pessoal do humano com o divino que está também à beira de uma ruptura, e a Paixão entre um passado e uma escatologia; *à que*: o judaísmo, em sua teológica do exílio, voltada para a não realização da promessa que continuou permanente promessa, e é quase um "a quê", todo terrestre. Mas traduzindo o salmo 22, é em realidade *Mateus* que todas as traduções, todas as confissões misturadas, ouvem. O ritmo, aqui, é o palimpsesto do sentido. E só o ritmo tem ouvidos para este salmo.

---

4 *The Psalms*, tradução e comentários de Rabbi Samson Raphael Hirsch, Jerusalém / New York: Feldheim Publishers, 1978, p. 160. Primeira edição alemã, 1883. A tradução inglesa para "for what purpose".
5 Provocado por Claude Régy, no programa do oratório de Claudel e Honegger, *Jeanne d'Arc au bûcher*, Opéra de Paris-Bastille / 92-93, novembre 1992, p. 15-18.

Os problemas do primeiro versículo são outros. De significação, mais que de ritmo. O que a tradição, (quaisquer que sejam as variantes, apenas lexicais) traduzida por "cantor principal" ou "corego", é uma palavra que, certamente, designava uma função desta ordem. Mas a palavra *menatzakh* faz ouvir as associações que ela tem com outros termos de mesma raiz, do qual constitui uma parábola: com *netzah* (eternidade) e *natzah*, (vitorioso), *nitzahon* (triunfo), e diversas tradições interpretativas compreendiam, através do sentido claro, primeiro, alusões tais que "àquele que torna eterno", ou "àquele que dá a vitória". Deus[6]. Traduzindo "De quem a vitória", o que já fazia Jerônimo (*Victori pro cervo matutino canticum* – Ao vencedor para o cervo da manhã um cântico) e a *Septuaginta*, misteriosamente, *eis to télos* (para o fim), eu escolhi guardar as alusões internas, a apagar a escolha do sentido. Coloquei *de* e não *à*, porque a partícula *le-* em hebraico tem estes dois valores, de atribuição e de dativo, e que aos meus olhos o primeiro valor é o mais forte, vindo e indo a, junto. Mas *à* não me parecia ser apenas a de uma dedicatória simples – de pura didascália do texto. Note-se que a *Bíblia de Jerusalém* acrescenta e integra uma glosa inicial ao texto.

Sur la force de l'aube (Sobre a força da alvorada), *al aiélet ha-schahar*, é tradicionalmente compreendido como se referindo a um ar que se supõe conhecer, à maneira de "sur l'air de Malbrouk" (sobre o ar de Malbrouk). É só uma tradição entre outras. Alguma prova filológica, por certo. A "corça da aurora", palavra a palavra, designa também a estrela do pastor, a estrela da manhã. Rashi ouvia uma alusão, em termos de ternura, a Israel, por conta de "corça dos amores", *aiélet ahavim* (*Provérbios*, 5, 19). Mas no próprio texto do salmo, um aviso, um eco de *aiélet*, apareceu no versículo 20, com *eialuti* (minha força). Ainda é o eco interno ao texto que privilegiei. Performaticamente, sua força. Pois devo dizer, subjetivamente, que esta menção indefinidamente repetida, de tradução em tradução, de uma referência a um tom conhecido, toda hipotética,

---

6 Ver *Psaumes*, 1 (1-30), Comentário tradicional, Paris: Colbo, 1990, p. 82. Tradução da edição americana por Avrohom Chaim Feuer, New York: Messorah, 1969.

me pareceu sempre irrisória. A *lectio facilior*, como dizem os filólogos.

Quanto a *alvorada*, em lugar de *aurora*, é que deixo a aurora com seus dedos de rosa. Palavra que, subjetivamente também, parece-me usada, mais literária que a outra. Veja-se o artigo do *Littré*. Semanticamente, aliás, a cor não é aí a mesma: a *alvorada*, que etimologicamente é a "branca", está mais perto da sombra da noite do que a *aurora*, que já é dourada (*daurée*). Além do mais as duas palavras se motivam de outra maneira, *alvorada* (*aube*), acento sobre sua vogal anterior, *aurora* (*aurore*) sobre a vogal posterior. Um acaso suplementar, mas salientado intencionalmente pelo Gaon de Vilna[7]*, colocava em relação *scháhar* (alvorada) e *schahor* (negro). A hora negra, a *negra*, em vez de a *branca*.

E *Glórias*, em lugar de *Salmos*, que é o termo grego (designando um canto acompanhado de instrumento de cordas). Chouraqui traduz *Louanges* (Louvores). Que é justo, semanticamente, mas muito poetizado, já também para o meu gosto, por uma proximidade com Saint-John Perse. Eu traduzi *glórias* pelo sentido divino do termo, e a relação com o verbo, no versículo 27, *vehalelu*, "cantarão a glória (de Adonai)", retomada nos versículos 4, "cantos de glória", *tehilot* e *tehilati*, "meu canto de glória". Tratava-se de, deselenizando o hebraico, criar um clima do divino.

O ritmo como organização é aqui o princípio de tradução, daí uma exatidão prosódica e rítmica *por grupos* (o literalismo só conhece a palavra como unidade). Daí a importância, para o modo de significar, de dar, no versículo 2, como fiz, "Meu Deus meu Deus" em um só grupo sem "vírgula" interna, pois o texto diz *eli'eli*: a mudança do acento sobre o segundo *eli* é uma demarcação de fim de grupo, e isto não é a mesma coisa que dizer estas duas palavras *de um sopro*, e de fazer disto dois grupos distintos, como fazem todos os outros, mesmo Chouraqui o literalista, sem discernimento do ritmo.

---

[7] Idem, p. 270.
* O Rabi Eliahu ben Scholomo Zalman (1720-1797). Gaon: eminência, sábio, doutor da lei. Título dos Patriarcas das Academias de Sura e Pumbedita, na Babilônia, até o século x (N. da E.).

Quanto aos brancos – único sinal de pontuação utilizado aqui – são os equivalentes visuais de uma oralidade[8].

É apenas um exemplo particular, como todo exemplo. Senão que o versículo bíblico, tendo esta propriedade única de ser um princípio de ritmo tal, que não existe mais nem verso nem prosa, é uma propriedade pan-rítmica. De onde seu valor pivotante, para fazer vacilar o signo de sua posição na representação da linguagem. É a força do ritmo: transformar o escrever, transformar o ler. Transformar o traduzir.

---

8 Cujo princípio proponho em *Les Cinq Rouleaux* (Os Cinco Rolos).

Parte II

A Teoria: É a Prática

1. Por Que a Experiência Vem Primeiro

Os exemplos na primeira parte tiveram um papel de ilustração e demonstrativo para a poética. Na realidade, sua experiência era primeira. Mas uma vez que o acompanhamento reflexivo começou, ele é inacabável, e é ele que dá o andamento. É preciso realmente que pensar sirva para alguma coisa. Tradução-situação. E os princípios, compreendidos pouco a pouco, assumem enfim o primeiro lugar, pois era somente deles que se tratava.

Agora, é por eles mesmos que temos de ver alguns particulares concretos do trabalho, para desvendar como algumas experiências são portadoras de ilimitado no limitado.

Eu as ordenei começando pela teatralidade da linguagem, que é sua oralidade, e da qual a métrica é um caso. Com Shakespeare. A subjetivação da narrativa, em Kafka, é um outro. A subjetivação do pensamento, em Humboldt, outro. A ocultação dos sentimentos por Tchékhov, mais outro. Quanto ao sagrado, termino, ou antes, deixo inacabado, porque é ele que começou, com aquilo que não se termina. E que nos leva ao ponto de partida deste livro.

Fizemos muito bem ao constatar que ele é incompleto. Cumpriria acrescentar que seu início, todo empírico, é apenas a impossibilidade de um começar, totalmente como um fim é aí impossível. Por isso, a prática e a teoria do traduzir são um acompanhamento de uma para a outra, uma pela outra.

Antoine Vitez tinha-me pedido para responder aos críticos cujo alvo foi o seu *Hamlet*, particularmente pela tradução de Raymond Lepoutre. Sobretudo a uma crítica publicada no *Le Figaro*. *Le Figaro* não havia aceitado o direito de resposta. E só uma primeira versão muito sumária deste trabalho foi publicada no *Journal de Chaillot*, em abril de 1983. Prendo-me no entanto ao fato de que ele tome o seu lugar, este lugar aqui. Não somente por fidelidade a Vitez. Mas porque é, a meu ver, um caso significativo em que o ritmo interfere na cidade. Em que o efeito da parábola permanece, além de sua circunstância, reputada efêmera. O teatro é, e se quer, uma arte do efêmero. Mas o desafio de *Hamlet*, como texto, é permanente.

A tradução de *Hamlet* é, ela mesma, quase um gênero literário, gênero de concurso de beleza, uma espécie de rito literário[1]. Refleti sobre isto uma dezena de vezes, e estou longe da conta. A um *Hamlet* russo, há alguns anos, juntavam-se quatro, entre os quais o de Boris Pasternak, mais quinze traduções diferentes do monólogo *to be or not to be...*[2].

Não é para se esquecer a circunstância. Eu a conservo por duas razões. A primeira é que ela era a ocasião de ver de perto o texto e algumas traduções. E os elementos em jogo numa tradução de *Hamlet*, e sobretudo na comparação que tantas retraduções permitem, guardando um interesse para além de sua origem. A segunda razão é que as oposições de gosto que foram declaradas então duram também depois de se presumir que estejam esquecidas, pois o que resta na sua paixão é o que se reconhece como fragmentos de mitologia. Documentos sobre o gênio da língua. Não existe data de prescrição para o mito. Isto que aparece nos jornais de quinze anos atrás poderia se encontrar em seu jornal de amanhã. Arquivo, mas arquivo permanente do presente.

---

1 Um estudo de 1928 registrava nessa data umas trinta traduções francesas, desde meados do século XVIII, *Les Traductions françaises de Shakespeare*, por Albert Dubeux, Les Belles Lettres, 1928. Há cerca de quarenta hoje.
2 William Shakespeare, *Gamlet, Izbrannye perevody*, Moskva: Raduga, 1985, 640p.

Há, pois, duas partes neste trabalho e elas não podem se separar. A parte do combate, inclusive a polêmica, compreendida em toda tradução, porque ela rivaliza já com o texto e com as traduções anteriores, e as apreciações que surgem na imprensa foram testemunha disso; depois a parte de observação sobre os partidos que umas e outras tomaram ao traduzir. E que a gente não lasseie este exercício, pois que ele renova cada vez o desafio.

Esta parte não é polêmica, é crítica, e é também um combate.

Daí porque, bem além da incitação inicial de Antoine Vitez, eu continuei este trabalho.

Ele levou também ao seguinte, a Ofélia, pura surpresa, e esta surpresa permanece carregada para mim do mesmo poder de encantamento que ela teve no começo e guarda uma beleza profunda, como se diz, de uma cor profunda, de uma beleza não somente forte mas secreta, com alguma coisa que permanece incompreensível, e se prende também àquilo que, ao descobri-la, descobrimos de repente que ela sempre esteve lá, mas que não a víamos. Compreendia-se e não se sabia o que se compreendia.

O que é, para dizer a verdade, praticamente vedado a toda tradução, esta difusão do nome de Ofélia na linguagem, em *Hamlet*, que vem do sentido e que ao mesmo tempo não é do sentido. O que eu chamo a significância. Um poema no poema, de modo bem diferente do que a peça na peça.

2. A Crítica Distinta diante do Filho do Sol, Hamlet

Alguma coisa está podre no estado da crítica. A crítica da literatura, da tradução, das artes da linguagem, do espetáculo, é, em geral, e na imprensa essencialmente, uma crítica do gosto. Que esta crítica seja subjetiva ou passional, é a vida. Mas esta crítica conhece uma degradação que afeta seu vínculo com as práticas de criação. Ao ponto de ela não poder mais ter relação com suas práticas. Degradação que parece ligada ao próprio poder da imprensa. A crítica do gosto torna-se uma crítica distinta. Uma crítica que participa de, e sobressai a, uma sociologia da distinção. E a uma poética desta sociologia.

A crítica distinta confunde a cultura (que se faz de se desfazer), com o cultural. Que é o *estabelecimento*. Ela confunde as apostas das práticas (da literatura, do teatro) com os efeitos mundanos de poder, e os valores estabelecidos. A crítica distinta só vê os efeitos de poder. Ela os produz. Ela só vê o que ela produz. Quer então dominar aquilo de que fala, como aqueles a quem fala. É seu tom superior. Ela se afirma desconhecendo a especificidade do que só lhe serve como valor. Reconduzindo a seus critérios, que são hábitos, e sobretudo sua finalidade. É porque ela se contenta de afirmar, aquilo que só consiste em se afirmar. A desenvoltura, o desprezo são os meios da distinção. Que isto se transforme em desprezo ao leitor, sua retórica faz do próprio desprezo uma adesão. Importância do tom. Decisiva, passando-se por verificação e análise, uma crítica resvala assim na impostura. Sua mensagem só é o que ela diz. É ela própria se reproduzindo.

A crítica, sobre *Hamlet* de Antoine Vitez no *Journal de Chaillot*, favorável para a maior parte, foi aos extremos. Entusiasta, ela havia louvado o "acontecimento de primeira grandeza", um "milagre"[1], um trabalho de linguagem deixando transpor Shakespeare para o francês como nunca. Ou nuances. E mesmo expeditivo. Os termos "rugosidade", "rugoso" e "áspero" aí comparecem com um valor ambíguo.

De tanta autenticidade, Shakespeare torna-se um selvagem. O que outros perceberam mitigando os êxitos por meio do "contornado", do "bárbaro"[2]. Alguns entenderam uma "magnífica tradução viva e vibrante"[3], uma "escrita preciosa e límpida, prosaica e grandiosa ao mesmo tempo"[4], outros perceberam uma tradução "difícil de dizer" (*Le Nouvel observateur*) "um movimento tão contrário ao francês corrente de que se perde a metade"[5]. Uns viram que a tradução "conserva os arcaísmos"[6], o "efeito de arcaísmo"[7]. Para outros, ela é "sem arcaísmo, clara, simples" (*Le Quotidien*). A mesma é "viva" e "poética", "poesia pura" mesmo (*Le Monde*), e "não brilha por suas qualidades literárias" (*Le Nouvel observateur*). Não há nada mais senão devolver cada um a suas preferências: "Shakespeare é intraduzível. Mesmo agora em inglês"[8].

No entanto, não há simetria entre o elogio e a rejeição. A adesão, a recusa não fazem a mundanidade da mesma maneira. Independente do que possa aí haver de comunhão das práticas, na compreensão. E o que há de incompreensão denegada, de corte impertinente na rejeição. Nada do equilíbrio entre uma crítica dos defeitos e o que Chateaubriand chamava

1 *Le Monde*, 10 jan. 1983.
2 *Le Figaro*, 10 jan. 1983.
3 *Le Quotidien*, 10 jan. 1983.
4 *L'Humanité-Dimanche*, 12 jan. 1983.
5 *Nouvelles littéraires*, 13 jan. 1983.
6 *Les Échos*, 12 jan. 1983.
7 *La Quinzaine littéraire*, 31 jan. 1983.
8 *France-Soir*, 11 jan. 1983.

de a "crítica fecunda das belezas". Só a rejeição é superior. Mas qualquer que ela seja, a opinião conhece apenas a frase afirmativa. Sua "teoria" (implícita) da linguagem é – seja da direita ou da esquerda – a teoria *tradicional* que concorre para manter a sociedade tal qual ela é. A língua, a palavra. O que faz de sua própria ausência de análise, e de seus comportamentos, a matéria da análise que esboço aqui.

Primeiro exemplo, o mais sumário. A retórica da persuasão é cumulativa. A tradução aí é dada pela "curiosidade primeira"[9]. Com o mérito da franqueza:

> A ponto de dizer de repente: este texto estranho é o primeiro escolho que topamos na aurora desta longa viagem glacial. Curioso vocabulário, torturado, barroco e psicanalítico ao mesmo tempo, redundante, precioso e muitas vezes ininteligível.

É Shakespeare visto por Voltaire através de Ducis. *Redundante* é notável: ou o tradutor nos acrescenta, ou Shakespeare caduca. De uma vez só, a crítica perdeu o fio: "Quando se passa cinco minutos a remoer em seu espírito uma frase que não se conseguiu entender, é inevitável que se palmilhem as frases seguintes". Notem o calão, de conivência: em *nível* do leitor suposto. A crítica se recupera por um efeito de familiaridade: "nos esforçamos para ser bons companheiros do grande 'Will', conhecer seu 'Hamlet' de cor e terminamos por nos perder aí". Conclusão: "Esta tradução não leva a nada, é engenhoca". Possuindo assim o sentido da peça, a crítica conclui pelo "contrassenso". E tendo seu assento garantido, declara estar de partida para o entreato. Da versão curta. Observem o lugar que tem, na polêmica, a oposição das duas "versões", a representação integral e a curta.

Vai-se justificar que a integral é muito longa. Pela pseudofilologia. Assim[10], com a alusão erudita e o sentimento poético, tendo achado a tradução nova "um pouco familiar, sem grande virtude poética", a integral "junta todas as variantes". O que deixa entender que a partir das "brochuras pouco seguras" de cena foi tirado um texto "mais longo talvez do que Shakespeare jamais

---

9 *L'Unité*, 4 fev. 1983.
10 *L'Express*, 21 jan. 1983.

tenha sonhado", como se alguém houvesse "justaposto fragmentos de versões sucessivas". Esta caricatura das relações entre o primeiro e o segundo *Quarto* privilegia explicitamente "nossos hábitos teatrais". Aqueles cujas preferências encaminham à versão curta, invertem assim a inovação ao seu contrário, um "sensato respeito a Shakespeare. Muito sensato?" O contínuo entre a deformação do saber e o juízo do gosto produz uma apreciação superior, pois que a novidade mesmo não é mais, em relação a ela, do que sensatez.

A crítica distinta pode se disfarçar em argumentos, quase em palavras. O ar lhe é suficiente. O tom. O que ela projeta em designação do tom, no outro: é Vitez que é "bom chique, bom gênero". Ela pode assim ser mais moderna que o moderno, denunciando o "moderno" como "de bom tom" e "muito chique", pressupondo que a busca se faz no plano mundano da distinção. Para o *Libération* (11 de janeiro de 1983), a escolha de *Hamlet* se dá apenas, e somente, neste plano. Nostalgia da versão de Gide. Distinto, também, Gide. É a edição da Pléiade. Mas o moderno consiste sem dúvida em nada além da mudança. Assim, "preferimos a tradução de R. Lepoutre à de A. Gide". Um exemplo basta.

[A] célebre réplica de Marcellus da cena 5 do 1º Ato foi traduzida pela nostalgia de Gide "il y a quelque chose de pourri dans le royaume de Danemark" (há alguma coisa de podre no reino da Dinamarca). Com o lamentável Lepoutre ela se torna: "Quelque chose est pourri dans l'État de Danemark" (Alguma coisa está podre no Estado da Dinamarca). Boa ideia, meu irmão, meu chapa! Substituir "royaume" (reino) por "État" (Estado), eis o que produz um efeito furiosamente moderno!

Mas a ironia, tão segura de si mesma que chega a bater no ventre do leitor-cúmplice, não foi apenas verificar o que é o texto: "Something is rotten in the state of Denmark". Além do que ela não terá citado a cena 5, mas a cena 4. Velho assunto.

François-Victor Hugo – mas eu só tenho a versão corrigida[11] – dizia: "Il y a quelque chose de pourri dans le royaume

11 *Hamlet, Othello, Macbeth*, tradução de F.-V. Hugo revista sobre os textos originais por Yves Florenne e Élisabeth Duret, Le Livre de Poche, 1972. Yves Florenne declara no prefácio: "A honestidade da tradução de François-Victor

de Danemark" (Há alguma coisa de podre no reino da Dinamarca). O que Gide[12] repetiria, depois Pagnol[13]. Eugène Morand e Marcel Schwob tinham optado por uma variante mais próxima do texto: "Quelque chose est pourri dans le royaume de Danemark" (Alguma coisa está podre no reino da Dinamarca)[14]. O que repetiu Yves Bonnefoy[15], depois Michel Vittoz[16]. Raymond Lepoutre seguiu exatamente o texto inglês[17]. Jean-Michel Déprats não fez diferente[18]. André Lorant volta à aparência pelo *présentatif* (apresentativo)*, mantendo porém o *Estado*, mantendo sua maiúscula: "Il y a quelque chose de pourri dans l'état de Danemark" (Há qualquer coisa de pobre no estado da Dinamarca)[19]. Ora, havia mesmo *State* no fólio. No sentido político, não aquele da situação. E o apresentativo *il y a* (há) enfraqueceu aqui a expressão.

Hugo, sua fidelidade literal são evidentes", mas acrescenta que ele a "purgou [...] de contrassensos, aproximações duvidosas, fórmulas embaraçadas e outros erros". O original está nas *Oeuvres complètes de W. Shakespeare*, tradução de François-Victor Hugo, Paris: Pagnerre, 1859-1865.

12 *Hamlet*, traduzido por André Gide, Paris: Gallimard, 1946, retomado em 1959 em *Oeuvres complètes 2*, La Pléiade. Lettre-préface, p. 1542-1545. Gide tinha publicado um tradução do 1º ato em 1929.

13 *Hamlet Prince de Danemark*, tradução e prefácio de Marcel Pagnol, Paris: Nagel, 1947.

14 *La Tragique histoire d'Hamlet prince de Danemark*, tradução de Eugène Morand e Marcel Schwob, representada pela primeira vez no Teatro Sarah-Bernhard, em maio de 1899, Paris: Bernard Gasset, 1932.

15 Tradução de Yves Bonnefoy, em Shakespeare, *Oeuvres complètes*, Club français du Livre, 1957.

16 *Hamlet*, adaptação de Michel Vittoz, Paris: Papiers/ Théâtre, 1986, criado em 18 de novembro de 1986 no Théâtre Gérard-Philipe de Saint-Denis por Daniel Mesguich.

17 *Hamlet*, de William Shakespeare, texto francês de Raymonde Lepoutre, éd. Théâtre National de Chaillot, 1983, levada pela primeira vez no Théâtre National de Chaillot em 7 de janeiro de 1983.

18 *La Tragédie d'Hamlet Prince de Danemark*, texto francês de Jean-Michel Déprats, tradução realizada em Lyon, em 25 de outubro de 1983.

* O *Dicionário de Linguística* editado na França e traduzido para o português pela editora Cultrix diz que *présentatif* (apresentativo, como já foi traduzido para o português) é um termo que se refere "às palavras ou expressões que servem para designar alguém ou algo, colocando-os em relação com a situação". Cf. Jean Dubois et al. *Dicionário de Linguística*, São Paulo: Cultrix, 2001, p. 64 (N. da E.).

19 *Hamlet*, texto original e versão francesa por André Lorant, Aubier, 1988. Última tradução de que tenho conhecimento.

A palavra *state*, estado, é uma palavra-chave da peça, que volta muitas vezes, desde o estado do país até o transtorno do Estado, passando pelo estado de Hamlet.

O ritmo semântico da concordância, esta coisa mais simples, é estranhamente contornada a ponto de se acreditar que cada tradutor tivesse traduzido um texto diferente. A concordância queria *état* em vez de *state*, e "As it doeth well appear unto our state" (I, 1, 97) só dá *état* em Jean-Michel Déprats, "comme il apparaît clairement à notre État" (como aparece claramente em nosso Estado). François-Victor Hugo: "notre gouvernement en a la preuve" (Nosso governo tem a prova disso). Bonnefoy: "notre gouvernement le comprend fort bien" (nosso governo o compreende muito bem). E Pagnol a eles se ligava: "et notre Gouvernement semble l'avoir fort bien vu" (e nosso Governo parece ter visto bem). O que se torna em Lepoutre: "ce qui apparaît clairement à ceux qui nous gouvernent" (o que aparece claramente àqueles que nos governam). Gide se contentava com "comme il appert clairement ici" (como se manifesta claramente aqui). No que diz Lorant: "comme il appert clairement à notre conseil" (como aparece claramente a nosso conselho). E o todo desaparece em Vittoz.

Alguns versos mais adiante (v. 113) para "In the most high and palmy state of Rome", *state* torna-se "l'époque" (a época) em Hugo, "l'heure" (a hora) em Bonnefoy e Lepoutre. Morand--Schwob: "Aux temps les plus hauts, les plus laurés de Rome" (Nos tempos dos mais altos, os mais laureados de Roma). Pagnol também: "Au temps de la plus haute fortune de Rome" (Nos tempos da mais alta fortuna de Roma). Vittoz: "Aux jours où Rome était au faîte de sa gloire" (Aos dias em que Roma estava no auge de sua glória). Lorant é aquele que volteia mais ao redor, e é pois a mais longa versão, e aquela que forçosamente é a que pior soa: "Au moment où s'exerçait à Rome le pouvoir le plus glorieux et le plus florissant" (No momento em que se exercia em Roma o poder mais glorioso e o mais florescente). Só Déprats manteve: "À l'apogée glorieux de l'État Romain" (No apogeu glorioso do Estado Romano). Eu faria: "Dans l'état les plus haut de Rome et de ses palmes" (No estado mais alto de Roma e de seus louros).

É sempre o *estado*, em todos os seus estados, no verso "Our state to be disjoint and out of frame" (I, 2, 20) e desta vez Lorant mantém "notre état disloqué et sa charpente ruinée" (nosso estado deslocado e seu madeiramento arruinado), Vittoz: "notre état tout disjoint et décroulé" (nosso estado todo deslocado e arruinado). Hugo dizia: "notre empire se lézarde et tombe en ruine" (nosso império se arrasta e cai em ruína), Gide: "la mort de feu notre cher frère / A détruit notre État" (a morte de fogo nosso querido irmão / Destruiu nosso Estado). Morand e Schwob se contentaram com "par la mort de notre cher frère notre royaune est bouleversé" (pela morte de nosso caro irmão nosso reino se transformou). Pagnol: "la mort de feu notre frère bien-aimé a jeté notre État dans les divisions et l'anarchie" (a morte de fogo de nosso irmão bem-amado lançou nosso Estado nas divisões e na anarquia). Só Déprats mantém a concordância: "notre État disloqué, sa charpente détruite" (nosso Estado deslocado, seu madeiramento destruído). Lorant soube apreciar "a bela realização, precisa e percuciente, de Jean-Michel Déprats"[20].

Vê-se a que ponto nem tanto o sentido das palavras se liga ao ritmo do sentido. A maior parte dos tradutores é surda e produz surdos.

O respeito, o hábito fizeram de certas versões uma vulgata. Um pseudotexto. A citação isolada (processo distinto), para alguns versos célebres, aumentou este efeito. Como aqui. A contratradição, pode-se vê-la como distinção. Mas ela tem antes um efeito poético: procurar os valores do original, mais fortes que a edulcoração costumeira. Para a distinção, um detalhe designa o todo até a derrisão. Ela vai ao blefe.

A crítica distinta tem sua teoria da linguagem sem o saber. A língua – a palavra. Sua poética, ou sua ausência de poética, sem o saber: o sentido verdadeiro, único, que pode então julgar o contrassenso. Ela mostra, quando aí se coloca, uma furiosa ausência de filologia, de sentido dos textos, que ela compensa pelo peremptório. A polêmica tomada pela crítica. Assim *Le Figaro* (1º de fevereiro de 1983), contra esta pretensão de *Hamlet* integral, tinha colocado um título graúdo "Um *Hamlet* Amputado". Pois *Hamlet* "triunfa, diz-se". Recusa distinta de um sucesso que deve ter alguma realidade, pois o

---

20 Idem, p. 330.

espetáculo foi prolongado. Mas a crítica distinta, como os preciosos, recusa o real que lhe desagrada. Desta vez, deu-se a palavra a um "especialista das obras de Shakespeare", um "*agrégé de inglês*"*. Ele "não gostou". Devolvendo o sucesso ao seu prestígio, ele avança mesmo que seja "sem grande interesse: muito barulho por nada?". Onde o muito barulho contradiz o "diz-se", que fingia duvidar disto. O ataque é fortemente afirmado. "Em primeiro lugar, a tradução da peça de Shakespeare é medíocre, rasa e eufonicamente muito mais que conceitualmente contestável". A forma e o conteúdo. Três exemplos desta contestação. Primeiro: "Voilà le noeud" (Eis o nó) para "There's the rub" (III, 1, 65). Sem explicação. Como se o enunciado fosse muito escandaloso por si mesmo e que o medíocre se impusesse. Assim, no conto de Andersen, os cortesãos concordam sobre as roupas do rei nu. Mas *rub*, termo do jogo de gude, significa "obstáculo", "dificuldade". Gide colocou: "c'est là le hic" (está aí o busílis). Bonnefoy: "c'est l'obstacle" (é o obstáculo). E *noeud* (nó), vide o *Robert*, serve perfeitamente, metáfora por metáfora. Na ausência de uma contratradução, e de uma análise, o julgamento é uma pura intimidação. Segundo exemplo: "Je l'ai aimé une foi" (Eu o amei uma vez) (carregado de ambiguidade, pois remetida a Rosencrantz por Hamlet), levado a "I loved you once (=*jadis*)". Obrigado pelo comentário professoral. Infelizmente é Rosencrantz que fala a Hamlet, e ele lhe diz: "My lord, you once did love me" (III, 2, 314). A tradução de Lepoutre, "Monseigneur, une fois vous m'avez aimé" (Meu senhor, uma vez vós me amastes) dá ênfase ao *once*, "il fut une fois" (foi uma vez), acentuado e em posição destacada. Há quase a mesma expressão, de Hamlet a Ofélia: "I did love you once" (III, 1, 114), acento sobre *did*, onde Lepoutre traduziu: "Oui je vous ai aimée" (Sim, eu vos amei). Sobre esta citação atravessada, o comentário e os aborrecimentos do especialista se fundem diante da análise. Desaparece no seu próprio nada, no momento em que ele pensa triunfar. Seu terceiro exemplo é uma palavra elementar, ligeira: "Aie" por "Aye" (= oui). Pois, dado porque considerado uma confusão grosseira, volta à confusão do crítico. Este *ay* (e não

---

* Qualificação de etapa na vida do professor francês (N. da T.).

aye, em Hamlet), mais de umas trinta vezes, é uma exclamação de valor afirmativo, um efeito de contexto, a cada vez. Daí as traduções de Lepoutre, *oui, eh oui, mais, au fait*, e duas vezes *aïe*: uma de Polonius a Ofélia (I, 3, 112), versão cômica em uma passagem cômica. E outra no apólogo da esponja-Rosencrantz (IV, 2, 15). Não se trata de um erro, mas uma invenção no movimento da passagem. Bem em cima o crítico: "Nós já passamos por muitos piores".

Não convenceu. O que segue mistura interpretação do texto e a apreciação da encenação no teatro. Uma continuação de frases afirmativas anuncia que "a lembrança, coração verdadeiro da peça" (vocês não o sabem) ficou "esquecida", "escamoteada", e que as passagens cômicas "para dizer com propriedade, foram castradas", "os coveiros de Vitez não têm muito humor". De onde sobressai, através de uma referência a Tournier, a vontade segura de castração de nossa crítica. No entanto, a sala ria muito para os coveiros quando eu estava lá (versão integral). Quanto ao "Good night sweet Prince" e "The rest is silence" (citações somente em inglês, o especialista é destacado e, prudente, ele não traduz, sai ganhando duas vezes), ele os achou "resmunguentos", o que convidaria a colocá-lo na estética tonitruante dos comediantes a quem Hamlet dá conselhos. É destes nadas enunciados um sobre o outro – maravilhosa confiança na linguagem (variante do *realismo* da linguagem) que é da crítica distinta, a primeira e única a *acreditar* no que ela diz –, que vem a conclusão: a peça é amputada "de um número de seus eixos fundamentais". O juiz pode em seguida distribuir alguns elogios, e lamentar, para finalizar (mesmo procedimento que no *L'Express*), que "Vitez não tenha ido bastante, mas ainda mais longe".

Há um rir da crítica, mais comunicativo que o rir dos deuses. Atrás da retórica carismática, que só trata da sua própria afirmação, esta crítica faz barulho, mas ela é muda. Seu silêncio encobre um debate real. Trata-se de um debate sobre a tradução. Se é suficiente ser *agrégé* de uma língua para traduzir nela os textos *poeticamente*, vai-se saber! Em lugar de que, constata-se que as traduções de Shakespeare que contam ou são contadas vieram dos escritores, não da universidade enquanto tal: François-Victor Hugo, André Gide, Supervielle,

Yves Bonnefoy, Pierre Jean Jouve, Henri Thomas... A crítica distinta só conhece *a língua*, – lá onde, ao contrário, Gide, por exemplo, na sua carta-prefácio em *Hamlet* sabia, mesmo que ele não o soubesse, que havia necessidade de "um estado de transe poético" tal que "as diferenças as mais singulares da linguagem aparecessem como naturais". Ele acrescentou que enquanto o tradutor de Shakespeare "só aprendeu o *sentido* do texto, não fez nada; não fez quase nada"[21]. E se a tradução de Gide justamente não mostra essas "diferenças", a tradução de *Hamlet* por Raymond Lepoutre mostra o primado do ritmo, da prosódia, que podem algumas vezes até mesmo tomar lugar de sintaxe.

Para comparar sua versão com as seis traduções de *Hamlet* que o mercado hoje partilha (Gide na Pléiade, Bonnefoy em Folio, François-Victor Hugo, retocado em Livre de poche e as de Déprats, Vittoz e Lorant), é ela que, de longe, restitui ao máximo o ritmo de teatro do discurso. Pelo que eu duvido muito que ela seja "difícil de dizer". É mais uma versão de cena do que todas as outras. Daí as ousadias, que são de uma sintaxe *oral*: o "Je crois, je les entends" (Eu creio, eu os entendo) já assinalado, a ordem gestual dos grupos na hierarquia do texto, as audácias que privilegiam o discurso contra a língua: "Je n'ai vu rien" (Eu não vi nada) (*I have seen nothing*, I, 1, 22) – há aí três assim na peça. Aí onde os outros colocaram, normalmente, "Je n'ai rien vu" (Eu nada vi). Esta tradução tem a mais concreta das metáforas, recusada pelos outros: "quand les cimetières bâillent" (quando os cemitérios bocejam) por *when chuchyards yawn* (III, 2, 367) aí onde os outros colocam *tumba*, como Hugo "où les tombes bâillent" (onde as tumbas bocejam) e Bonnefoy: "L'heure des tombes qui s'ouvrent" (A hora das tumbas que se abrem), ou as *tampas* como Gide: "où bâillent les couvercles des cimetières" (onde bocejam as tampas dos cemitérios).

Lepoutre tem o sentido da importância do neutro, para o espectro – intrusão do que não é nenhuma das formas do vivente: "Tush, tush, 'twill not appear" (I, 1, 30) – Hugo: "Bah! Bah il ne viendra pas" (Bah! Bah ele não virá), Gide: "Bah! il

---

21 Carta-Prefácio de 1946, em Shakespeare, *Oeuvres complètes 2*, Paris: Gallimard, 1959, (La Pléiade), p. 1542-1543.

ne viendra pas" (Bah, ele não virá), Bonnefoy: "Bah, il ne se montrera pas" (Bah, ele não se mostrará). Só Lepoutre guarda o ritmo-sentido: "Va, va: ça ne paraîtra pas" (Vá, vá: isto não aparecerá). Déprats colocou: "Allons, allons, elle [la vision] ne paraîtra pas" (Vamos, vamos, ela [a visão] não aparecerá). Vittoz guardou a interjeição inglesa: "Tush, tush, elle ne paraîtra point" (Tush, tush, ela não aparecerá de modo algum), Lorant tentou outra coisa, mas falha em seguida, pela interjeição, com: "Ta, ta, ta! La chose ne paraîtra pas" (Ta, ta, ta! A coisa não aparecerá). Mas ele manteve um equivalente do neutro, com *a coisa*.

É a dificuldade do neutro. Em "And then it started like a guilty thing" (I, 1, 148), Hugo a perdeu: "Il a tressailli comme un coupable" (Ele estremeceu como um culpado), Gide também: "Alors il a frémi comme un coupable" (Então ele vibrou como um culpado), Bonnefoy: "Et il a tressailli comme un coupable" (E ele estremeceu com um culpado). O que repete Déprats. Mas Lepoutre: "Et il a sursauté alors comme une chose coupable" (E ele se sobressaltou então como uma coisa culpada). A coisa desapareceu em Vittoz. Ela reaparece em Lorant: "Il a tressailli comme une pauvre chose coupable" (Ele se sobressaltou como uma pobre coisa culpada). *Pobre* como um presente do tradutor.

Ou o tão simples "Did you speak to it" (I, 2, 214). Hugo: "Et vous ne lui avez pas parlé" (E vós não lhe falastes), o pronome indireto cômodo também em Gide e Bonnefoy, em Déprats: "Vous ne lui avez point parlé" (Vós não lhe haveis falado). O mesmo com Lorant. Só Lepoutre o reteve: "Est-ce que vous n'avez pas parlé à ça?" (Será que vocês não lhe falaram?) Desaparecimento em Vittoz. Mas todos acrescentaram a negação.

E os passivos de significância, quero dizer da força do passivo que deve permanecer um passivo, pertence a esta família do neutro – efeito do espectro. Poética a manter-se contra a permutação estilística: quando Marcelo e Bernardo, em sua guarda, duas noites seguidas, "had [...] Been thus encountered" (I, 2, 198). *Experimenta-se* um espectro. Hugo retêve apenas uma parte: "Voici ce qui leur est arrivé" (eis aqui o que lhe chegou), Gide banalmente inverte: "un fantôme leur apparut" (um fantasma lhe apareceu), Bonnefoy: "ont fait cette rencontre" (deu-se esse encontro), o ativo, o contrário do que diz o texto. Mas Lepoutre: "furent ainsi approchés" (se aproximaram assim). Déprats: "firent cette rencontre" (se encontraram). Lorant também manteve o passivo: "ont été ainsi abordés" (foram assim abordados). Vittoz não o viu passar.

Hamlet foi atingido por esse passivo: "Still I am called" (I, 4, 84). Mas para Hugo e Déprats, e Lorant: "Il m'appelle encore" (Ele me chama ainda), Gide: "Encore il m'appelle" (Ele ainda me chama), Bonnefoy: "Il m'appelle à nouveau" (Ele me chama de novo). Vittoz: "On m'appelle" (Eles me chamam). Só Lepoutre lhe faz dizer o que ele diz: "À nouveau je sui appelé" (De novo eu sou chamado). Os ecos, a concordância e as cláusulas expressivas, toda a retórica e a escritura da peça estão aí mais do que nunca.

A minúcia do texto, portadora de sua angústia: "With us to watch the minutes of this night (I, l, 26) – "Qu'avec nous il surveille les minute de cette nuit" (Que conosco ele vigie os minutos desta noite). O estado nascente da invenção verbal: "it harrows me with fear and wonder" (I, 1, 44) – "et me dévaste de peur et de merveilles" (e me devasta de medo e de maravilhas). A equivalência rítmica-silábica: "'Tis gone" (I, 1, 52), "Il part" (Ele parte), onde os outros colocaram, seguindo o sentido, "Il est parti" (Ele partiu). Lepoutre não recua diante do neologismo: "quietly inurned" (I, 4, 49) – "tranquillement entombé" (tranquilamente entumbado). Com os achados *"se offendendo* (V, 1, 9) – "à son corps offensant" (a seu corpo ofendendo), achado retomado por Déprats e Lorant. Guardando a retórica preciosa de Shakespeare: "His silence will sit drooping (V, 1, 276) – "Son silence s'assied, les épaules voûtées" (Seu silêncio se senta, as espáduas arqueadas). Gide dizia assim: "il se rassied dans le silence" (ele repousava no silêncio). Jean-Michel Déprats: "il restera assis, silencieux et prostré" (ele continuará sentado, silencioso e prostrado). Lorant: "il restera assis en silence, prostré" (ele continuará sentado em silêncio, prostrado).

Donde as criações de escritura. Ofélia, diz (III, 1, 91) "après tant de fois un jour" (depois de tantas vezes um dia) [*for this many a day*]; formas verbais são nomes: "Semble, Madame!

Non: est. Je ne connais pas semble" (Parece, Senhora! Não: é. Eu não conheço parece) (I, 2, 76). Bonnefoy refez uma gramática correta: "Je ne sais pas ce que *sembler* signifie" (Eu não sei o que *parecer* significa), Déprats faz da forma verbal um substantivo com o artigo: "Semble, Madame? Non, est. Je ne connais pas le semble" (Parece, Senhora? Não, é. Não conheço o parece). Lorant aprecia, e retoma tal e qual. Gide precisou transpor tudo para o estilo substantivo: "Apparence? Eh! non, Madame. Réalité. Qu'ai-je affaire avec le 'paraître'" (Aparência? Ei! não, Senhora. Realidade. O que eu faço com o "parecer"). E aí ele perdia a repetição. O que Vittoz melhorou: "Me paraître, Madame! non, être. J'ignore le paraître" (Parece-me, Senhora! Não, ser. Eu ignoro o parecer).

Lepoutre fez o trabalho mais tomado de trocadilhos, em particular os talvez mais famosos "I am too much i' th' Sun" (texto do folio I, 2, 67 – o segundo Quarto imprime "in the sonne") tornado "je suis trop le fils du soleil" (eu sou em muito o filho do sol). Justapondo os dois termos, o ausente e o presente. Pelo que, paradoxalmente, o que não é mais um trocadilho, mas o esvaziamento dos dois homônimos um depois do outro. E, no entanto, este jogo de xadrez continua o único que se mantém, por aproximação ao duplo sentido que constrói a força do texto. O jogo de palavras estava preparado, três versos antes, por "but now my cousin Hamlet, and my son" (I, 2, 64). E Hamlet brinca de filho e de sol, repelindo o estratagema de Polônio, quando ele lhe fala de sua filha num tom provocador (II, 2, 184): "Let her not walk i' th' sun". Hugo não via nisto malícia: "eh bien! Hamlet, mon cousin et mon fils" (salve! Hamlet, meu primo e meu filho), Gide: "cousin Hamlet, mon fils" (primo Hamlet, meu filho), Bonnefoy: "mon neveu, mon fils" (meu sobrinho, meu filho). Lepoutre prepara sua investida: "mon cousin et mon fils, mon soleil" (meu primo e meu filho, meu sol). Mas Jean-Michel Déprats traz sua argúcia e é bem sucedido com o trocadilho: "Un peu plus que neveu, moins fils que tu ne veux" (Um pouco mais que sobrinho, menos filho que tu não queres). Vittoz o copia, é uma homenagem, com uma variante, para retomar sua parte: "Un peu plus neveu que je ne veux" (Um pouco mais sobrinho do que eu quero). Lorant, retomando apenas a metade, estraga tudo:

"Un peu plus que 'neveu' et moins que fils affectueux" (Um pouco mais do que "sobrinho" e menos que filho afetuoso). Para resitituir o jogo de *kin* e *kind*.

Quanto ao jogo do sol e da lua, que confere de vez a profundidade de mito ao trocadilho maior, pois que o "Not so, my lord. I am too much i' th' Sun" é seguido logo (v. 68) de "Good Hamlet, cast thy nighted colour off". François-Victor Hugo conservou apenas a metade: "je suis trop près du soleil" (eu estou muito perto do sol). Que repetiam Morand e Schwob. Que repetia Gide. Bonnefoy, justamente uma variação: "je suis si près du soleil" (eu estou tão perto do sol). Lorant "je ne suis que trop près du soleil" (eu não estou senão muito perto do sol). Pagnol, uma tentativa: "je ne suis que trop en lumière" (eu estou apenas iluminado). Mas fraco. Vittoz não tenta mais do que um barbarismo: "je suis trop proche le soleil" (eu estou muito próximo do sol). E Déprats: "trop proche du soleil" (muito próximo do sol). É a alusão, com um eclipse de significante. Que continua seu efeito mais longe ainda: "Let her not walk i' th' sun" (II, 2, 184).

É um *sol* preparado pelos "Désastres dans le soleil" (Desastres no sol) (I, 1, 118) e pela tradução desenvolvida "mon fils, mon soleil" (meu filho, meu sol) (I, 2, 64). Mas mesmo estes "Disasters in the sun", advertências cósmicas, são desconectados do drama de Hamlet por Hugo que os enfraqueceu quanto aos "aspects menaçants du soleil" (aspectos ameaçadores do sol), Gide: "un soleil désastreux" (um sol desastroso), Bonnefoy: "Funeste aspect du soleil" (Funesto aspecto do sol), Déprats: "un soleil funeste" (um sol funesto). Morand e Schwob inverteram: "le soleil plein de désastres" (o sol pleno de desastres). Lepoutre guardou intactos "Désastres dans le soleil" (Desastres dentro do sol). O que Lorant retomou. Vittoz faz da escritura artista: "Désastres en le soleil" (Desastres no sol).

Esta análise permite situar as traduções. Alguma coisa muda com este Hamlet na história da tradução. Ou antes a mudança em curso na teoria e na prática da tradução – da *língua* ao *discurso*, do *sentido* ao *ritmo* – passa por esta aventura em *Hamlet*. Ela distancia de uma vez o primado e o dualismo do sentido nos outros, que têm cada um o seu caráter.

François-Victor Hugo visa a exatidão, mas ele suprime muitas metáforas. Quando o texto diz "you tremble and look pale" (I, 1, 53), ele acrescenta *totalmente*: "vous tremblez et vous êtes tout pâle" (vós tremeis e estais totalmente pálido). Ele coloca o referente no lugar do significante – para "the majesty of buried Denmark/ Did sometimes march" (I, 1, 47-48), que ele transpõe em "dans sa majesté, marchait le roi mort" (em sua majestade, marchava o rei morto). Há omissões: "'Tis strange" (I, 1, 64) não é traduzido. Tímido sintaticamente, ele não ousa nominalizar a forma verbal: "Seems, madam! nay it is, I know not 'seems'" (I, 2, 76) torna-se: "Je ne connais pas les semblants" (Eu não conheço os semblantes).

André Gide tem o gosto pelos arcaísmos e palavras raras. Para "Shall I strike at it (I, 1, 140) – "lui bouterai-je un coup" (eu daria um golpe); e "leurs vertus [...] en sont toutes talées" (suas virtudes [...] são aí todas muito férteis) para "take corruption" (I, 4, 35). Ele se sai bem no estilo jurídico, e [chega] à perfeição no pastiche de versos acadêmicos da peça na peça, e nas canções de Ofélia. Estilo falado: "A piece of him" I, 1, 19) – "ç'en est un bout" (é um fim). Mas ele despoetiza, subtraduz e torna prosaico: "Last night of all" (I, 1, 35) torna-se monotonamente: "C'était la nuit dernière" (Era a última noite), onde Lepoutre traduz: "La dernière nuit de toutes" (A última noite de todas), e Déprats: "La toute dernière nuit" (Totalmente a última noite). Ele edulcora as metáforas que acha sem dúvida muito ousadas: amanhã "Walks o'er the dew of yon high eastwaard hill" (I, 1, 167) torna-se "foule d'un pied mouillé la colline orientale" (turba de um pé molhado a colina oriental), onde no outro extremo, Lepoutre "escalade la rosée, là-bas, des hautes collines à l'Orient" (escala o orvalho, ao longe, as altas colinas do Oriente). Polônio era "the father of good news" (II, 2, 42), ele não é mais que o "portador", e "on the beaten way of friendship" (II, 1, 263) torna-se "entre bons camarades" (entre bons camaradas). Ao diabo quem siga apenas em frente: "we do sugar over/ The devil himself" (III, 1, 48), "nous sucrons le diable lui-même" (nós açúcaramos o próprio diabo), onde os outros ficam andando em volta. Mas ele foge das repetições: "by and by", três vezes em seguida (III, 2, 360, 362), tornando-se "incontinent" (incontinente), depois "tantôt" (logo). Ele não está só. Lorant também. Mas não Déprats. Nem Bonnefoy. Nem Lepoutre. Ele desritma: "Why day is day, night night, and time is time (II, 22, 88) – ce qui fait que le jour est jour, que la nuit est nuit, que le temps est temps" (o que faz com que o dia seja dia, que a noite seja noite, que o tempo seja tempo). Lépoutre ousou: "la nuit nuit" (a noite noite). Gide embaralha os grupos: "t'have see what I have seen, see what I see". (III, 1, 160) torna-se "d'avoir vu, de voir, ce que j'ai vu, ce que je vois" (de ter visto, de ver, o que eu vi, o que eu vejo), no lugar de, simplesmente, como Déprats: "Avoir vu ce que j'ai vu, et voir ce que je vois" (ter visto o que eu vi, e ver o que eu vejo). Gide foge da invenção verbal: "it out-herods Herod pray you avoid it" (III, 2, 13) torna-se nele esta tradução que o resume: "évitez ces exagérations, je vous en prie" (evitai estes exageros, eu vos suplico). Literário, mais do que poético.

Yves Bonnefoy visa antes de tudo o alexandrino, ou um doze qualquer que seja, se abandona ao clichê, ao apagamento das metáforas, ao academicismo de tais "versos": "Et à jeûner le jour dans la prison des flammes" (E a jejuar o dia na prisão das chamas) (I, 5, 11), à poetização às custas da poesia, como "Ni les fleuves intarissables nés des yeux seuls" (Nem os rios inexauríveis nascidos dos olhos sós) para "No, nor the fruitful river in the eye" (I, 2, 80), que Lepoutre traduz: "Non, ni la rivière fertile dans l'oeil" (Não, nem o rio fértil nos olhos). François-Victor Hugo: "le ruisseau intarissable qui inonde les yeux" (o ribeirão inexaurível que inunda os olhos); Gide: "le ruissellement des pleurs" (o jorrar dos prantos); Jean-Michel Déprats: "la prodigue rivière dans l'oeil" (o pródigo rio nos olhos). Bonnefoy só encontra: "Faut-il y joindre l'enfer" (É preciso ajuntar o inferno), para "And shall I couple hell?" (I, 5, 93), onde Lepoutre diz: "Dois-je m'accoupler avec l'enfer?" (Devo me juntar com o inferno?)

Bonefoy prefere se afastar do significante: "Before my God" (I, 1, 56), "devant mon dieu" (diante de meu Deus) (Hugo, Lepoutre), é nele: "Dieu m'est témoin" (Deus me é testemunha). Lá onde "the memory be green" (I, 2, 2), resta apenas uma "souvenir toujours neuf" (lembrança sempre nova) (Gide tinha "un verdoyant souvenir" (uma verdejante lembrança) e em Lorant ela é "vivace" [vivaz]). Bonnefoy enfraquece: "The head is not more native to the heart" (I, 2, 47) é somente: "la tête n'est pas plus dévouée au coeur" (a cabeça não é mais devotada ao coração). Recua diante do concreto da metáfora, como Gide: "distiled/ Almost to jelly with the act of fear" (I, 2, 205), a geada se torna cinza: "presque en cendres réduits par l'épouvante" (quase que em cinzas reduzidas pelo espanto). Gide "liquéfiés de terreur" (liquefeitos de terror). Lepoutre: "eux se réduisaient/ Presque à une gelée sous l'action de l'effroi" (eles se reduziam/ quase a uma geada sob a ação do pavor)! E "Even to the teeth and forehead of our faults" (III, 3, 63) é transformado por Bonnefoy em "dans la lumière grimaçante de nos fautes" (na luz distorcida de nossas faltas). O filho Hugo tentava: "nos fautes qui montrent les dents" (nossas faltas que mostram os dentes). Lepoutre: "Précisément jusqu'aux dents et au front de nos fautes" (Precisamente até os dentes e na fronte de nossas faltas). Mas a tradução de Yves Bonnefoy é reputada "clássica" segundo André Lorant[22]. Sim, mas no sentido do neoclássico.

Por certo, mais frequentemente, sobram apenas detritos de prosódia. Onde joga o acaso linguístico, no lugar em que o texto armava um sistema: "and *for* the day con*f*ined to *f*ast in *f*ire" (I, 5, 11), Hugo o pequeno, fazia: "et le *j*our à *j*eûner dans une prison de *f*lamme" (e o dia a jejuar numa prisão de chamas). Todos retomaram a relação dia-jejum (*jour-jeûner*), dada pela língua. Gide: "Et, de *j*our, à *j*eûner dans les *f*lammes" (e, de dia, a jejuar nas chamas"; Bonnefoy: "Et à *j*eûner le *j*our dans la prison des *f*lammes" (e a jejurar o dia na prisão de chamas); Lepoutre: "Et pendant le *j*our, à *j*eûner, en*f*ermé dans les *f*lammes" (E durante o dia a jejuar, preso nas chamas), dois sistemas e não mais um só; Déprats: "Et le *j*our à *j*eûner dans mon cachot de flammes" (E o dia a jejuar na minha cela de chamas). Eu proporia: "Et le *j*our en*f*ermé a*ff*amé dans les *f*eux" (o dia fechado esfomeado nos fogos).

Certas metáforas de Shakespeare escaparam a todos. Quando Polônio diz: "I'll silence me even here" (III, 4, 4), Hugo estenderia para: "Moi, j'entre dans le silence dès à présent" (Eu, eu entro no silêncio a partir deste momento), Gide:

---

[22] *Hamlet*, versão francesa por André Lorant, p. 330.

"Je n'en dirai pas plus" (Eu não direi mais nada a respeito disto), Bonnefoy: "Je fais le mort" (Eu me faço de morto), Lepoutre: "J'entre dans le silence à partir d'ici" (Eu entro no silêncio a partir daqui), Morand e Schwob dizendo: "Je vais me cacher ici-même" (Eu vou me esconder aqui mesmo). Pagnol: "Je vais me tenir coi ici-même" (Eu vou me manter quieto aqui mesmo). Déprats: "Je me tais à présent" (Eu me calo a partir de agora). Vittoz diz: "Je vais me cacher" (Eu vou-me esconder). Lorant: "Je garde le silence dès maintenant" (Eu guardo silêncio desde agora). *Ninguém* disse o que diz Shakespeare. Alguma coisa como "je m'ensilencerai ici même" (eu me silenciarei aqui mesmo). Ridículo? Grandiloquente? Polônio, simplesmente.

Não há batalha de *Hamlet* como houve a batalha de *Hernani*. Mas há uma batalha da tradução e para a tradução. Uma batalha pela crítica. Por um pensamento crítico. Se é possível bater-se por uma tradução, e uma tradução é ela mesma um campo de batalha, é porque ela tem um papel maior. Ela o mostra e o esconde ao mesmo tempo. Porque isto é uma prática. Essa aposta é ideia que se faz, numa prática, da literatura e da linguagem. E da prática ela própria. A ideia que se faz da aventura de escrever, do que seja a metáfora, do que é o ritmo. Através destas questões técnicas limitadas ao escritor somente em aparência, é a historicidade dos sujeitos, de todos os sujeitos enquanto linguagem, que está em jogo. A prova é a própria história da tradução. Os laços desta história com a das relações interculturais. Mostre-me como você traduz, eu lhe direi o que você faz com a linguagem, como sua poética é situada numa antropologia. E numa ética. Isto vale para cada prática onde se travam os combates da historicidade. Como no teatro.

A eficácia poética da tradução de *Hamlet* por Lepoutre ("a tentativa insólita e original", para André Lorant) é que ela é tida como agindo na unidade do teatro. Separar a tradução de um lado, a encenação do outro, é um efeito do velho dualismo. Como entre a forma e o conteúdo. A tradução e a encenação são aqui práticas de uma e de outra. A invenção da linguagem na tradução não aparece separada do jogo, que põe e dispõe os valores esperados: assim, o esgotamento da tirada "Ser ou não ser" no fundo da cena, a preferência por outros jogos, como Hamlet avançando-recuando na sombra de Claudius, até as trocas com Rosencrantz e Guildenstern valorizadas. Há uma reinvenção da significância, neste *Hamlet*, que consiste, justamente, como na tradução, em se colocar aquém da escolha de tal ou tal sentido, para que eles sejam todos possíveis, o que restitui seu efeito, por exemplo, no fim, depois da morte de Hamlet. Como certos fins mal afamados de sonetos de Baudelaire conduzem o poema em direção ao fora do poema. É um trabalho que se mostra tanto nos jogos de sombra e luz, no espaço cênico, quanto na tradução. Uma convergência dos efeitos, que é a marca de uma força. Donde a inépcia que há, ainda um ardil da distinção, em separar inteligência de sensibilidade: Uma "constante inteligência, à falta de sensibilidade" (*Le Nouvel observateur*). O sucesso mostra que esta força é comunicativa. No que toca ao estado da crítica, ele apela justamente para a crítica, aquela dos efeitos sociais, efeitos de teoria, da prática, e sua *desconfusão*. Mas, mesmo a crítica distinta, pela sua reação, seus métodos, designa, querendo ou não, o que há de júbilo em uma renovação.

3. O Nome de Ofélia

Em sua conferência de 1960, "Linguística e Poética", Roman Jakobson, para ilustrar o que chamava a função poética, tomava os seguintes exemplos, a seu desígnio, fora da poesia:

"Por que dizeis sempre *Jeanne et Margueritte*, e jamais *Margueritte et Jeanne*. Preferis Jeanne à sua irmã gêmea?" "Absolutamente, mas soa melhor assim". Numa sequência de duas palavras coordenadas, e à medida em que nenhum problema de hierarquia interfira, o locutor vê, na presença dada ao nome mais curto, e sem que ele se explique, a melhor configuração possível da mensagem. / Uma jovem falava sempre de "l'affreux Alfred"*. "Por que *affreux*? – Porque eu o detesto. Mas por que não *terrível, horrível, insuportável, repulsivo*? – Eu não sei por que, mas *affreux* lhe vai melhor"**. Sem dúvida, ela aplicava o procedimento poético da paranomásia[1].

---

* "O amedrontador Alfred" (N. da T.).
** "Je ne sais pas pourquoi, mais *affreux* lui va mieux" (N. da T.).
1 Roman Jakobson, Linguistique et poétique, *Essais de linguistique général*, tradução de Nicolas Ruwet, Paris: Minuit, 1963, p. 218-219. No texto original de Jakobson, o primeiro exemplo é *Joan and Margery* – "it just sounds smoother". O segundo exemplo é "The Horrible Harry", com a exclusão de "dreadful, terrible, frightful, disgusting" e "horrible fits him better", Roman Jakobson, Linguistics and Poetics, *Selected Writings III*, Mouton, 1981, p. 25-26.

Isso foi antes de proceder à sua análise famosa do *slogan* "I like Ike". Poesia à parte, mas fazendo alusão a um estudo de Dell Hymes sobre um "semelhante núcleo" em certos sonetos de Keats. Haveria alguma coisa de análogo quando se encontra em *Hamlet* a ligação *fair Ophelia*. A própria beleza (e a lourice) ela própria.

Naturalmente, estas observações de Roman Jakobson tiveram lugar nesta recusa do arbitrário do signo em Saussure, que ele confundia, como todos os estruturalistas, com o convencionalismo. Segundo os bastidores de uma relação de natureza entre a linguagem e a natureza.

Mas o exemplo de *Jeanne et Marguerite* só ilustrava uma quebra do ritmo no discurso, que tende a colocar antes a palavra mais curta, e no fim a mais longa. Ritmo cultural do discurso, que não tem nada de uma poética, mas que pertence a uma retórica do ritmo.

Do mesmo *o amedrontador Alfred*, *horrible Harry*, que é bem uma paranomásia, é da ordem da retórica. E é justo o discurso que constrói o efeito de natureza: a retomada parcial em espelho dos significantes de uma palavra pelos significantes de uma outra. Quando se trata de um nome próprio acompanhado de uma palavra, tal como um adjetivo, o discurso estabelece uma espécie de equivalência parcial, de onde um efeito de sentido. Fora de todo bom-senso.

Há mistério na paranomásia. Em nome de que ela faz dizer a verdade de uma palavra no discurso de um outro, este não é o sentido que pode dizê-lo. A paranomásia é da mesma ordem da rima, e mais do que os poetas, dela a publicidade se serve hoje. É preciso, pois, que ela tenha uma eficácia além do sentido corrente que temos do sentido. E é verdade que, no fundo, ela desempenha o efeito de natureza. Ela prova, sem que se saiba como nem mesmo exatamente o quê. Ela não faz nada.

É justamente isto que põe à prova, sem entrar aqui numa antropologia da poesia que não acaba, o nome de Ofélia em *Hamlet*. E Ofélia é bela, e doce, o texto nos diz e torna a dizer. Parece, pois, *natural* que *fair* associado a seu nome seria apenas por seu sentido. E *fair* mais que *beautiful*, como no caso do *horrible Harry*. Mas há outra coisa.

Lendo e relendo Hamlet, notei que *cada vez* que aparecia o nome de Ofélia, vinte vezes ao todo, em toda peça, nos diálogos, havia no entorno imediato do nome (quando se pronuncia em inglês naturalmente) certos elementos consonânticos ou vocálicos, mas sobretudo consonânticos, do nome. Uma espécie de efeito de vasos comunicantes, difusão das consoantes de seu nome nas palavras que se avizinham ou, para dizer sem metáfora antecipada, certas palavras comportariam as mesmas consoantes, as mesmas vogais daquelas de seu nome, e estas palavras colocadas nas extremidades, do começo ao fim da peça, não constituem uma lista aleatória, mas um acompanhamento cheio de sentido: o sentido deste nome nesta peça. Estas palavras apelam para o que caracteriza Ofélia e para aquilo que constrói o seu destino.

E no entanto não se trata, não pode se tratar de relações de sentido. Primeiro, porque um nome próprio não tem sentido. É uma designação. Assunto de etimologia, ou de nome falante, como na *Bíblia*, ou na comédia, sendo excluída daqui. Depois, porque não é somente como unidades de sentido, de palavras com seus sentidos, que as palavras são ativas.

Está em questão *um contínuo entre designação e significação*. Está em questão um texto como sistema de seu próprio discurso: ele realiza o que nenhum outro o faz. Aí compreendido na obra do mesmo autor. Por isso, as unidades concernentes não são mais inteiramente unidades da língua. São unidades de um discurso único. Uma semântica sem semiótica. Uma poética.

Por aí, não se trata absolutamente da paranomásia tal como, muito perspicaz, e estranhamente, o analisava Roman Jakobson. Quando se estende a um texto inteiro, ela muda de natureza. Ela não é mais da ordem da retórica. A fonologia da língua, com o material do qual ela se constitui, não dá nenhum valor de discurso a seus elementos. Um fonema não tem sentido. Só um valor de diferencial interno na língua. Nada além de passar a uma semântica pura. Mas, ao contrário, de uma semiótica para uma semântica.

O caso é tal que parece excluído dos problemas habituais do traduzir. Mas a mesma razão que parece constituir o intraduzível, uma vez que a fonologia de uma língua é notoriamente intraduzível, e até Ezra Pound o dizia, exclui praticamente da leitura a coisa, e do sentido, da percepção do sentido. Se limitamos a linguagem ao sentido.

Mas se o abordamos com o que ultrapassa o sentido, como acontece sem cessar, falando, sem esquecer o corpo, lendo, escrevendo, é preciso admitir que, no desconhecido da linguagem há parassemânticas, ou infrassemânticas. Que escapam evidentemente ao sentido. Como a *força*, o que Cícero chamava *vis verborum*, ultrapassa a noção do sentido. Colocando em evidência o obstáculo epistemológico, paradoxalmente, que é a noção de sentido. Mas se há alguma coisa que opera a linguagem, mesmo que seja à beira do legível, à beira do traduzir, é um desafio ao traduzir.

Antes de ver se é um problema de tradução, e naquela medida, é preciso olhar como funciona uma unidade que atravessa as palavras, que não está na ordem do descontínuo, mas uma unidade do contínuo na peça. Sempre a relação entre os personagens, mas como relação de significância. E eu não procurei, eu apenas encontrei Ofélia.

Não é a primeira vez que ocorre semelhante encontro. Sem nenhuma ideia preconcebida a este propósito. Eu notei que em *Os Trabalhadores do Mar* de Hugo[2], em torno imediato ao nome de Gilliat, nas suas numerosas ocorrências, cabiam palavras tendo as mesmas consoantes e que, juntas, descreviam seu caráter e seu destino. O que, em tal massa romanesca, não podia ser uma sequência aleatória nem o efeito de uma intenção. Seria necessário postular, coisa estranha, que a escrita fosse um imenso lapso. Parece-me, diante do que nos foge, mais pertinente postular que isto pertença ao poema. Que não precisa saber o que ele faz para fazê-lo, e ele o faz, e vocês não têm mais necessidade de saber o que ele faz, nem como, para que ele os faça. Aí começa o recitativo na coisa literária, seja ela qual for, romance, teatro, poema.

É o poema da prosódia de Ofélia em *Hamlet*. O nome de Ofélia não tem sentido. Ao menos que não se ligue a nenhuma etimologia perceptível. Ele faria isso, seria sem pertinência. De qualquer maneira, nenhuma alusão neste sentido na peça.

---

2 Mostrei em *Écrire Hugo: Pour la poétique* IV, Paris: Gallimard, 2 v., 1977.

É simplesmente o nome do personagem que o conduz. Ele se prende a suas ações, a suas paixões. Mas desenvolve alguma coisa a mais – sua significância.

É uma semântica da prosódia. Ela faz com que as relações prosódicas (consoantes, vogais) do nome *Ophelia* com as palavras do seu entorno imediato ou muito próximo sejam relações de motivação recíproca. A própria linguagem é aqui – em *Hamlet* – um teatro no teatro. A encenação do nome *Ophelia* desenvolve os motivos sucessivos do medo, do adeus, da beleza, o face a face com Hamlet, como relação ao pai (depois o irmão), o sofrimento, a doçura, a dor, a separação de si mesma, as lágrimas, o adeus e o amor na morte.

Ofélia é chamada vinte vezes. Quatro vezes por Laerte. Polônio, cinco vezes. Hamlet, cinco vezes das quais duas na carta que lê Polônio ele é o último a pronunciar seu nome. O rei, três vezes –, dentre as quais *Affront* (o face a face armado). A rainha, três vezes, mais uma em que ela lhe fala, mas não pronuncia mais seu nome (v, l, 232) – apagamento do nome depois da vida. Seu nome aparece também quatro vezes nas disdascálias: *Enter Ophelia* (depois II, 1, 74), *Lying down at Ophelia's feet* (depois II, 2, 105). *Enter Ophelia, distracted, her hair down, singing* (ato IV, cena 5), e enfim *the corpse of Ophelia in an open coffin* (ato V, cena 1, no cemitério). Eu não me dei conta de quantas vezes há a interação do nome com os significantes do diálogo, porque estas indicações se isentam.

Mas, o que merece, antes de tudo, um pouco de atenção, é que *fear*, que abre a entrada em cena do nome de Ofélia, foi pronunciado duas vezes pelo irmão guardião de sua irmã e uma vez pela própria Ofélia, a que ela acrescenta *affrighted* e *dear*, duas vezes por Laerte, uma vez Hamlet; *tears*, duas vezes Laerte. *Farewell*, três vezes – Laerte, Polônio, e a rainha. Mas *beautified*, duas vezes, é Hamlet e *fair*, duas vezes, somente Hamlet. Com *Nymph*. O rei só fala de seu *fair judgement*, e o irmão, de sua *afair and unpolluted flesh*. *Greef*, é Polônio. E *sweet*, cinco vezes – a rainha, Laerte, e ainda cinco vezes a rainha.

Eu acrescento, justamente, como evocação do significado que Ofélia foi duas vezes qualificada como *poor*, pelo rei e por Laerte.

Ofélia entra em cena no ato I, cena 2, mas permanece uma figura muda e parte. Cena 3, ela está com seu irmão, e a primeira palavra que acompanha, que precede seu nome, no discurso do irmão, é o medo, medo do desejo de Hamlet, quando o irmão lhe manda recusar as investidas do príncipe: "*Fear* it, *Ophelia*, *fear* it, my *dear* sister/ And *keep* you in the *rear* of your *affection*./ Out of the shot and danger of desire" (I, 3, 33-35). Não unir de modo algum "*d*anger e "*d*esire". Seu nome começa cercado pelo medo, e *fear* partilha a consoante de ataque de *Ophelia*, que por sua vez faz par com *dear* e *rear*. Quanto ao sentido, Gide colocou: "Crains cela; crains cela, ma soeur. Chère Ophélie..." (Tema-o, minha irmã. Cara Ofélia). E Lepoutre: "Crains-le, Ophélie, crains-le, ma chère soeur" (Tema-o, Ofélia, tema-o, minha cara irmã). Se lembramos do *horrible Harry*, seria necessário alguma coisa como: "C'est *affreux, Ophélie, affreux*, ma chère soeur" (É *terrível, Ofélia, terrível*, minha querida irmã). Ou: "*Fuis-le, Ophélie, fuis-le...*" (*Fuja dele, Ofélia, fuja dele...*)

Depois Laerte lhe diz adeus. De fato, ele não a encontrará senão louca, e ela não o reconhecerá – *dramatic irony* (conceito que falta à crítica francesa – esta profecia sem o saber, que só o espectador pode reconhecer) em[3] "*Farewell, Ophelia*, and remember well / What I have said to you" (I, 3, 84). *Farewell* é uma palavra que Hamlet dirige três vezes a Ofélia no curso de seu encontro armado (III, 1, 134, 139, 141). A última palavra de Laerte a Ofélia é ainda *Farewell* (I, 3, 87). Em que Polônio, pelo verso seguinte: "What is't *Ophelia*, he hath said to you?" aproxima-se uma vez mais *farewell* de *Ophelia*. O resumo de suas recomendações, "*In few, Ophelia,* / do not *believe* his vows, for they are brokers [alcoviteiros]..." (I, 3, 126), não faz mais do que repetir as injunções do irmão na desconfiança do pai.

Ato 2, cena 1. Polônio dá folga a Reinaldo, e a palavra que ele pronuncia, endereçada a Reinaldo, o adeus, no mesmo verso em que logo ele se dirige a Ofélia, está em contato imediato com seu nome, onde se vê que não é a destinação – quer dizer, o sentido – das palavras que conta, no plano dos significantes, mas

---

3 Para o texto, e a numeração dos versos, sigo a edição de André Lorant, *Hamlet*, Aubier, 1988.

sua posição, e seu efeito, *farewell*, como *fear*, tendo a consoante de ataque de Ofélia: "*Pol. Farewell!/* [Enter Ophelia] How now, *Ophelia*, what's the matter" (II, 1, 74). Ela responde: "O my lord, my lord, I have been so *affrighted*" (v. 75). Um pouco mais longe ela repete (v. 86): "But truly I do *fear* it".

O nome de Ofélia a faz começar no medo, e o adeus desde já à vida, com o adeus à sensualidade. Vítima do irmão, do pai, do rei, e do próprio Hamlet, vítima vitimante.

Depois Polônio explica à rainha a causa, segundo ele, da loucura de Hamlet, e lê para ela uma carta de Hamlet a Ofélia: "To the *celestial*, and my *soul's idol*, the most / *beautified Ophelia*" (II, 2, 110). Comentário do pai: "That's an ill phrase, a vile phrase, 'beautified' is a vile phrase". É nas palavras de Hamlet que é nomeada a beleza de Ofélia, pelo seu amor, e *beautified*, em contato imediato com o nome, participa também, pelo *f*, tanto que o nome entra em eco com *idol* e *celestial* pelo *l*. A carta de Hamlet continua com "*O dear Ophelia*, I am ill a these numbers" (II, 2, 120), que retoma o *dear* de Laerte, mas desta vez imediatamente colado ao nome, não ao termo de parentesco (*dear sister*). Outro amor, misturado ao nome. Desta vez, pelas vogais.

Ato 3, os atores chegaram, os dois espiões Rosencrantz e Guildenstern prestaram conta, o rei vai pôr em execução o estratagema de Polônio para observar o encontro provocado entre Hamlet e Ofélia. O rei diz: "For we have closely sent for Hamlet hither / That he, as 'twere by accident, may here / *Affront Ophelia*. / Her *father* and *myself, lawful espials*..." (III, 1, 30-33). Todo o encontro-armadilha está neste *enfrentamento* que desnatura o face a face entre Hamlet e Ofélia, pois ela conhece o estratagema, e Hamlet o adivinhou, mas finge não saber. Desta vez, o sistema de significantes que vai matar o amor e os que se amam é o que constrói com o nome *Ophelia* um mesmo sistema de significância.

Depois disso, a rainha se dirige a Ofélia: "And *for* your part, *Ophelia*, I do wish/ That your good beauties be the happy cause /Of Hamlet wildness" (III, 1, 39-41). Pelo que, contrariamente ao seu desejo, ela faz entrar no nome a participação de Ofélia na "loucura" de Hamlet. O que o pai não deixa de agravar, insistindo: "*Ophelia*, walk you *here*" (III, 1, 44). Depois disso, no mesmo verso, ele se dirige ao rei: "Gracious, so please you, / We will bestow ourselves ("gagnons notre retraite" [ganhamos nossa reivindicação], diz Lorant)". (Ofélia está), "*ici*" aqui – *here* – na armadilha para Hamlet.

O velho conselheiro, que não sabe se esconder (duas vezes: desta vez com o rei para espiar Ofélia e Hamlet; depois com a rainha para vigiar Hamlet, e a segunda vez lhe será fatal), esconder-se e aconselhar a se esconder, ele não sabe a que ponto fala a verdade, quando enuncia que estas devoções dissimuladas mascaram o princípio do mal: "'Tis too much proved, that whith devotions' visage / And pious action we do sugar o'er / The devil himself" (III, 1, 48-50). Este será com efeito o resultado de sua astúcia.

No momento em que entra Hamlet com sua tirada amarga sobre a morte e a vida, mas que muda de tema e de tom quando vê Ofélia-alívio (*soft*) de seus tormentos: "*Soft* you now, The *fair Ophelia! Nymph*, in thy orisons/ Be all my sins remembered" (III, 1, 89-91). Superlativo prosódico – três significantes imediatamente sucessivos para comunicar a beleza (*fair*), a divindade da juventude e da feminilidade (*nymph*), e a doçura, em três palavras, no nome de Ofélia, que aí se transforma no próprio significante. Mas logo Hamlet falseia o jogo, pois que o jogo estava desde já falseado, com seus sarcasmos, que invertem o amor em ofensa e em obscenidade. É a primeira das duas passagens ao todo em três termos, a segunda será no cemitério. Conclusão do contra-amor, Ofélia, ficando sozinha, acaba em "O, woe is me, [série que tem quase o padrão vocálico de seu próprio nome] / T'have seen wath I have seen, see what I see!" (III, 1, 161-162).

O rei não foi tolo quanto aos excessos de linguagem de Hamlet, e não as atribui de modo nenhum a uma loucura de amor. Polônio está menos lúcido, com sua retórica redobrada, e em plena contradição com aquilo que havia aconselhado anteriormente: "But yet do I believe / The origin and the commencement of his *grief* / Sprung *from neglected love*. – How now, *Ophelia*?" (III, 1, 176-178). *Grief* está em eco inverso a *Ophelia*, a dor de Hamlet é uma contrarrima do nome de Ofélia. E torna-se particularmente, por isso mesmo, com *from neglected love*, a dor de Ofélia.

Cena 2, a apresentação dos atores, Hamlet "lying down at *Ophelia's feet*". Depois, o psicodrama que terminou muito bem, Hamlet convocado para a casa de sua mãe, Polônio escondido morto por Hamlet, anuncia-se à rainha a loucura de Ofélia, que reaparece (ato IV, cena 5), "Enter Ophelia, distracted, her hair down, singing", duplamente louca, louca de dor (por seu pai morto, pelo amor perdido) e demente.

A rainha se dirige a ela, Ofélia responde: "Where is the *beauteous* majesty of Denmark?" (IV, 5, 21). A rainha: "How now, *Ophelia*" (v. 22). Dupla reversão da beleza: ela não o é mais, e é a da rainha, não de Ofélia. Os comentários dizem que Ofélia não reconhece a rainha.

Mais quatro versos de canção, sem pé nem cabeça, quer dizer com todo o sentido de uma reversão do sentido – é o próprio papel da farsa – aqui o reconhecimento de que o *verdadeiro amor* ("true love") se transformou em falso amor, e todas as aparências são invertidas: "How should I your true love know / From another one?" A que a rainha responde ficando apenas no plano do bom-senso, que só compreende o sentido: "Alas, *sweet* lady, what imports this song?" (v. 27). A segunda canção fala da morte do pai: "He is dead and gone, lady, / He is dead and gone /At his head a grass-green turf, /At his *heels a stone*. / O, Ho!" (v. 32-33). A rainha: "Nay, but *Ophelia*" (v. 34). Desta vez, são os significantes da morte que estão em harmonia estreita e em eco com o nome *Ophelia*.

As outras canções misturam a morte do pai e a perda do enamorado, as palavras licenciosas, deslocadas na boca de Ofélia, marcam também a perda do amor. Inversão dos sarcasmos de Hamlet. O rei, que entra depois da segunda canção, intervém com um breve "Pretty *Ophelia!*" (v. 54) – "gentil", traduziu André Lorant. Ofélia continua, tanto que ela não responde; "*Indeed,* la? Without an oath, I'll make an end on't" (v. 57). Onde o *indeed*, em correspondência ao eco vocálico com *Ophelia*, significa, confirma, pela derrisão da indecência, um fim de amor, e retorna também a indecência de Hamlet para com ela, contra ele: "[*Sings*] By Gis and by Saint-Charity, Alack, and *fie for* shame! / Young men will do't, if they comne to't,/ By Cock, they are to blame" (v. 58-61).

Ofélia sai. Seus propósitos são meio razoáveis – "My brother shall know of it", ameaça de reviravolta muito clara – meio-dementes: "Come my coach! Good night, ladies, good night. Sweet ladies, good night, good night". André Lorant acredita que ela imagine "ser a mulher do Príncipe herdeiro"[4]. O que é dito sem dizer, é que ela entra na noite. Em todos os sentidos da palavra *noite*.

Quando o rei examina a situação, falando à rainha, ele se reprova de ter mandado enterrar Polônio às escondidas, ele sente a loucura de Ofélia como uma infelicidade que anuncia outras: "and we have done but greenly [como os azuis] / In hugger-mugger to inter him; poor *Ophelia* / Divided *from herself* and her *fair* judgment, / Without the which we are pictures, or *mere beasts*" (IV, 5, 83-86). *Fair*, para o julgamento, Lorant traduz, "claro". Pode-se muito bem aqui compreender como a tomada dos significantes é de fato diferente da tomada do sentido das palavras, e sua classificação gramatical em palavras vazias ou palavras cheias. Não há mais pleno de significância aqui que este *from* "divided *from herself*" com as duas consoantes do nome *Ophelia*. Definição mesma da loucura, esta divisão consigo mesma, que entra na composição do nome *Ophelia* por suas consoantes, tanto quanto o nome difunde na expressão que a designa, esta expansão recíproca de uma na outra transforma o nome em um significante segundo, que não pára de se modificar do começo ao fim da presença do nome na peça.

Laerte volta, pede contas da morte de seu pai, vê entrar Ofélia louca: "O *hear*, dry up my brains! /*Tears* seven times salt/ Burn out the sense and virtue of mine eye! /By heaven, the madness *shall* be paid with weight, / *Till* our *scale* turn the *beam*. *O rose* of *May*, / *Dear maid*, kind sister, *sweet Ophelia*! / O heavens, is't *possible* a young *maid's* wits? / Should be as *mortal* as an *old* man's *life*?" (IV, 5, 157-163). Aqui, o sistema-Ophelia está longe de ser o único: outros pares fazem alianças de significantes. Este de *maid* e de *May*, apesar de não entrar na composição do nome *Ophelia*, qualifica Ofélia de maneira importante, pois o associa à virgindade da juventude e tudo o que evoca culturalmente o mês de maio. Senão, o que domina é uma semântica serial que liga as lágrimas (*tears*), a afeição (*dear*), a doçura (*sweet*) e a morte. A morte de seu espírito prepara sua morte física, enquanto Laerte só pensa na morte do pai.

---

[4] Idem, p. 380.

Preparativos do rei e de Laerte para assassinar Hamlet. A rainha entra, trazendo a notícia da morte de Ofélia afogada. Toda a fala da rainha mistura Ofélia ao elemento líquido, água já misturada à água pelo elemento das lágrimas – o rio está também "em prantos" ("Fell into the weeping brook"), e Ofélia está "mermaid-like" ("como uma ninfa", traduz Lorant) e com efeito *mermaid* é o equivalente mitológico, divindade das águas, da *ninfa* (grega), palavra com que Hamlet qualificava Ofélia. Que torna-se "like a creature native and indued / Unto that element" (IV, 7, 180-181), como se a morte fosse o retorno a seu elemento. A reação de Laerte, retórica também empolada e de mau gosto como a de seu pai, mas sobre o mesmo tema, pretende (em vão aliás, ele chora) não lhe juntar a água de suas lágrimas, para não a afogar mais, sem dúvida, o que diz o texto do primeiro quarto: "Too much of water hast thou, Ofelia; / Therefore I will not drown thee in my tears". Mas o fólio: "Too much of water hast thou, poor *Ophelia*, / And *therefore* I *forbid* my *tears*"! (IV, 7, 186-187). Aqui ainda se opõe a gramática lógica, que nega as lágrimas, aos significantes que a negação (*forbid*) só faz apresentar, tornar presentes, e que misturam as lágrimas e o nome de Ofélia.

Mas tudo, em *Hamlet*, está sob o signo, até velado, dos significantes: o Normando que fazia o elogio de Laerte com a esgrima se chama Lamord (IV, 7, 92).

Ato 5, no cemitério, cena 1. O rei, a rainha, Laerte acompanham o corpo de Ofélia, "the corpse of *Ophelia* in an open *coffin*". Laerte diz, a três versos de distância do nome *Ophelia*, mas pronunciado por Hamlet: "And *from* her *fair* and *unpolluted flesh* / *May violets* spring" (V, 1, 227). Para o guardião de sua irmã, a beleza e o frescor de sua carne se dissociam do amor. Uma outra primavera é chamada a vir, Laerte manuseava já a violeta, "A violet in the youth of primy nature" (I, 3, 7) para afastar Ofélia de um amor de primavera. / Quanto às violetas de que falava Ofélia, "elas fanaram quando meu pai morreu – they withered all when my father died" (IV, 5, 184-185).

Neste momento somente Hamlet oculto compreende que é Ofélia que se enterra: "What, the *fair Ophelia*!" (V, 1, 231). E a rainha diz: "[Scattering flowers] *Sweets* to the *sweet*. *Farewell*. / I hoped thou shouldst have been my Hamlet's *wife*. / I thought thy bride-bed to have decked, *sweet maid*, / And not t'have strewed thy grave" (v. 232-235). É a série mais longa dos significantes de *Ophelia* em proximidade imediata (eles estão mais dispersos nas palavras de Laerte um pouco mais alto, v. 157-163). O que é notável é que *sweet*, redobrado, é colocado entre *fair* e *farewell*, e nesta figura prosódica se condense o retrato e o destino de Ofélia. Ela é a personagem, salvo erro, a quem se diz mais adeus em *Hamlet*. E começa e acaba quase – mas este quase me parece capital – em *Farewell*: o *Farewell* de Laerte (i, 3, 84), chamando Ofélia pela décima vez, e o da rainha, perto da tumba.

Mas há uma última réplica de Hamlet. Laerte se lança no túmulo aberto, pronunciando palavras de tal retórica que fazem Hamlet sair de seu esconderijo. Segundo o jogo de cena do primeiro Quarto, ele se lança também no túmulo de Ofélia e, rivalizando a ênfase com Laerte, declara seu amor por Ofélia: "I *loved Ophelia. Forty* thousand brothers / Could not, with all their quantity of *love* / Make up my sum" (v, 1, 257). Nisto há ainda um lugar para distinguir a figura de retórica (hipérbole ou exageração), o sentido das palavras (alguma relação entre "Ofélia" e "quarenta") e a implicação recíproca de uma paranomásia continuada, tomada através de toda a peça, tanto que ela transborda de uma retórica para tornar-se uma poética: um sistema do texto, uma semântica serial. Aqui, hiperostensivamente, o amor de Hamlet entra no nome de Ofélia, e o cerca, mas tanto na morte quanto para além da morte.

Fim do nome *Ophelia* em *Hamlet*. Quando, ao fim do duelo logrado pelo rei, Hamlet morre envenenado, ele evoca por Horácio, o "nome ferido" que deixará atrás de si, se Horácio não contar – "O God, Horatio, what a wounded name, / Things standing thus unknown, shall I leave behind me!" (v, 2, 335-336). O nome de Ofélia também é um *nome ferido*.

Descobrir as leituras novas, é o que se procura sem cessar. Basta um olhar novo. É a tarefa da poética do ritmo, e do contínuo na linguagem. Não somente da hermenêutica. Não a mesma coisa. Nem do mesmo modo. Criar também um problema novo.

Entre outros, um problema de tradução. Insuperável à medida em que *Bela Ofélia* não realize mais tudo o que realiza

Fair Ophelia. Restam aproximações, para outros significantes, à pena das traduções no sentido corrente da palavra: *frêle Ophélie, folle Ophélie*. O que pode-se legitimamente julgar inaceitável. Mas também é que não se quer compreender o problema.

A não concordância contribui para o ensurdecimento. Por exemplo, quando para esta palavra tão simples – mas tudo o que é *simples* é falsamente simples – *sweet*, cinco vezes empregada na peça à propósito de Ofélia, André Lorant traduz tanto por *doce*: "sweet lady" (IV, 5, 27), diz a rainha – "doce senhora"; mas *amável Ofélia*, quando é Laerte (IV, 5, 161), para "sweet Ophelia"; e *doce* de novo: "À doce, estas flores doces" (V, 1, 232) e "doce jovem" (v. 234) para "Sweets to the sweet" e "sweet maid".

Trata-se de abrir os problemas do traduzir. Não de os fechar. A conceptualidade do descontínuo da linguagem os fecha. É mais fecundo para traduzir colocar em ação a significância, a pluralidade semântica da prosódia. O que mobiliza ainda a questão do *por que* se traduz – do que se entende que seja uma tradução.

4. Os Silêncios do Pentâmetro Iâmbico

Traduzir Versos

A métrica não tem bom ritmo entre os tradutores. Será a evolução do gosto poético, este efeito social das aventuras de uma poesia? Na França, a relativa ruptura com o século XIX, século poético, isto é, uma tradição dos versos clássicos, já fortemente mortificada pelo neoclássico, produziu o verso livre. Houve, bem antes do romantismo, a tradução em prosa dos poemas em verso. A *crise* da tradução em verso começa com a querela dos Antigos e dos Modernos. Velha questão. Não é mais uma crise.

Goethe o testemunhava em *Poesia e Verdade*. A coisa toca nos universais da linguagem, particularmente da poesia e ainda, é estranho dizer, muito pouco conhecidos, mas também é uma variável cultural. Não se tem por toda parte o mesmo sentimento da relação entre a poesia e a escritura em verso. O caso mais patente que conheço é a diferença entre o sentimento russo, que não rompeu com o século XIX, querendo que a poesia seja o verso, tanto que os tradutores russos, os dos anos 30 aos 70, pelo menos, compunham rimas para os poemas surrealistas franceses que eles traduziam e que não as tinham, enquanto os tradutores franceses acreditavam, e acreditam hoje, fazer ouvir o poema traduzindo pelos pseudoversos livres, os poemas métricos e rimados de Mandelstam[1] e de Pasternak. Todos traduzem seu próprio sentimento poético que é cultural, em vez do texto em sua cultura. Um vínculo de continuidade no século XIX em russo, uma relação de ruptura em francês. Todos traduzem mais sua ideia da poesia que os poemas.

Esta identificação entre os versos e a poesia situa e limita o julgamento de Efim Etkind, em *Uma Arte em Crise*[2], mas garante no entanto sua pertinência e força, em seus limites, para o que ele chama a "desfuncionalização" no seu "prefácio pragmático – Qual é o Propósito da Tradução em Verso?"[3] É certo que os epigramas, os *limericks*, tudo o que brinca com os efeitos de simetria e de sonoridade, gnômico ou paródico, perde a graça quando, em tradução, só resta o sentido das palavras.

Mas não há, e não há mais a opor, num poema, como o pensamento clássico do signo estabeleceu de saída a rotina, o sentido, de um lado, e do outro a cadência ou o ritmo. Como fazia Roger Caillois, que citava Etkind. É ainda cair na armadilha de colocar que o sentido aí não é o "traço principal"[4]. Se, justamente, "um texto poético é sempre um sistema de conflitos"[5], como ele mesmo postula.

Traduzir deve, pois, lidar com o desafio de todos esses conflitos. Quer dizer, não resolvê-los – no sentido de os acalmar, não guardando deles mais do que um dos termos, cada vez. O que, claramente, condena a tradução dos versos pela prosa – uma vez que ela volta a reter apenas o sentido. Erro profundo sobre a própria natureza da prosa – *das* prosas.

Há, no entanto, uma tradição de renúncia. Baudelaire se inscrevia aí, opondo como única alternativa a "moldagem da prosa" ou "uma macaquice rimada"[6]. O que contestava Valéry, escrevendo em 1944 no *Variações sobre as Bucólicas* que

---

1 O que faz Philippe Jaccottet, em *D'une lyre à cinq cordes*, Paris: Gallimard, 1997. Eu lembro, de passagem, que se deve pronunciar *Mandelchtam*.
2 *Un Art en crise: essai de poétique de la traduction poétique*, Lausanne: L'Âge d'homme, 1982.
3 Idem, p. 1.
4 Idem, p. 13.
5 Idem, ibidem.
6 Em "La Genèse d'un poème. Introduction", em 1859, a propósito dos poemas de Edgar Poe. Passagem citada por Efim Etkind, op. cit.

um poema "deve criar a ilusão de uma composição indissolúvel de *som* e *sentido*". Ele pensava nos limites do pensamento do signo.

Ainda é preciso não identificar o verso e a poesia. Traduzir versos em versos, como se observa na maioria das vezes, é aproximadamente elaborar versos, mas estes versos não pertencem mais à poesia. A saída, em seu princípio, é conhecida, pelo menos a partir de Du Bellay. É o que Efim Etkind chama, junto com muitos outros, uma "transposição criativa"[7]. Mas a preço de uma nova defesa e ilustração da língua francesa, e continuando a ouvir anapestos em verso francês.

Donde a ambiguidade do julgamento de Etkind sobre a "a crise fatídica que atravessa a tradução na França"[8]. De fato, quando se confronta por exemplo Rilke com seus tradutores, não é dos versos, das métricas que se colocam em rivalidade, mas de um poeta a não poetas. Nenhuma crise nisto. A própria banalidade: os arautos do gênio da língua possuem tudo, salvo justamente o gênio. Du Bellay já o dizia. Não há crise entre Lorca e Jean Prévost. Nenhuma crise quando Celan traduz Mandelstam. Em versos. Nem quando Valéry traduz *As Bucólicas* de Virgílio. Em versos. Mas Chateaubriand traduz Milton em prosa[9].

A noção de crise não encontra à toa o tema da poesia intraduzível, transformado no de "tradução criativa"[10]. Em suma, trata-se sempre de provar que traduzir é possível.

Conclusão de Efim Etkind: "Não se pode, não se deve traduzir os versos senão em versos"[11].

Mas a questão não é a da diferença entre versos "regulares e clássicos" e versos livres. É a da diferença entre um poema e versos.

---

7 Idem, p. 51.
8 Idem, p. 224.
9 É esta contradição entre verso e prosa que faz o sentido da epopeia em Chateaubriand, como o expõe Claude Mouchard. Ver Traduire Milton en prose?, *Revue d'Histoire littéraire de la France, les traductions dans le patrimoine français*, mai-juin 1997, ano 97, n. 3; e é também a fundação de uma poética não "normativa" que se coloca com este propósito, para além da poesia em verso, Jean-Louis Backès, Poétique de la traduction, *Revue d'Histoire littéraire de la France...*, n. 3.
10 E. Etkind, op. cit., p. 253.
11 Idem, p. 276.

A rima, como diz bem Efim Etkind, não é "um simples ornamento sonoro, ela não é um 'eco', é um princípio de composição, o motor do ininterrupto"[12].

Comparar métricas – é a questão que coloca Efim Etkind: "quais os meios para colocar em francês o pentâmetro iâmbico dos dramas de Shakespeare, de Goethe, de Schiller, de Púchkin, de A. Tolstoi?"[13], e "os finais dactílicos, os versos da poesia popular"[14] –, é parar no verso, esquecendo o poema, ou tomando o verso pela poesia. Esquecendo o vínculo da historicidade entre uma métrica e um poema.

O Pentâmetro Iâmbico

Truísmo o de confessar que todo exemplo é particular. Mas só há particulares, e ainda particulares, para compreender o que eles podem ter em comum, o que em outra parte se pode tirar da experiência. Eu me abstenho de legislar. Tento somente observar um caso concreto, de viés: fora da tradição recebida, para ver o que ele impede de ver. Do mesmo modo que o signo impede de ver o contínuo do ritmo. Diante da regência generalizada, e autoritária sem o parecer, de uma autoridade, de uma versão autorizada, só há uma saída, tomar o viés de um outro olhar. A teoria do ritmo mantém Apollon Loxias. O Oblíquo.

Escolhi o caso do pentâmetro iâmbico. Por causa de Shakespeare. E por implicar com os métricos. E versificadores. De outras relações constroem menos histórias. Como entre o tetrâmetro iâmbico russo e o octassílabo.

O pentâmetro iâmbico esconde e mostra ao mesmo tempo que é um decassílabo. É no entanto como tal que ele apresenta um contemporâneo de Shakespeare, George Gascoigne, numa definição conhecida "I can beste allowe to call those Sonets whiche are of fourtene lynes, every line conteyning tenne syllables. The first twelve do rime in staves of foure lines by crosse meetre and the last twoo ryming together do conclude the whole" (Eu não saberia melhor do que aprovar chamar Sonnets estes [os

---

12 Idem, p. 232.
13 Idem, p. 155.
14 Idem, ibidem.

poemas] que são de quatorze linhas, cada linha contendo dez sílabas. As doze primeiras rimam em estrofes de quatro linhas para metro cruzado e as duas últimas rimando juntas concluem o todo)[15]. A própria definição do soneto de Shakespeare.

Mas a definição deste verso como pentâmetro iâmbico (o padrão do verso sendo de cinco iambos: x / x / x / x / x /) produz efeitos de teoria: ela induz a uma concepção métrica em que a alternância de uma posição acentuada e de uma posição não acentuada é privilegiada – tende-se só a conservar os acentos métricos, cinco. Conhecem-se, e aceitam-se, algumas irregularidades, tão regulares que elas quase não compareçem mais como irregularidade, assim | / x x / | em começo de verso. Substituições não acentuadas por acentuadas podem reconduzir o verso a quatro ou mesmo a três acentos. Substituições acentuadas trazem o verso até oito acentos. Mas alguns tendem a recusar os acentos linguísticos que se apresentam em mais de cinco acentos métricos. De outro modo, recusa-se eventualmente a realidade linguística em nome de uma virtualidade métrica: privilegia-se o metro contra o ritmo.

Ora, há tais pacotes rítmicos nos sonetos de Shakespeare. A intensidade rítmica, a intensidade semântica são uma só e mesma intensidade. Em "Thoú blínde | fóole lóve |, whát doóst | thoú to | mine eyes" (sonnet, 137) é praticamente o que Gerard Manley Hopkins chama *Sprung rhythm*.

Paradoxalmente, olhar o pentâmetro iâmbico como constituído não de cinco iambos, mas de dez sílabas, libera ao mesmo tempo a métrica e o ritmo e corresponde melhor à realidade do verso, como ritmo do discurso, sem esquecer a cesura, mais frequentemente no mesmo lugar tradicional que no decassílabo francês ou no hendecassílabo italiano (de Dante) – a quarta ou a sexta, às vezes a quinta. De fato, o seu final não acentuado extramétrico, dito "feminine ending" o aproxima do verso italiano mais do que do decassílabo francês – que era dito, no século XVI, "versos de dez ou de onze".

O pentâmetro iâmbico silencia o decassílabo que é. Primeiro silêncio.

---

15 George Gascoigne, *Certayne Notes of Instruction Concerning the Makin of Verse or Ryme in English*, em 1575. Citado por Jean Fuzier, *Les Sonnets de Shakespeare*, Paris: Armand Colin, 1970, p. 113.

Um segundo silêncio ou apagamento interfere, quando o alexandrino francês (acrescentem, é quase um pleonasmo, acadêmico) é o meio a que se recorre para o transpor em tradução. Pela razão primeira que sua cesura na sexta instala um reinado da simetria, logo monótona (os *verdadeiros* alexandrinos não são jamais monótonos); pela razão segunda que para fazer o verso os rimadores o empanturram de clichês.

Um terceiro e último silêncio é sua colocação em prosa. Pelo que é preciso ouvir a prosa não como ritmo, mas como enunciado e simples tradução do sentido das palavras. Desaparecimento do verso, desaparecimento dos *enjambements*, esses conflitos entre a frase e o verso. Desaparição das rimas e assonâncias (mas Jouve as procura, o que marca sua tradução). Desaparecimento da "sábia musicalidade dos *Sonetos*"[16], uma "alquimia do verbo rigorosa e metódica"[17].

Tudo num outro e antigo silêncio, tendo o ritmo como a organização do movimento da palavra.

Um silêncio coberto pelo barulho que realiza o gênio da língua: André Gide, por exemplo, repetindo de outros o que os outros repetem a partir dele – "A língua francesa se mostra particularmente rígida. Ela não tem mais esta agradável plasticidade que permitiu a um Ronsard ou a um Montaigne suas maravilhosas invenções verbais"[18].

Os Versos em Verso ou os Versos em Prosa

Poderíamos acreditar que diante da tarefa de traduzir um poema em verso só há duas espécies de tradutores, à Du Bellay, os poetas e os outros – seja especialistas da língua, seja amadores, profissionais de tradução. Em realidade, os resultados mostram que a situação é menos simples: as traduções de poetas por poetas não são sempre poemas de poemas, pode-se apenas constatar que algumas o são: e que aquelas dos não poetas

---

16 Jean Fuzier, L'Art de Shakespeare, op. cit., p. 125.
17 Idem, p. 155.
18 Avant-propos à Shakespeare, *Oeuvres complètes*, Paris: Gallimard, 1959, p. IX, (Bibliothèque de la Pléiade).

com efeito não são poemas, mas antes o amor pela poesia. Que atinge também os poetas.

Isto não é de modo algum a mesma situação que a dos outros modos de escrita, romanesca, teatral, filosófica. Pois não é menos observável que não basta ser romancista para traduzir um romance, como uma escrita e segundo sua escrita. Já vimos no caso de Calvino. É o de Vialatte, e ainda mais longe, o de Kafka. Mas Antoine Vitez, não é difícil de mostrar, será considerado adiante, traduz teatro – o de Tchékhov – como um homem de teatro. A situação se inverte em relação aos poemas, e nesse sentido tradutores que não são autores revelam-se verdadeiros reescritores, ou simplesmente escritores – o que, o primeiro a mostrar foi sem dúvida Ezra Pound, em seu *ABC da Literatura*.

Quanto aos filósofos, sua má educação desde que se trate de teoria da linguagem obriga a constatar que eles fazem como se estivessem trabalhando em língua adâmica, descuidados de uma poética do pensamento, os olhos voltados para o céu – a transcendência – como os cegos no poema de Baudelaire.

Na aparência, não há senão dois partidos a tomar, diante dos versos para traduzir, o de traduzir em versos, o de traduzir em prosa. Mas é preciso ver o que se entende por verso, o que se entende por prosa. E sua relação com o que se entende por um poema.

Em alguns casos examinados (sem nenhuma pretensão, Deus guarde, à exaustão) não encontrei senão símile-versos. Sendo a forma preferida do símile-francês o símile-alexandrino.

Sou levado a constatar que não há dois partidos diante de poemas em verso frente ao problema de uma métrica para traduzir. Em realidade, existem quatro: traduzir em verso; traduzir em linhas que funcionam como se fossem versos mas não o são e se protegem de sê-lo; traduzir em prosa; traduzir naquilo que se parece à prosa, mas que consegue enfiar quase-versos e versos, um após o outro, os dois quase construindo duas formas simétricas de denegação.

Para Yves Bonnefoy: "Se há poesia é porque se quis que a parte sonora das palavras seja escutada"[19], uma forma contra

---

19 Traduire en vers ou en prose, prefácio dos *Poèmes*, Paris: Mercure de France, 1993, p. I.

um sentido é a prosódia – "E esta fatalidade pede que se traduza em verso o que foi escrito em verso"[20]. É o que se pensou por muito tempo, que permanece "inatacável", e que compreende em termos teológicos – "esta forma em que o Um se revela"[21]. Mas houve retorno.

Distanciou-se disto, razão pela qual esta forma poética é determinada pelas convenções, e que "as convenções prosódicas são a marca dos grandes aspectos da cultura de um tempo, o que há de mais essencial à transgressão que é concluída em seu quadro"[22]. Ei-los colocados do lado da significação, não mais dos significantes, em nome de uma noção – igualmente convencional – de que a escrita é uma ruptura.

A liberdade do tradutor, por este raciocínio cômodo, mas enganado, é pois de não "se submeter a uma estrutura já precisamente decidida"[23]. Sob pretexto de "reviver em toda sua profundidade o debate da palavra e da presença"[24], o tradutor deve "recriar na escrita da tradução o efeito"[25] o recurso a uma forma que precisamente não está mais lá.

O verso livre, em relação ao verso regular, deverá "compensar esta falta"[26] por uma "atenção mais afastada daquilo que se joga nestas profundezas das relações narrativas de palavras onde a forma deve incidir"[27]. Mas esta forma era a forma do verso. Ela não o é mais.

Citando-se a si próprio:

É preciso salvar o verso quando se quer traduzir Shakespeare, ou qualquer outro poeta, senão perde-se o essencial do que eles tentaram realizar. E a tradução que eu diria literária, esta prosa sutil, ornada, que mantém a ilusão de que ela preservou a especificidade poética, é evidentemente perigosa[28].

---

20 Idem, p II.
21 Idem, p III.
22 Idem, p. IV.
23 Idem, ibidem.
24 Idem, ibidem.
25 Idem, ibidem.
26 Idem, p. V.
27 Idem, ibidem.
28 Comment traduire Shakespeare, prefácio à tradução do *Roi Lear*, Paris: Mercure de France, 1991, p. VIII.

Bonnefoy logo enuncia porque ele "traiu o belo príncipe"[29].

Primeira razão, "o verso não é o primeiro dado de nossa recepção destes textos, pois para os olhos como para o ouvido, este elemento de base é a estrofe"[30]. Mas a estrofe só é estrofe quando feita de versos, e de um esquema de rimas. Além disso, com a "riqueza das rimas"[31].

Depois, são os "quadros" que são privilegiados. A comparação com a pintura só faz mascarar o que se passa nas unidades do conteúdo, do relato. As unidades do signo. Com as da forma não se teria saído disto. "E lá está a razão pela qual, para traduzir este texto [o dos poemas], achei bom fazer escolha da prosa"[32]. Dirigindo-se a prosa a evitar os clichês de retórica. Mas os clichês são indiferentes à diferença entre verso e prosa. A prosa nunca foi uma garantia contra os clichês.

O bloco tipográfico se vê gratuitamente atribuindo virtudes estróficas que não tem de maneira nenhuma, e ele é apenas um bloco tipográfico. E eis como "o princípio, que é preciso traduzir o verso por verso, perdeu o seu valor universal".

Algumas generalidades sobre o desejo, o eros, a presença, e se passou do verso à imagem: "se a imagem triunfa, o texto nascido desta lucidez vencida terá talvez no máximo podido falar da poesia, neste ponto em que por um momento a ela se renuncia"[33]. O autor não se deu conta da diferença entre *dizer* e *falar de*.

Enfim, Yves Bonnefoy "resignou-se à prosa"[34]. Fim do princípio. Resta a "constatação de nossa inabilidade"[35].

Alguns Tradutores

Swinburne louvava, parece, com entusiasmo a tradução de François-Victor Hugo. Charle-Marie Garnier via-a como "ultrarromântica", ao menos como reconstrução: "François-

---

29 *Poèmes*, p. VI.
30 Idem, ibidem.
31 Idem, p. VIII.
32 Idem, p. IX.
33 Idem, p. XIII.
34 Idem, p. XIV.
35 Idem, ibidem.

-Victor Hugo como um carpinteiro preparou cena a cena um drama bilhante e vigoroso como sua tradução, ultrarromântica, no entanto"[36].

Hugo, o filho, via assim a linguagem dos sonetos:

> O Inglês, este jargão bruto, tão refratário às assonâncias, tão munido de consoantes, Shakespeare vai lançá-lo à fundição do soneto e retirar de lá uma língua quente, cintilante, harmoniosa, toda cinzelada de antíteses e de conceitos, que será a língua de Romeu e Julieta, de Otelo e de Desdêmona[37].

São para ele "estas admiráveis poesias em que o maior poeta da Idade Média deu a chave de seu coração segundo a expressão de Wordsworth"[38]. Ele passou seu prefácio refazendo a unidade perdida do homem e do livro, a "ordem lógica"[39] dos sonetos. Nenhuma palavra do tradutor sobre a sua tradução.

Seus comentários ora reprovam tal expressão de seu emprego numa das peças, ora são de ordem histórica e comparativa (com Molière, frequentemente), ora evocam tal passagem de Victor Hugo, ora citam a tradução de Guizot[40].

Charles-Marie Garnier menciona ele mesmo, sobre seu "ensaio de interpretação", o aval de Henri de Régnier, que "tinha tido a estranha e singular impressão de ouvir duas vozes, – os versos franceses e o acento do original"[41].

A tradução de Pierre Jean Jouve, em "prosa artística" é, segundo Etkind, um "modelo"[42]. Jean Rousselot, em prefácio à

---

36 W. Shakespeare, *Les Sonnets*, tradução Charles-Marie Garnier, Paris: Les Belles--Lettres, 1926, p. xv.
37 *Les Sonnets de William Shakespeare*, traduzido pela primeira vez inteiro por François-Victor Hugo, Paris: Michel Lévy frères, 1857, p. 22.
38 Idem, p. 33.
39 Idem, p. 48.
40 *Oeuvres complètes de Shakespeare*, traduzidas do inglês por Letourneur, nova edição revista e corrigida por F. Guizot e Amédée Pichot, Paris: Ladvocat, 1821.
41 W. Shakespeare, *Les Sonnets*, op. cit., p. XXIII. Uma primeira versão, intitulada *Les Sonnets de Shakespeare: Essai d'une interprétation en vers français*, foi publicada em dois fascículos dos *Cahiers de la Quinzaine* de Péguy, 7º caderno, décembre 1906 (Sonnets 1-74), e 15º caderno, mars 1907 (Sonnets 75-154). A versão de 1906-1907 separa as três quadras e o dístico final por um branco; o de 1926 não o faz mais. E o tradutor modificou certos versos na segunda versão. Dou o texto de 1906, mencionando as variantes.
42 E. Etkind, op. cit., p. 212.

sua própria tradução: "Se eu não acrescento menos minha tradução a de muitos outros, de que a mais bela é, no meu conhecimento, a de Pierre Jean Jouve, é porque eu não me resignei jamais de acreditar que o adjetivo 'impossível' seja poético"[43]. O elogio é unânime.

Parece-me ser no entanto relativizar. A tradução de Jouve, comparada a de pobres mecânicas versificatórias, manifesta um senso poético que elas se esforçam em vão por imitar. É uma tradução de poeta. Mas este não é um poema de poema. O que sobressai ao mesmo tempo das explicações de Jouve e da escuta de sua tradução.

Como as desritmizações, as desprosodizações batizadas *prosa* – e que fazem injúria à noção de prosa – responderiam à "ourivesaria verbal", "à forma mais breve, de um verso composto de palavras monossilábicas", como diz Pierre Jean Jouve?[44] Jouve insistia na "dialética" dos *Sonnets*, "uma construção comprimida de deduções e induções afetivas"[45], "grande fenômeno de experiência e de poesia"[46], uma "verdadeira força *ética*"[47] e aquela "pelas 'rimas'".

Como se satisfazer com seguidas banalidades, tal como "traduzir a poesia é coisa árdua, que não pode jamais satisfazer inteiramente"[48]. Jouve alinha duas razões: a dependência que teria, mais que toda outra expressão, a "Poesia" para com uma língua "cujos harmônicos são próprios", razão agravada, em Shakespeare, "por causa da violência da matéria" – mas lá, não se trata mais da *língua*; e uma segunda razão: "a enorme distância entre sua língua barroca e nossa língua pouco acentuada e pouco ritmada"[49]. Onde se encontra nosso gênio familiar, o da língua, com suas confusões entre língua e discurso, e a ideia recebida de que o francês não tem (ou pouco) ritmo.

---

43 W. Shakespeare, *Sonnets*, texto inglês, apresentação e tradução de Jean Rousselot, edição Chambelland, 1975, p. 20.
44 Em seu prefácio Sur les sonnets de W. S., W. Shakespeare, *Sonnets*, versão francesa por Pierre Jean Jouve, Paris: Le Sagittaire, 1955, p. 17; reeditado em Paris: Gallimard, 1975 (Poésie).
45 Idem, p. 19.
46 Idem, p. 21.
47 Idem, p. 22.
48 Idem, p. 23.
49 Idem, ibidem.

A dialética acomodada do desritimador interfere então – argumento conhecido – para colocar que, contra a bela infiel, "o pior da infidelidade pode se tornar o melhor da fidelidade. Distanciando-se como é preciso da letra, ela aproxima o espírito"[50]. É o âmago da questão. O pensamento tradicional tem *necessidade* do signo, da separação entre *a letra* e *o espírito*. Em nome de que ele pode fazer tudo e, estranha contradição, tanto se satisfazer com pouco e se dizer eternamente insatisfeito.

O que nos fica, no entanto, é que Jouve era do partido do descentramento, contra o partido da anexação: "É preciso fazer o contrário de 'afrancesar'; é preciso levar a poesia francesa até os meios poéticos de uma outra língua, e que ela rivalize com a estrangeira. É uma batalha"[51]. Sim, mas os meios deste programa?

Eles são bem contraditórios, mas não no sentido em que manteriam uma tensão, como o queria Jouve.

Não são os versos: "Não era questão de traduzir em verso, de fazer corresponder um verso silábico francês ao metro inglês"[52]. Por isso, uma prosa "interiormente organizada". De fato, *compreendemos* bem rápido que ela está cheia de versos – alexandrinos –, então que ela se oferece como prosa. Jouve queria "evitar o erro do alexandrino afogado"[53]. É no entanto o que se dá.

Jouve evoca os "diversos meios que desenvolveram o poema em prosa"[54], mas anuncia: "Um jogo de assonâncias que deve apoiar o efeito das diferentes medidas"[55]. É a definição da *prosa poética*, não a do *poema em prosa* – pelo menos como Baudelaire o apresentava. E mais, os alexandrinos são aí tão numerosos que, retoricamente, a prosa poética não os quereria. Não os queria. A realidade é que isto não é prosa. Mas versos que escapam com interstícios de não contado.

Jouve "renunciou por princípio à medida do século XVI", ou ele acrescenta: "mas é claro que eu devia também retornar

---

50 Idem, ibidem.
51 Idem, ibidem.
52 Idem, p. 24.
53 Idem, p. 25.
54 Idem, p. 24.
55 Idem, p. 25.

ao século XVI"⁵⁶. O que ele pensa obter pelo recurso aos arcaísmos: "Por quantos arranjos (supressão de artigos e pronomes, uso da inversão), e pelo emprego de muitos termos do velho francês, desejei estabelecer referências, permitindo sentir a relativa distância entre nós e Shakespeare"⁵⁷. Mas estes arcaísmos de palavras e, sobretudo, de gramática são elementos pontuais, alusões, e, aliás, curiosamente, para compensar talvez, eles já fazem demais. Esta mimética cheira a factício, a amaneirado – não Pézard, mas quase – em relação a Scève, aos contemporâneos franceses da Pléiade, a Jodelle.

Ilusória dialética, ela opõe, num modo que evoca explicações homeopáticas, esta "transposição, entre o verso inglês duro e rápido, e a prosa francesa sinuosa. Somando tudo, os dois sistemas são contrários, e é destes contrários permanentes que deve se formar a verdadeira similitude"⁵⁸. A realidade é confessada aliás: "Eu não escondo que as cores em francês foram às vezes reforçadas, para o único fim de dar ao poema uma vida justa que lhe basta. Então foi necessário enfrentar o texto para trazer o texto"⁵⁹. De diminuição em diminuição, esta dialética esfuma "a própria imagem de Shakespeare". Jouve a relança, pois, para recuperá-la. Ele sobre-shakespeariza Shakespeare, colocando o título da peça *Love's Labour's Lost* (Penas de Amor Perdidas) no soneto 30: "chorar novamente pena de amor perdido" (alexandrino) para "And weep afresh love's long since cancelled woe" (v. 7).

A técnica não é ligada ao problema do verso. É uma procura da imagem do pai perdido. Vialatte faz o mesmo com Kafka, como veremos adiante.

Compreendemos melhor então porque Jouve insiste na noção de *substância*: o poema traduzido deve ser "constantemente nutrido da *substância* do poema estrangeiro"⁶⁰.

Mas "todos estes atentados"⁶¹ foram "cometidos por amor". Nesta ilusão mantida, a versão de Jouve desempenha o papel ambíguo, o de passar como uma poética porque ela visa

56 Idem, p. 24.
57 Idem, p. 26.
58 Idem, p. 25.
59 Idem, ibidem.
60 Idem, p. 23.
61 Idem, p. 26.

o poema, e é verdade que ela o faz, mas ao mesmo tempo ela sobrearcaíza e desistoriciza, fingindo ser poema em prosa. Reputada a melhor, ou a menos má das traduções francesas dos *Sonnets*, ela se beneficia de sua ambiguidade, *entre* a platitude versificada, o puro transformado em enunciado sentido por sentido, e o poema original do qual apesar de tudo ela pretende oferecer a imagem. Imagem vista de longe.

Jean Fuzier[62] é "um dos melhores tradutores franceses dos *Sonnets*" para Etkind[63] – versos regulares rimados, mas "pode-se reprovar Jean Fuzier de um certo esquematismo, esta limpeza muito francesa do pensamento e das imagens, e um racionalismo que leva à prosa"[64]. Jean Malaplate, um dos últimos tradutores, estima que ela "sobrepasse de longe [...] as versões anteriores, tão mais por sua qualidade literária do que pela sua estrita fidelidade"[65].

Mas há uma certa compulsão no retraduzir. Aqui ela é paradoxal: geralmente retraduz-se na mesma medida em que, explicitamente, estamos insatisfeitos com as traduções precedentes, e sobretudo desejamos alcançar o texto original, desfrutando, por sua vez, a delícia e o tormento. Por trás de um elogio, a motivação permanece necessariamente a mesma, mas torna-se implícita.

Os tradutores dos sonetos de Shakespeare foram sobretudo o eco dos enigmas do texto e das discussões sobre a organização da coletânea. Alguns, a ponto de a refazer, como François-Victor Hugo e, o último que o fez, Jean-François Peyret.

Armel Guerne gasta todo o seu prefácio para recontar esta história. Uma única observação de tradutor, para anunciar que "o poeta joga às vezes com os muitos sentidos da mesma palavra"[66], o que "deixa certos versos praticamente intraduzí-

---

62 Em Shakespeare, *Oeuvres complètes* I, Paris: Gallimard, 1959 (Bibliothèque de la Pléiade).
63 E. Etkind, op. cit., p. 216.
64 Idem, p. 217.
65 Shakespeare, *Les Sonnets*, traduzidos e apresentados por Jean Malaplate, edição bilíngue, Lausanne: L'Age d'homme, 1992; Le livre de poche, 1996, p. 11.
66 W. Shakespeare, *Poèmes et sonnets*, texto francês de Armel Guerne, Paris: Desclée de Brouwer, 1964, p. 309 (Bibliothèque Européenne).

veis". Apenas um suplemento na forma do soneto italiano e na forma inglesa.

O texto francês de Armel Guerne não tem, de versos, senão a aparência tipográfica. À pequena felicidade, a sorte de um alexandrino. Sem rima. Um degrau a mais no símile.

Jean Rousselot toma o partido dos versos: "A meu ver, a única aproximação que se possa dar de um poema estrangeiro rimado e ritmado é uma versão rimada e ritmada"[67]. O que afasta necessariamente o palavra a palavra, e o leva a colocar que "a reconstituição, fatalmente tateante, da operação de linguagem em que o poeta foi ao mesmo tempo o atanor e o alquimista será sempre preferível à tradução propriamente dita"[68]. Mas sem "levar este respeito à devoção"[69], que consistiria em "aplicar aos meus versos franceses as leis mais estritas ditadas por Malherbe". Por isso, uma mistura de rimas enlaçadas ou de rimas planas, a não alternância de rimas acentuadas e inacentuadas, rima do singular e do plural, não elisões, hiatos. Licenças que Rousselot recusa considerar como "soluções de facilidade, mas exatamente o contrário", a observação da "pronúncia moderna de nossa língua", com o precedente de Aragon.

Rousselot é poeta. Sua tradução é em alexandrinos. Ou antes, uma espécie de escrita composta que mistura diéreses métricas segundo a regra clássica, e seus desregramentos que não trazem nenhuma época, não são o verso livre dos simbolistas, mas são por isso os símile-alexandrinos.

Há traduções de poetas por poetas: os sonetos, em alemão, por Stefan George. Malaplate acrescenta que os grandes poetas "não são sempre os mais objetivos dos tradutores"[70]. Mas o que é um tradutor objetivo? Declarando guardar-se de "distribuir notas", Malaplate julga que há "excelentes traduções em prosa, como a de François-Victor Hugo", mas que "para além delas", toureadores sem o saber, "muitos poetas, amadores ou não, tentaram restituir aos *Sonnets* sua vestimenta de

---

67 Éd. Chambelland, 1975, p. 20.
68 Idem, ibidem.
69 Idem, p. 21.
70 J. Malaplate, op. cit., p. 13.

luz"⁷¹. Eu confesso que a noção de poeta amador suscita alguma inquietude.

Para Malaplate, "somente versos podem traduzir versos. Uma tradução em prosa é só o consolo, uma simples *informação* sobre o conteúdo do original, uma redução em preto e branco de um quadro em cores"⁷². Então, "nem a disposição em alíneas, nem o verso branco, nem uma pretendida prosódia 'moderna' podem substituir nas obras clássicas os prestígios de uma métrica regular e da rima".

Mas como é compreendido o verso? "Fora da forma, convém evidentemente produzir o *sentido* com todo o rigor possível"⁷³. De novo, como sempre, a letra e o espírito. A forma e o conteúdo. Malaplate acrescenta a isto "a *voz* do poeta" – "suas inflexões pessoais, sua escolha de vocabulário, sua música própria", como se tudo isto não fosse já a forma e o conteúdo. O verso só pode ser então uma versificação.

Vêm os abandonos sucessivos, depois as grandes declarações:

> Tal é, segundo o meu conhecimento (e eu partilho deste sentimento com muitos outros), o ideal de uma tradução poética. Que o intérprete aqui e ali seja obrigado a abandonar uma das exigências fixadas por ele, quando ela se revela absolutamente incompatível com os outros, que ele privilegia então tanto no sentido literal, quanto na forma, tanto na entonação, triste necessidade, mas à qual ele só deve ceder quando ele fez verdadeiramente o impossível para reconciliar todas as dimensões da obra e quando a licença que ele se permite permanece no domínio da argumentação, que ela não traia a *alma* da obra⁷⁴.

A moralização da "imagem sem dúvida empalidecida, mas nunca demasiada infiel" autoriza assim todas as pequenas comodidades que colocam em bastante evidência a diferença entre a versificação e o poema.

Mas o autorretrato na quarta capa ostenta uma expressão satisfeita: "Nesta tradução, fruto de muitos anos de trabalho, Jean Malaplate uniu a exatidão literária a uma musicalidade

---

71 Idem, ibidem.
72 Idem, ibidem.
73 Idem, ibidem.
74 Idem, p. 13-14.

perfeita, que nos restitui admiravelmente a voz de Shakespeare e o ambiente elisabetano".

Confessar a dificuldade do traduzir tornou-se um lugar comum dos tradutores. Assim começa um dos mais recentes: "Traduzir os *Sonnets* de Shakespeare: a empreitada tem algo de delicioso na medida em que é desesperada"[75].

Para se desembaraçar do desespero, Jean-François Peyret se livra dos versos e rimas e dos sonetos, de que resta no entanto a forma visual na página: "Questão de princípio: tratar de traduzir soneto por soneto dá em fanfarrada laboriosa e congestionada, em opacidade, grosseria, lentidão, inexatidão, esta impecável leveza. O tradutor não tentou se fazer sonetista de ocasião, espécie de toda maneira em vias de desaparecimento"[76]. Como trata-se de escrever *hoje* em sonetos, o que seria com efeito uma "ourivesaria mais frequente de bazar ou de sorte". A recusa exibida não funciona sem esta confusão, que implica em negação de historicidade para esses sonetos.

Curiosamente, as "razões de museu"[77] se opõem aos croquis para o teatro, como se a poesia não tivesse sua oralidade própria. E eis que toca o sino à moda, aquele da velocidade, como para Jacqueline Risset, despoetizando Dante para melhor captar sua velocidade. Shakespeare "sabe sobretudo ir muito rápido"[78]. O tradutor, num discurso muito da moda: "Forma breve, rápida, encolhida [ele se repete], onde cada realidade verbal se potencializa, como se diz de um medicamento: o soneto é o clip da época"[79]. Trata-se da "telescopagem, da superposição de imagens, da pluralidade dos sentidos", e o soneto "vai na velocidade das metáforas que se enfiam, das metonímias que oscilam; há sempre muitas coisas para ver ou para ler aí, ao mesmo tempo; isto conta depressa e não linearmente. Explosão de imagens"[80].

---

75 *Quarante Sonnets de Shakespeare*, traduzidos por Jean-François Peyret para servir à cena, Arles: Actes du Sud, 1990, p. 9 (Les Belles infidèles).
76 Idem, ibidem.
77 Idem, p. 10.
78 Idem, ibidem.
79 Idem, ibidem.
80 Idem, ibidem.

Mas tudo isso não vem sozinho. A forma, modo de escamoteação não chegará a fazer esquecer que se trata da linguagem. Pouco importa que, coqueteria suplementar, o tradutor "julga-se culpado de saída do... jogo"[81]. Ele admite "dois ou três" contrassensos, pretende "atingir [...] a sintaxe do francês". Mas se declara *sério*: "o tradutor é sério: a glosa é triste e ele leu todos os livros". Este pastiche de Mallarmé para chegar à banalidade: "então é preciso embarcar". Ele reivindica as "navegações perigosas".

Anuncia: "primeiro a conservação da matriz do soneto"[82]. Ele quer exprimir sua marca visual, tipográfica que, no entanto, chama "respiração". Mas o que é um soneto sem o verso? À questão se seria preciso *responder* o soneto pelo "alexandrino ou o que resta dele"[83], ele responde que "parecia absolutamente pouco pertinente 'traduzir' por alexandrinos regulares e rimados". Pois a regularidade "cansada, aí, adormece". Mallarmé, ventrilocado ainda, jura que "*nossa cadência nacional* [...] nos faz mais ver ou mais compreender, a menos que o tenhamos feito ver demais"[84]. Todos os academicismos. A partir daí a rima: "ela é o mecânico sobreposto ao moribundo". Aí o bergsoniano quase crê trazer o riso para o seu lado. Mas joga um jogo duplo. Porque, quando acrescenta que a rima "tem mais valor se ela surpreende, incomoda. Viva então a rima interior e selvagem"[85], compreendemos que ele aproveita simplesmente os acasos da língua e esconde seu jogo em belas frases.

Rima quando pode, alexandriniza quando isto ocorre, e pretende jogar com o alexandrino, "colocar jogo dentro para ver se ele ainda respira"[86], quando na realidade é o cultural que joga com ele e através dele. Assim, não é nem verso nem prosa, ele se prepara com roupas de Mallarmé, pensando refazer "*o charme certo do verso falso*, de que fala ainda Mallarmé e sempre sobre base de reminiscência do velho alexandrino"[87], esquecendo o constrangimento generalizado que este *charme* supunha.

---

81 Idem, p. 11.
82 Idem, ibidem.
83 Idem, p. 12.
84 Idem, ibidem.
85 Idem, ibidem.
86 Idem, p. 13.
87 Idem, ibidem.

Ele acredita ainda dispor

do que Jacques Réda não hesitou em chamar de *uma pura maravilha* [...] e com a qual não se é privado de jogar: o *e* mudo, que, justamente, areja, alivia, põe uma coqueteria na aritmética contável do verso, incha e esvazia a mesma frase. Seu desconto é aqui liberado: às vezes necessário, às vezes impossível[88].

Quer dizer, em realidade, ora do contado, ora do não contado. Mas a *maravilha* só tem lugar *no contado*. E o contado não conta sozinho: a métrica do conjunto conta para ele.

Fanfarrão de teatro, é uma encenação do verso clássico, mas ele o imita quando pode, e traduz o sentido das palavras. E se dá emoções com os clichês de vinte anos da morte do sujeito: "é o desaparecimento do autor, a morte do sujeito"[89]. Lá onde, como em toda realização poética, há uma subjetividade máxima da linguagem.

---

88 Idem, ibidem.
89 Idem, p. 16.

5. A Mulher Escondida no Texto de Kafka

> *Kafka não tem nada a nos dizer como teólogo ou filósofo. Ele nos fala apenas como um poeta.*
>
> HERMANN HESSE[1]

> *E é verdade que se traduziu muitas vezes estes textos com uma decisão peremptória, um desprezo evidente por seu caráter artístico.*
>
> MAURICE BLANCHOT[2]

Traduzir não pode deixar de implicar uma teoria do discurso. Conforme se traduza do sentido ou da significância, descobre-se a teoria da literatura que se põe em ação, situa-se, data-se. A significância é uma rítmica e uma prosódia pelas quais passa tudo o que faz sentido, e que ultrapassa a circunscrição tradicional do sentido, seus níveis linguísticos. É a aposta maior de uma crítica da tradução. A crítica não representa um fim em si do balanço das supressões, das adições, dos deslocamentos e das transformações que constituem a teratologia habitual

---

1 Citado por Claude Prévost, À la recherche de Kafka, *Europe*, n. 511-512, nov.-déc.1971, p. 23.
2 *La Part du feu*, Paris: Gallimard, 1949, p. 10.

da tradução. Mas estas práticas, inteiramente conduzidas em pleno conhecimento da língua, no bem escrever, têm precisamente por interesse mostrar que traduzir põe em jogo outra coisa além do conhecimento das línguas e das ideias variáveis sobre o que se acredita possível. O sentido do sentido, o sentido da literatura aparecem aí inextricavelmente solidários, testemunhas da sua historicidade, que desemboca naquela da teoria.

O exemplo tomado aqui[3] é a narrativa *Eine kleine Frau* (Uma Pequena Mulher), publicada na coleção de Kafka de 1924 *Ein Hungerkünstler* (Um Artista da Fome), traduzido *Un Champion de Jeûne* (Um Campeão do Jejum) por Alexandre Vialatte em 1948[4], e cuja tradução foi melhorada por Claude David em 1980[5].

Este é só um exemplo, mas permite ver, através de sua particularidade, que nunca se leu Kafka em francês.

Nós nos aproximamos disto. Trinta anos de leitura, de comentários, produziram uma demanda de exatidão de que a primeira tradução não tem a menor ideia. Tradução-introdução. Mas é sempre como uma tomada exclusiva sobre o significado, no dualismo do signo e do sentido, que tem lugar a tradução. Uma primeira tradução. A exatidão é sobretudo lexicalista. Mesmo que, tipograficamente, o texto da Pléiade se imprima como o texto alemão, onde a edição corrente multiplica os parágrafos.

Desde a pontuação até a ordem dos grupos e das palavras, ao número e em lugar dos modalizadores, partículas de atenuação, de meticulosidade, de hesitação, de denegação, o discurso de Kafka é um gestual, um ritmo, uma prosódia. Isto é, uma oralidade. No sentido em que este conjunto prima pela significância do texto, e constrói sua lógica. O que a tradução de Vialatte põe maravilhosamente em evidência, por contraste, ela o ignora completamente. Faz passar a poética oral do texto a um código escrito, tradicionalmente reconhecido, como aquele que suprime as repetições porque são pesadas,

---

3 Ver Traduction / textualité: Text / Translatability, *Texte*, Toronto, n. 4, 1985.
4 *Une Petite Femme*, com dois maiúsculos, em *La Colonie pénitentiaire et autres récits*, Paris: Gallimard, 1948.
5 F. Kafka, *Oeuvres complètes*, Paris: Gallimard, t. 2, 1980, p. 730 (La Pléiade).

acrescenta explicações porque elas são claras, desloca os grupos porque o *sentido do francês* o requer.

A tradução não tem mais que situar-se apenas segundo sua exatidão. O paradoxo das linguísticas e das poéticas da língua é ser uma redução da linguagem à palavra e não praticar a concordância de uma mesma palavra para uma mesma palavra, até fazer passar o cuidado da concordância para uma superstição lexicalista e insustentável. Isto sem reflexão linguística nem poética sobre a concordância. Para uma concordância lexical é preciso antes distinguir os casos em que a diferença das línguas-culturas *obriga* a separar diversas invariantes que formam um único significante na saída, e muitos na chegada, nos casos em que a língua-cultura não obriga, mas em que uma ideologia literária se interpõe para obrigar. Talvez *não* se *possa* reter em toda parte em tradução "alma" por *néfesh* em hebraico, que designa também o pescoço e a garganta. Mas se *pode* manter "irritação" para *Ärgenis*, se traduzimos por "irritação". Em todo lugar onde a língua não obrigue, nada se opõe linguisticamente a manter uma concordância, a não ser pelos preconceitos literários ou filosóficos. É que a concordância lexical não se limita ao lexical. A concordância leva consigo de uma vez a teoria do sentido, pelo problema da sinonímia, e a teoria do texto, da tradução inteira. Por sua concordância, a organização de um discurso está em causa, prosódica, rítmica e sintagmaticamente. Seus *valores*. Passar de uma concordância textual a uma não concordância pode fazer passar de um texto de funcionamento oral a um não texto, obedecendo às convenções do escrito. A pior coisa que pode acontecer numa tradução. O que, de fato, a define. Estranha, senão única, situação de uma atividade de linguagem designada por seu fracasso.

O problema dos limites em reconhecer a concordância interna de um texto encontra assim seu estatuto teórico: as distorções se fazem num lexicalismo para o qual a hermenêutica oferece uma última justificação. À parte as terminologias, que são monossêmicas[6], os efeitos de contexto, de

---

6 A constituição de um vocabulário técnico (em filosofia, em psicanálise...) impõe pois tanto mais que uma concordância. Uma vez escolhida a palavra-tradução. A escolha é um outro problema, uma outra história: "instinto" ou "pulsão" para *Trieb*.

invariância não têm lugar somente no signo. Eles ocorrem no espaço de sentido que inclui racionalidades múltiplas, e irracionalidades, da infra e da trans-semiótica. Eles ocorrem no ritmo. Que não é o irracional do signo, mas não é irracional senão para o signo. No ritmo, quer dizer, nas semânticas do discurso, não mais da língua. É preciso que os tradutores aprendam isto.

A concordância lexical é um elemento do ritmo que é o discurso. Ela não se basta como léxico, não é um fim em si. O limite da concordância lexical é fraseológico, sintagmático. Mas o limite mais importante, o mais visível e mais encoberto, é a fronteira que ela faz aparecer entre a língua e o discurso, que é o próprio lugar em que se constrói a escrita. Porque a tradução deve, se pode, infringir a língua para reter os valores do discurso. Senão ela assina seu embargo de morte, escolhendo a segurança da língua, e o primado hermenêutico dos significados. Pois ela torna-se por isso o que há de mais estranho à escrita, que é inteiramente um risco do discurso.

Esta distância constrói o abismo que separa o texto-Kafka do enunciado-Vialatte. O escândalo cultural e poético está na situação que protege juridicamente uma tradução, como se ela fosse uma escritura. Então ela é uma desescritura. Efeito do sociologismo dos tradutores. De onde um bloqueio do trabalho intelectual pelos interesses que não têm nenhuma relação com a literatura. E que lucram com um efeito de introdução ultrapassada, quando só resta uma versão que se tornou inaceitável. Seu efeito-literatura se esgotou. Vale mais homenagear seu papel do que constatá-lo agora acabado, e nocivo. As correções que foram emendadas por Vialatte são um progresso filológico. Mas elas permanecem farinha do mesmo saco. O do signo. Elas continuam tendo apenas uma longínqua ligação com o poema-Kafka.

No signo escamoteável do significante, a tradução que esconde a significância encontra a escamoteação da mulher, que torna esta novidade tão representativa de um efeito de tradução apoética. Partindo da origem, da anedota, o comentador da Pléiade se pergunta "por que Kafka consagrou a esta pessoa [a senhoria de quartos mobiliados da Miguelstrasse], talvez irritante, mas sem importância, uma narrativa tão longa"⁷. O escamoteamento literário, ao qual corresponde o da tradução, coloca: "É que na realidade, a personagem central não é a 'pequena mulher', mas o narrador. A 'pequena mulher' não é mais do que um pretexto"⁸. Ao mesmo tempo, "uma estrangeira" e "no centro da vida do narrador". Um fazer-valer da "solidão absoluta" de Kafka. Intervém o jogo da comparação, com *Le Terrier*: "o narrador de *Uma Pequena Mulher* gira no interior de seu delírio como o animal no seu covil subterrâneo"⁹. O procedimento tradicional da crítica literária para o qual a literatura parece feita de, é limitar-se a temas do sentido, narrações que glosamos. Outra convenção da modernidade, que o comentário da Pléiade declara "pouco convincente", ainda que próximo: ela faz da pequena mulher "a imagem do que a literatura significava para Kafka". A significância, ao contrário, recusa as alegorizações imediatas. Ela mostra uma ligação com a mulher que não é construída *assim*, que eu saiba, senão neste texto. Se esta ligação tem um sentido, é o da história de Kafka: um sentido através de uma história. O que realiza a literatura.

Alegorizações, psicanalizações. O isso, a falta, o sexo, a morte. A leitura de *Uma Pequena Mulher* passou por todos os clichês da modernidade. É Kafka em abismo, o texto falando dele mesmo falando da mulher. Mas a significância, que faz com que uma escritura seja um viver-escrever, ultrapassa o especular com o qual se encantavam os especuladores. Uma mimética acreditou participar da literatura: fazendo-se uma alegoria homogênea à alegoria.

Por que pequena, a mulher? O que não pode se juntar a um sentido, ainda menos único, não pode deixar de encontrar, atravessar, vista daqui-agora, a psicanálise. O que representa muito, para seu encontro imprevisto com *Uma Pequena Mulher*, uma passagem como esta, que glosa Lacan:

> Se se entende por cultura o conjunto de sistemas de signos que um indivíduo encontra quando do seu nascimento, o simbólico é então para ele a ordem à qual ele não pode escapar. Esta ordem

---

7 F. Kafka, *Oeuvres complètes*, Pléiade, p. 1244.
8 Idem, ibidem.
9 Idem, p. 1245.

toma as figuras que na *démarche* freudiana têm uma função mítica: o Pai morto, Deus no delírio de Schreber, a Lei, a religião, as interdições a transgredir: referências que Lacan reúne sob a sigla A, o *grande Outro*. Esta *grandeza*, ao mesmo tempo metafórica e literal (pois ela se opõe à letra minúscula *a*) não pode se compreender senão em seu compromisso com a *pequenez* do objeto do desejo; objeto variado, diverso, instável pela função, que Freud designa às vezes como *die Kleine*: o pequeno, a pequena criança, pequena ponta de carne investida, pênis, pedaço solto; Lacan o chama de *objeto a*. Ele está na fonte do imaginário, reflexo no sujeito desta abertura do desejo; o imaginário ele próprio não é o objeto do desejo, mas ele efetua a encenação, torna-a possível, faz a projeção do fantasma na tela[10].

Mas o fato de ser uma pequena mulher escrita introduz a contradição dos desejos, a decisão impossível, a literatura, única decisão que sua própria anulação faça ainda existir, o enigma que só aparece escondido.

Não se trata de uma psicanálise do texto, do "inconsciente do texto", que realiza a análise do significado. Há muitos inconscientes num texto, num discurso, para deixá-los à psicanálise-sem-teoria-do-ritmo-nem-do-discurso. Os desbordamentos do signo pelo poema são também os do dualismo pelo empírico, o infinito dos discursos. Eu não farei mais do que situar a tradução pelo vínculo com o ritmo e com a prosódia de *Eine kleine Frau*, esboçando somente uma análise rítmico-prosódica.

Mais vale distinguir entre a rítmica prosódica da língua, própria de cada língua e de suas histórias culturais, e as rítmicas do discurso. É rítmica da língua, em alemão, mais que em francês, a frequência dos pares consonânticos ou consonânticos-vocálicos[11]: (19) "auf *Schritt und Tritt* – à chaque pas" (a cada passo), (60) "*hin und her* – ici et là" (aqui e aí), (165) "der

---

10 C. B. Clément, De la méconnaissance: fantasme, texte, scène, *Langages*, n. 31, septembre 1973, p. 43, Sémiotiques textuelles.
11 Faço preceder cada exemplo tirado de *Eine kleine Frau*, do número da linha, em F. Kafka, *Sämtliche Erzählungen*, organização de Paul Raabe, Fischer Bücherei n. 1078, p. 157 (a novela tem 288 linhas). A tipografia produz uma variação muito fraca na edição dos *Gesammelte Werke*, organização de Max Brod. Taschenbuchausgabe in sieben Bänden, Fischer, no volume *Erzählungen*, p. 183.

ausser *Rand und Band* geraten ist – qui est débordé débondé" (que é desbordado, desviado) (O dicionário dá "hors de ses gonds" [fora dos gonzos]). Ela inclui uma rítmica gramatical, pelo jogo morfológico, espécie de rima da língua: (92) ausgezeichnet *sein sollte*, em Vialatte: "si je ne brille pas (par le Mérite)" (se eu não brilho [pelo mérito]), (166) auf die*se* Wei*se* wer*den* w*ir*, "de cette façon nous ne nous (entendrons jamais)" (deste modo nós não nos [entenderemos jamais]). Ritmos linguísticos e retóricos, aos quais se acrescentam pares livres, que fazem a passagem de uma retórica do ritmo a uma poética do ritmo: as repetições de termos, certamente, com jogos de palavras como *teilen* – *séparer, partager* (separar, partilhar); *beurteilen* – *juger* (julgar): (19-20) "wenn man das Leben in aller *kleinste Teile teilen* und jedes *Teil*chen gesondert *beurteilen* könnte – si on pouvait partager la vie dans les toutes plus petites parts et sur chaque particule à part porter un jugement" (se pudesse dividir a vida em pequenas partes e a cada partícula, em separado, trazer um julgamento)[12]. Mas, na maioria dos casos, atravessando termos associados semanticamente ou não, estes são os vínculos prosódicos, que se *ligam* justamente aí onde o sentido diz o contrário. Eles *constróem* outra coisa além do que *dizem* as palavras, (27) "Es besteht ja gar keine Beziehung zwischen uns, die sie zwingen würde – Mais il n'y a aucune relation du tout entre nous, qui la contraindrait" (Mas não há absolutamente alguma relação entre nós, que a constrangesse), (52) "die einzige Beziehung, die zwischen uns besteht – la seule relation qu'il y a entre nous" (a única relação que há entre nós), (114) "die Beziehung, die zwischen uns besteht – la relation qu'il y a entre nous" (a relação que há entre nós), (131) e (134) "Beziehung zu mir – relation à moi" (relação comigo). É a motivação não por uma natureza, mas pelo discurso. Ela torna necessária uma ligação entre *Beziehung* "relation" (relação) e *zwischen* "entre" (entre), por um de seus fonemas. Ora, não é de *som* que se trata, mas de significantes. E não há relação entre os elementos significantes de um discurso que não possa desempenhar um papel na significância. Os fonemas não são senão elementos, desatados

---

12 Vialatte perde esta relação com dividir-partículas-julgar, e C. David com dividir-parcelas-considerar.

de sentido por eles mesmos: nada de *Beziehung* ou de *zwischen* em /ts/, mas /ts/ em as "palavras" que as contêm. Relação que se poderia dizer metonímica; (57) "blei*ch*, übernä*ch*tig – *bl*ême, depois uma noite *bl*anche"[13]. Ligação que vai da metáfora: (75-76) "Und so versucht sie in ihrer Frauen*sch*lauheit einen Mittelweg; *sch*weigend – elle cherche dans sa *f*inesse de *f*emme un moyen terme; *f*aisant silence" (ela procura em sua finura de mulher um meio termo; fazendo silêncio). Redundância "expressiva" do sentido, ou relação atravessada, é sempre de significado do discurso que se trata; (113) "da mir ja die *F*rau *v*öllig *f*remd ist – que oui la *f*emme m'est *f*roidement étrangère" (que sim, a mulher me é friamente estranha)[14].

Significação e discurso são paradigmas um do outro. Apesar da redundância linguística e seu efeito aleatório (um número limitado de fonemas para um número praticamente ilimitado de combinações), apesar da tradição linguística-cultural-literária, tanto há discursos quanto há – se é que há – poéticas do ritmo, e "prosódias pessoais", como dizia Apollinaire. A semântica prosódica de *Eine kleine Frau* não é absolutamente a mesma organização que a de *Das Urteil*: basta recuperar os paradigmas prosódicos para colocá-los em evidência. Não são os mesmos. A prosódia de *Dernier jour d'un condamné* (Último Dia de um Condenado) de Victor Hugo não é mais que de algum de seus outros textos em prosa. No entanto, há uma história do trabalho poético sobre *die Kleine*. Está em uma passagem do poema 3 do *Lyrisches Intermezzo* de Heine, no verso 4:

> Die Rose, die Lilie, die Taube, die Sonne,
> Die liebt ich einst alle in Liebeswonne.
> Ich lieb sie nicht mehr, ich liebe alleine
> Die Kleine, die Feine, die Reine, die Eine;
> Sie selber, aller Liebe Bronne,
> Ist Rose und Lilie und Taube und Sonne.

---

13 Vialatte: "palê, les yeux battus par l'insomnie" (pálida, os olhos batidos pela insônia) e C. David, variante inútil: "palê, la mine défaite par l'insomnie" (pálida, a cara desfeita pela insônia). Glosa (tirada do *Grand dictionnaire Langenscheidt-Larousse*), e sem par.

14 A relação *Frau-fremd* compromete a extravagância *em* a mulher, uma relação fria: *fremd tun* "se montrer froid" (se mostrar frio). Eu coloco *froidement* (friamente) no lugar de *entièrement* (inteiramente) para *völlig*.

Mas há descontinuidade das histórias, descontinuidade do valor, que desborda o sentido pelas significâncias.

Em *Eine kleine Frau*, sem que isto seja um procedimento organizador demarcado, reproduzido necessariamente em outra parte, o título aparece como o significado maior do texto, emissor de paradigmas, que são ao mesmo tempo os da mulher e os do texto. Os elementos que o compõem não são os da língua, mas os do texto. O demonstrativo *eine* recuperado por *kleine*, remete em eco à *keine* (nenhum). Daí, no plano do valor, ele é contínuo a uma poética da negação que opera em todo este texto, em seguida (12) *keine* Hand "aucune main" (mão nenhuma), (14) *keines*wegs irgen*deine* "aucunement aucune" (de maneira nenhuma), (27) *keine* Beziehung "aucune relation" (nenhuma relação), (38) *kein* liebendes Leid "aucune souffrance amoureuse" (nenhum sofrimento amoroso), (89) ich bin *kein* so unnützer Mensch "je ne suis aucunement un homme aussi inutile" (não sou absolutamente um homem também inútil), (130) *keine* Spur *eine*r freundlichen Beziehung zu mir "aucune trace d'une relation amicale à moi" (nenhum traço de uma relação amigável para mim), (207) *keine* Veränderungen "aucune modification" (nenhuma modificação), (279) *keiner* wird erneut "aucun ne sera renouvelé" (nenhum será renovado), até os numerosos compostos negativos: (17) ist mir sehr *un*zufrieden "est très mécontente de moi" (estou muito descontente comigo), (18) *Un*recht von mir "du mal par moi" (mal para mim), (72) diese *un*reine Sache "cette chose malpropre" (esta coisa suja), (102) meine *Un*verbesserlichkeit "ma mauvaise volonté" (minha má vontade), (153) Ihre *Un*zufriedenheir "son mécontentement" (seu descontentamento), (159) meine *Un*schuld, meine *Un*fähigkeit "mon innocence, mon incapacité" (minha inocência, minha incapacidade), (162) meine *Un*glückliche Art "ma malheureuse manière" (meu modo infeliz), (225) *nichts* von Entscheidung "rien d'une décision" (nada de uma decisão), (253) *nicht un*beschädigt "en rien sans nuisance" (em nada sem prejuízo), e uma quarentena de outros empregos, como (87) *Niemals, un*endlich "jamais, sans fin" (jamais, sem fim), e (96) *Nein* "Non" (Não). A rede semântica de *eine kleine* passa por um sistema de ecos que junta *Leid*, o sofrimento; *pein*lich, douloureux (doloroso); le silence (o silêncio), sch*w*eigen; a brancura doentia: (57) bleich "blême" (macilento), (175) das Bleichwerden "devenir blême" (tornar macilento), (94) weissstrahlenden Augen "des yeux qui rayonnent blanc" (olhos que irradiam branco); todo um infinito recíproco do mal e de sua análise: (20) in aller*kleins*te *Teile teil*en und jedes *teil*chen gesondert beur*teil*en "partager dans les toutes plus petites parts et sur chaque particule à part porter un jugement" (dividir em suas menores partes e sobre cada partícula em separado trazer um julgamento); em relação com a decisão impossível, o tema de Ent*schei*dung "décision" (decisão); até a entrada do *moi* (meu, minha) na destruição; (156) *mein*es Selbstmordes "mon suicide" (meu suicídio), (160) *mein*e Unfähigkeit "mon incapacité" (minha incapacidade). O conjunto define aqui, e somente aqui, este funcionamento sem sentido do sentido.

Eine entra num emprego de determinantes que é o da língua, mas que se torna aqui um valor de discurso, por sua relação com *die* e *diese*. Em língua, a diferença de emprego em francês e em alemão faz com que Vialatte transponha, segundo uma ideia linguística e não poética, o definido como demonstrativo ou possessivo: (102) die arme kleine Frau "cette pauvre femme" (esta pobre mulher) no lugar de "la pauvre petit femme" (a pobre pequena mulher); (202) die Bemerkungen des Freundes "les réflexions de mon ami" (as reflexões de meu amigo) no lugar das notas "de l'ami" (do amigo). O definido é levado ao demonstrativo, que está aí também (257) diese [...] leindende kleine Frau "cette petite femme souffreteuse" (esta pequena pobre mulher) ou antes "cette [...] petite femme souffrante" (esta [...] pequena mulher sofredora). Um efeito do texto é neutralizado, tanto mais importante que leva à cláusula final: trotz allen Tobens *der* Frau, traduzido "malgré les frénésies de *cette* femme" (apesar dos frenesis *desta* mulher). Seguindo a língua, isto é, sempre uma ideia da língua, Vialatte perdeu o efeito de discurso, a significância da oposição *die / diese* que conduz a uma extensão geral, para (mas somente rumo a e não em) o mito, *a* mulher. Tinha-se que trabalhar nas franjas do francês, por uma escuta poética, e uma poética do traduzir.

A negação que passa no tema *eine kleine* é associada à mão, que é a mão da mulher no primeiro parágrafo da novela, passando por (220) mit der *ein*en Hand, a mão do sujeito no último parágrafo cobrindo *diese kleine Sache*, "cette petite chose" (esta coisinha). O primeiro parágrafo começa por *es ist eine – Frau*, e acaba por *es ist eine – Hand*. É uma mulher. É sua mão. A pequenez da mulher, a pequenez da mancha, em paradigmas de uma semiótica impossível, pois ela não é mais a do signo, designando o infinito do mal, da reprovação cuja origem está no eu – seguida da separação indefinida: (21) "wäre gewiss jedes *Teil*chen *mei*nes Lebgens für sie ein Ärgernis – chaque particule de ma vie serait certainement pour elle une irritation" (cada partícula de minha vida seria certamente para ela uma irritação). À negação que enche toda a novela, opõe-se (61) "Ich *allein* kenne sie (den Ursachen ihres Zustandes – 'les causes de son état' [as causas de seu estado]) – 'moi seul je les sais' (só eu o sei)". A mulher de *Eine kleine Frau* é, pois, infinitamente indefinida. Ela é *eine* porque ela é inseparável de uma história que faz da Coisa seu paradigma, a partir de (72) *diese unreine Sache*, "cette chose impure" (esta coisa impura) até (286) *diese kleine Sache*, "cette petite chose" (esta coisinha) que precisaria poder esconder com a mão. Juntas a coisa e a mulher passam por (181) "so *klein* sie für mich nach aussen hin im Grunde ist – si petite qu' elle soit pour moi vue du dehors, au fond" (tão pequena que ela seja para mim vista de fora, ao fundo)[15], (200) "weil es eine *kleine, rein* persönliche und als solche immerhim *leicht* zu tragende Angelegen*heit* ist – puisque c'est une petite affaire, purement personnelle et comme telle après tout légère à porter" (porque é um pequeno negócio, puramente pessoal e no fim das contas leve de carregar)[16] (219) "*meine kleine*" Richterin (traduzo mais adiante) (261) "nur *einen kleiner* hässlichen Schnörkel – seulement une petite fioriture hideuse" (somente um pequeno

---

15 Vialatte: "Si peu que l'opinion m'importe" (Tão pouco que a opinião não importa). C. David: "si peu que j'attache d'importance extériurement à cette affaire" (tão pouco que eu atribuo importância exteriormente a este negócio).

16 Vialatte: "simplement parce que cette affaire n'est qu'une petite aventure strictement personnelle, facile à supporter comme telle" (simplesmente porque este negócio não é mais do que uma pequena aventura estritamente pessoal, fácil de suportar como tal); C. David: "une petite aventure strictement personnelle et par conséquent facile à suporter" (uma pequena aventura estritamente pessoal e por consequência fácil de suportar.)

floreio detestável). Pelo significante *pequena*, a mulher atinge o inominável.

Frau, "mulher", desenvolve e mistura um campo semântico e um campo prosódico. O enunciado repete e modula o título, do qual ele traça a extensão e a compreensão: (102) "die arme kleine Frau – la pauvre petite femme" (a pobre pequena mulher), (127) "die kleine Frau – la petite femme" (a pequena mulher), (139) "den Ärger der kleine Frau – l'irritation de la petite femme" (a irritação da pequena mulher), (157) "diese scharfsinnige Frau – cette femme à l'esprit aigu" (esta mulher de espírito agudo) retomando o *scharf* que caracterizava os dedos de sua mão, (258) "leidende kleine Frau – petite femme souffrante" (pequena mulher infeliz) até a cláusula final. Caráter a que se junta o doentio: (119) hinsichtlich einer schwachen kranken Frau – pour une femme malade, faible" (para uma mulher doente, fraca) e (226) "Frauen wird leicht übel – les femmes se trouvent mal facilement" (as mulheres adoecem facilmente). *Frau* expõe também semântica e prosodicamente sua estranheza, por sua associação consonântica com *fremd* (étranger [estranho]), (29) "mich als völlig Fremden anzusehen – me voir comme froidement étranger" (me ver como friamente estranho), (51) "denn so *fremd* mir die kleine *Frau* auch ist – car la petite femme m'est si étrangère aussi" (pois a pequena mulher é tão estranha para mim também), (113) "da mir ja die *Frau* völlig *fremd* ist – que oui la *f*emme m'est *f*roidement étrangère" (que a mulher é para mim friamente estranha). O redobrar do ditongo de *Frau* constrói por sua vez um laço. A prosódia é a portadora de uma expansão do significante, de uma relação parassemântica entre "finura" e "mulher" em (76) "in ihrer Fr*au*enschl*au*heit – dans sa fourberie de femme" (na sua argúcia de mulher). O *schweigend*, "en silence" (em silêncio), que segue e retoma um outro elemento da rede.

A expansão e a repetição prosódicas de *eine kleine Frau*, título e começo, se estende ao esquema /ei / – / au /, nesta ordem ou ao inverso. Este esquema faz intervir seis vezes *glauben*, crer, que reafirma a oposição da mulher e do sujeito: (89-90) Ich bin *kein* so unnützer Mensch, wie sie *glaubt* "je ne suis aucunement un homme aussi inutile qu'elle croit" (eu não sou absolutamente um homem tão inútil da maneira que ela crê), (107-108) das ich na jene Krank*h*e*i*ts*z*e*i*chen nicht sehr *glaube* "que je ne crois pas trop à ces signes de maladie" (que eu não acredito nos sinais da doença), (112) an *ein* wirkliches Krank*sein glaubte* "si je croyais qu'elle est vraiment malade" (se eu acreditasse que ela está verdadeiramente doente), (243) ihre Gesichter unters*chei*de; früher habe ich *geglaubt* "je fais la différence entre leurs visages; avaint j'avais cru" (eu faço a diferença entre seus rostos; antes eu tinha acreditado), (245) die Ents*chei*dung erzwingen; heute *glaube* ich "forcer la décision; aujourd' hui je crois" (forçar a decisão; hoje eu creio), (272) wenn man an ihr Kommen vernünftiger*weise* nicht sehr *glaubt* "si on ne croit pas très raisonnablement à leur venue" (se não se acredita muito razoavelmente na sua vinda). Quatro vezes *auch*, que faz parte destas partículas de oposição que contrabalançam a frase como a situação, espécie de auxiliares de uma poética da negação: (210) *teils* allerdings *auch* "en partie aussi bien sûr" (em parte também com certeza), (273) Zum *Teil* aber handelt es sich *auch* "mais en partie il s'agit aussi" (mas em parte trata-se também), (282) Nur ist es aber *auch* hier *keine* "mais seulement ce n'est ici aussi aucune" (mas somente não se trata aqui de alguma), (285) dab*ei* bl*ei*be ich, dass, wenn ich mit der Hand *auch* nur ganz "et je m'en tiens là, que, si de la main aussi seulement tout" (e eu me prendo nisso, que, se da mão também somente tudo)... É um padrão prosódico que não reúne aleatoriamente elementos da língua. Os mesmos algures são outros ou não são nada. Mas aqui é um valor em um sistema, a pequena mulher ainda, reconhecível – entre outras em (94) *weiss*strahlenden *A*ugen "des yeux qui rayonnent blanc" (os olhos que irradiam branco), (237) irgend*eine* überschl*au*e *Weise* "une fourberie quelconque" (uma argúcia qualquer), (268) man hält es *ein*fach nicht *aus* "on ne le supporte simplement pas" (a gente não o suporta simplesmente), (271) *auf* Entsch*ei*dungen zu *lauer*n "guetter des décisions" (vigiar as decisões), (276) *einen* etwas *lauer*nden Blick "un regard quelque peu aux aguets" (um olhar que seja aos sentinelas), até a palavra final, *Frau*. Estas relações não são as do signo, mas as de uma prosódia que arrastam consigo uma rítmica, em que o lugar dos grupos, dos finais participam de uma quase- ou infrassemântica, um incoativo do sentido que é também um gestual.

É isto, portanto, cuja tradução até aqui é uma in-tradução. A vialatização de *Uma Pequena Mulher* é uma desorganização do ritmo, que é organização. Assim, na edição corrente, ao primeiro parágrafo alemão correspondem três parágrafos franceses. Não há praticamente correspondência na pontuação, o que não é suficiente para explicar a diferença de uso entre as duas línguas. Pontuação fraca por pontuação forte, pontuação forte por pontuação fraca, pontuação forte aí onde não há nenhuma no texto. A organização do parágrafo não é mais a mesma. O número de frases não é mais o mesmo, oito por três, sem levar em conta os ponto e vírgulas. O ritmo da frase não é mais o mesmo, nem os finais, nem os cortes: o alemão tem particípios passados em cláusula: (2) *geschnürt* (lacée [atada]), (5) *versehen* (garnie [guarnecida]), (7) *gehalten* (tenue [tida]) tão bem quanto *Hand*, cláusula do parágrafo é o primeiro e único substantivo em cláusula de frase, o que reforça seu efeito de marca. Depois do ritmo dos cortes e das cláusulas, é o ritmo das palavras que é desfeito, o ritmo das repetições: (8) *beweglich, Beweglichkeit*, "vive, vivacité" (viva, vivacidade), transformou-se em "agile" (agil), "vivacité" (vivacidade) (o que Claude David mantém). Na terceira frase do texto quatro vezes *Hand*, porém mais que duas vezes vialatemente, pois *em* e o possessivo vêm suavizar, e os *Hände* da frase precedente eram já "dois pontos". A dupla negação (6) *nicht unordentlich* (non en désordre [não em desordem]) é negligenciada por "si on peut croire qu'elle les néglige" (se pudermos acreditar que ela os negligencia), desconhecimento da poética do texto. Supressões: (9) den Oberkörper (le haut du corps [o alto do corpo]), (10) seitlicht (de côté [de lado]). Mas os acréscimos: "*petis* pompons" (*pequenos* pompons), "*extrêmement* agile" (*extremamente* ágil) e dupla tradução para (9) *in den Hüften*: "sur la taille" (na estatura), "sur les hanches" (nos quadris). Há uma distorção do ritmo sintático: o mesmo passivo de (2) *geschnürt ist* dá um pronominal em "qui si corsette" (que se espartilha), pois para (7) *geschnürt ist* a forma ativa "le corset qui la sangle" (o espartilho que a faz sangrar). Nenhum trabalho do ritmo prosódico, dos pares ou das séries.

Sem dúvida admite-se de saída que ele pertence à fonologia da língua, onde alcança sua retórica do ritmo. Na chegada não há mais nem a organização linguística, nem a organização retórica, ainda menos a poética do texto. Mas um reflexo de uma ideologia literária que o ensino das línguas se dedica a manter.

Um acordo aparente pode ter sido feito sobre o que vale esta tradução e não me parece inútil analisá-lo em alguns de seus efeitos. Pois o primado da língua mantém o efeito Vialatte. Paradoxalmente, não se está de acordo em denunciar mesmo seus defeitos, senão para melhor os manter. O que mostra, por exemplo, a edição da Pléiade: só se corrigem as falhas mais visíveis para uma exigência maior de exatidão. Qualquer que seja o domínio linguístico, o russo, por exemplo, as práticas são as mesmas, porque a teoria do signo rege o ensino das línguas. Este ensino confunde uma velha antipatia pelo espírito de sistema com a noção saussuriana de sistema, que situa o valor.

As supressões, além de sua ausência de fundamento filológico, realizam um mascaramento dos significantes. É para este mascaramento que os retenho. De saída, a escamoteação de *kleine*, significante maior aqui, em (102) die arme kleine Frau, "la pauvre petite femme" (a pobre pequena mulher), traduzido por Vialatte "cette pauvre femme" (esta pobre mulher). Escamoteamento de *die Frau* em (113) da mir ja die Frau völlig fremd ist, "que oui la femme m'est froidement étrangère" (que sim a mulher me é friamente estranha); (157) diese scharfsinnige Frau (cette femme à l'esprit aigu [esta mulher de espírito agudo]), é traduzido "avec sa perspicacité" (com sua perspicácia), e a retomada de (261) dass *diese Frau*, "que cette femme" (que esta mulher) não está traduzida. Não tradução de *Ärger*, a irritação, tão importante no texto, em (139) den Ärger der kleinen Frau (l'irritation de la petite femme [a irritação da pequena mulher]), simplesmente "la petite femme" (a pequena mulher). Não tradução de *Sache* "chose" (coisa), paradigma direto de *kleine Frau* em (196) "durch diese Sache veranlassten – provoquée par cette chose" (provocada por esta coisa), e de um outro significante capital, *o público*: (255) "dass ich in der Öffentlichkeit nicht unbekannt bin – que pour le public je ne suis pas inconnu" (que para o público eu não sou desconhecido), é traduzido "du fait que je suis connu" (pelo fato de eu ser conhecido); (259) "für die Öffentlichkeit – pour le public" (para o público), não está traduzido.

Os acréscimos, à parte alguns reforços retóricos, aparecem precisamente aí para compensar estas faltas. Isto são enxertos do título. Peças relacionadas (63) *sie*, (89) *sie*, "elle" (ela) são traduzidos como "la petite femme" (a pequena mulher). A pequena, criada em outro lugar, é acrescentada em (149) ich musste *die Frau* nicht auf sie aufmerksam machen, "il ne me fallait pas les faire remarquer à la femme" (não seria preciso fazê-los notar a mulher), traduzido "je n'avais pas besoin de les signaler à la petite femme" (eu não tinha necessidade de lhes assinalar a pequena mulher). Mesmo porque o *negócio* é um excedente em (231) gern *eingreifen* würden, "volontiers interviendraient" (de bom grado interviriam), passou para "intervenir dans l'affaire" (intervir no negócio). Acréscimos e supressões participam juntos de uma retórica compensatória.

O desdobramento da dupla tradução confirma a fraqueza destes reforços didáticos ou expressivos pelos quais o tradutor interveio. Sua amplificação pode não ser mais do que retórica: (22) Ich habe oft darüber nachgedacht, "J'ai souvent repensé à ce" (Eu muitas vezes repensei nisto) é redobrado em "Je me suis souvent demandé [...] j'y ai beaucoup pensé" (Muitas vezes me perguntei [...] eu pensei muito nisto). Há outros exemplos. Retenho apenas a compensação que, indo no sentido do texto, como se diz, aí remete a elementos emprestados a ele próprio, ao que o cerca, à ideia que dele se tem: (29-30) mich als völlig Fremden anzusehen, *der* ich ja auch bin, "ne voir en moi qu'un étranger, le *parfait étranger* que je suis" (não ver em mim senão um estrangeiro, o *perfeito estranho* que eu sou), em lugar de "me voir comme froidement étranger, ce que je suis aussi oui" (me ver como friamente estranho, o que eu sou também sim). O exemplo extremo é: (248) Und die *Entscheidung* selbst, "Et la décision elle-même" (E a própria decisão) traduzido "Et le *dénouement*, le *verdict* lui-même" (E o *desfecho*, o próprio *veredito*), onde a "décision" (decisão) insuficientemente substituída por "dénouement" (desfecho) é reforçada por um dos termos mais kafkianos, pois ele já traduz o título *Das Urteil*. Vialatte rekafkiza por estas injeções o que sobra daquilo que ele levantou no texto.

O significante mais falho talvez seja *a Coisa*, paradigma principal da pequena mulher, e principal vítima da não concordância. Para *die Sache*, Vialatte tem oito traduções diferentes, mais uma nona solução, que consiste em não traduzir. Concebe-se que um termo tão vago, tão qualquer, para a ideologia literária da clareza francesa, seja uma incitação a achar melhores: (72) diese unreine Sache, "cette chose impure" (esta coisa impura), torna-se "ce *plaisir* malsain" (este *prazer* malsão); (74) von der Sache ganz zu schweigen "faire entièrement silence sur la *chose*" (fazer silêncio absoluto sobre a *coisa*), vira "taire entièrement le *supplice*" (calar completamente o *suplício*); duas vezes die Sache continua a *coisa* (179, 214); (184) der Sache, "le *sujet*" (o *assunto*); (186) die Sache, "cette *affaire*" (este *negócio*) e (206) die Sachlage, "l'affaire" (o negócio), (251) mit dieser Sache "de cette affaire" (deste negócio), *negócio* traduzindo também Angelegenheit (201, 244); die Sache, "cette *histoire*" (esta *história*); (207) keine Veränderungen der Sache selbst, "aucune modification de la chose elle-même" (nenhuma modificação da própria coisa) é traduzido por "n'ont rien changé à sa *substance* même" (não mudaram nada de sua própria *substância*); (286) diese kleine Sache é "cette petite *plaie*" (esta pequena *chaga*); enfim (196) durch diese Sache veranlassten, "entraînées par cette chose" (arrastados por esta coisa), não é traduzido. Ora, *die Sache* é uma palavra poética nesta novela, uma palavra-valor. Como a diferença entre *die* e *diese* que Vialatte negligencia. Outro exemplo: o apagamento de *klein* em (180) so klein sie [diese Sache] für mich nach aussen hin im Grunde ist, "si petite [cette chose] qu'elle soit pour moi du dehors dans le fond" (tão pequena [esta coisa] que ela esteja para mim do lado de fora ao fundo) traduzido por "si *peu* que l'opinion m'importe" (tão *pouco* me importa a opinião). Vialatte traduz sem a poética do texto. Em algum momento ele acrescenta uma orelha, arranca um nariz (239). Chicana estilística, que se acrescenta ao dossiê, mas esta não é mais a questão.

Outro tema significativo, que depende da rítmica de um texto como este, a irritação, irritar, ärgern, Ärgernis, Ärger. Num espaço tão restrito, e numa distribuição recolhida, dez variantes: (19) ich ärgere sie, "je l'*irrite*" (eu a *irrito*); (22) ein

Ärgenis, "*pousser des cris*" (dar gritos); (47) wie diesem fortwährenden Ärger am besten ein Ende gemacht werden könnte, "comment à cette irritation perpétuelle au mieux une fin pourrait être faite" (como a esta irritação perpétua ao menos um fim poderia ser dado), é traduzido "lui apprendre à en finir avec *cette croix*" (lhe ensinar a terminar com *esta cruz*); (52) der Ärger, "cólera" (*courroux*); (53) não traduzido; (55) diesem Ärger "esta *cólera*" (cette *colère*), cólera também em (222) Tränen des Zornes "des larmes de colère" (as lágrimas de cólera); (61-62) es ist der alte und immer neue Ärger, "c'est son *courroux*, sa vieille *colère*" (é sua *cólera*, sua velha *cólera*), dupla tradução para "c'est la vieille et toujours neuve irritation" (é a velha e sempre nova irritação); (63) so zu Ärgern, "tellement s'irriter" (irritar-se deste modo), torna-se "de telles crises de *rage*" (tais *crises de raiva*); (80) ein allgemeine öffentlicher Ärger, "une irritation générale" (uma irritação geral, pública), vira "un *scandale* public" (um *escândalo* público); (269) die Grundlosigkeit des Ärgers, "le non-fondé de l'irritation" (o não fundado da irritação) é "qu'on n'*en* est pas coupable" (que não *se* seja culpado por isto). A tradução trocou uma poética por uma retórica. O que definiu sua inexistência literária.

Mesmo *leiden, Leid*, sofrer, sofrimento, cinco vezes traduzido assim (26, 28, 37, 39, 55) se enriquece de cinco variantes: (34) "*calvaire*" (*calvário*); (66) leidend stellt "se déclarer *malade*" (se declarar *doente*); (77) eines geheimen Leides, "d'une *peine* secrète" (de um *mal* secreto); (258) diese [...] leidende kleine Frau "cette petite femme *souffreteuse*" (esta pequena mulher *sofredora*). No mesmo campo *Qual, quälen*, tormento, atormentar, fica assim coberto por *sofrimento*: (44) die Qual zu rächen "se venger des souffrances" (se vingar dos sofrimentos), mas (58) von Kopfschmerzen gequält é "*folle* de migraine" (*louca* de enxaqueca), (67-68) Wie ich sie durch mein Dasein quäle, "combien mon existence lui *pèse*" (quanto minha existência lhe *pesa*); e quäle, "*torture*" (*tortura*). A tradução assim praticada, com as melhores intenções, é uma empreitada de embaralhamento.

Terceira personagem importante, invisível, com a pequena mulher e o narrador, é "o mundo", *die Welt*, com seu valor familiar, mas também ameaçador, o que se abre sobre os outros, que são um "tribunal", jogando com dois termos, *die Welt* e *die Öffentlichkeit*, "o público". Este jogo é mascarado pela multiplicidade das traduções. Seis variantes para *die Welt*: (67) den Verdacht der Welt "le soupçon du monde" (a suspeita do mundo), "les soupçons du *public*" (as suspeitas do *público*); (101) und es kommt die Welt "et le monde vient" (e o mundo vem), "et qu'*on* vienne me trouver" (e que se venha me encontrar), e (226) die Welt hat nicht Zeit "le monde n'a pas le temps" (o mundo não tem o tempo), "on n'a pas le temps" (não se tem o tempo); (122) die Unfähigkeit der Welt "l'incapacité du monde" (a incapacidade do mundo), "le scepticisme de *l'opinion*" (o ceticismo da *opinião*); (139) ehe die Welt eingreift "avant que le monde intervienne" (antes que o mundo interfira), "avant l'intervention des *gens*" (antes da intervenção das *pessoas*); (194) die Aussenwelt "le monde extérieur" (o mundo exterior), "ma *vie* sociale" (minha *vida* social); (287) ungerstört von der Welt "non troublé par le monde" (não perturbado pelo mundo), "vivre en paix avec le *monde*" (viver em paz com o *mundo*), *mundo* uma vez a cada sete. Patinando sobre o campo de *Öffentlichkeit*, diversificado em sete, de que *opinião* e *público*, já utilizados, mais uma não tradução: (72) vor der Öffentlichkeit "devant le public" (diante do público), "devant *les autres*" (diante *dos outros*); (78) vor das Gericht der Öffentlichkeit "devant le jugement du public" (diante do julgamento do público), "devant le tribunal de *l'opinion*" (diante do tribunal da *opinião*), e (87); (79) wenn die Öffentlichkeit "quand le public" (quando o público), "le jour où l'*attention générale*" (o dia em que a *atenção geral*); (86) Die Öffentlichkeit "le public" (o público), "*l'opinion publique*" (a *opinião pública*), e (136); (251), "le public" (o público); (255, 259) não traduzido; "*la société*" (*a sociedade*).

Estes dados não visam a exatidão filológica. Mesmo que ela valha mais que a inexatidão. Mas a exatidão permanece na regência do signo. Ainda menos quando eles se ligam a uma superstição lexicalista, pela qual poderíamos tomá-los. *A unidade não é a palavra, mas o texto*. É o primado da organização textual sobre as unidades filológicas que impõe tirar consequências em tradução deste primado, que é o do ritmo.

Último elemento da semântica do texto, o que mantém a ameaça no inacabado indefinido, a suspensão da "décision" (*decisão*). Ele também é desconhecido, disperso: *entschliessen* é "se décider" (decidir-se) (29) "se résoudre" (resolver-se) (32); (30) *Entschluss* não é traduzido. O agrupamento das ocorrências aumenta a distorção. *Entscheidung*, "décision" (decisão), é "solution" (solução) (215, 218), "dénouement" (desfecho) (223, 225, 245, 247, 271) até o duplicado e já citado "le dénouement, le verdict" (o desfecho, o veredito) (248).

Os outros casos de não concordância não destroem mais do que a retórica do texto – do qual não se podendo negar, no entanto, que ela lhe seja consubstancial. É notável que as reprises vão por pares ou trios, por grupos: (34) Ich *sehe* hiebei ganz von mir *ab*, "je *fais* complètement *abstraction* de moi" (eu *faço abstração* completa de mim) e (36) ich *sehe* davon *ab*, "je n'en *tiens* pas *compte*" (eu não *levo* isso em *conta*); (109-110) um von einer *Schuld* loszukommen, andere *beschuldige*, "pour me délivrer d'une faute, je fais porter la faute à d'autres" (para me livrar de um erro, eu transporto o erro aos outros), traduzido por Vialatte: "que j'*accuse* autrui [...] pour me *laver de ma propre faute*" (que eu *acuse* outro [...] por me *lavar de meu próprio erro*), e Claude David também negligencia o par: "pour me disculper d'une faute, j'accuse d'autres personnes" (para me desculpar de uma falta, acuso outras pessoas), possibilidades no entanto não faltavam, entre as quais "disculper/inculper" (desculpar/inculpar); (140) *beseitigen* é "contenter" (contentar), mas em (154) "calmer son ire" (acalmar sua ira) e (155) "*die Beseitigung* meiner selbst – ma propre suppression" (minha própria supressão) no lugar de – "supprimer-suppresion" (suprimir-supressão); em (227) "alle Fälle – tout ce qui si passe" (tudo o que se passa) e (228) "solche Fälle – ces incidents" (estes incidentes); (276) "einen etwas, lauernden Blick – le regard un peu sournois" (o olhar um pouco dissimulado), (280) idem = "et le même regard" (e o mesmo olhar), (281) idem = "ne laisse aucun doute sur sa nature" (não deixa nenhuma dúvida sobre sua natureza).

O ritmo não é somente o das repetições, mas das distribuições, das posições, dos cortes, começo e cláusulas, como a ordem relativa de todos os grupos, a sintaxe e a prosódia não sendo mais do que aspectos de uma mesma semântica. A tradução acerta tanto os sistemas de predeterminantes como, por exemplo, o dos tempos. Para Vialatte, o presente de (2) *ich sehe sie immer* vale um passado composto (*passé composé*), "je ne lui ai jamais connu" (eu não o terei conhecido jamais) que não incomoda Claude David. Ele se coloca no mesmo plano que (12) *dass ich noch keine Hand gesehen habe* "je n'en ai encore jamais vu" (eu não vi isto ainda). Um condicional é traduzido por um futuro: (33) *aufdrängen würde* "que je ne lui imposerai jamais" (que eu não lhe imporei jamais) e a mesma duas linhas ao alto estava no condicional. Mas um futuro é traduzido por um condicional: (84) *dann aber wird sie sich zurückziehen* "elle n'aurait plus qu'à me dire adieu" (ela só terá que me dizer adeus).

É um conjunto, seja uma estratégia, um modo e não um modo de traduzir, e, através disso, um momento do saber e do fazer concernentes à linguagem, que é confrontada com a teoria do sentido, com a poética. Poderíamos pensar que de 1948 a 1980 este modo se modificou. A julgar pela edição da Pléiade de Kafka, mesmo tendo em conta a posição falsa que lhe era imposta, isto verdadeiramente não é nada.

Muitas repetições suprimidas por Vialatte são recuperadas nas notas de Claude David, assim as ocorrências de *irritação* (correções das páginas 731-732), "solução" torna-se "decisão"[17]. As omissões também são restabelecidas. Porém, mesmo que a apresentação dos parágrafos seja a do texto alemão, tudo isto só é um compromisso.

No primeiro parágrafo, a pontuação, de saída, se aproxima da de Kafka. A partir de (5) *versehen*; ela é idêntica à de Vialatte até (10) *seitlich*. Para a última frase, que é o último terço, carregada em alemão de uma pontuação gramático-lógica que pertence também a esta descrição da mão, ela é primeiro mais próxima do alemão que Vialatte, depois mais forte que ele, que daquela vez seguia o alemão. Não há sistema de ritmo da frase na tradução corrigida.

Não há muito menos lexicalmente. Se as "mãos" substituem os "punhos" em (9) *gern hält sie die Hände in den Hüften*, o revisor continua a acrescentar *deux* (dois): "les deux mains sur les hanches" (as duas mãos nos quadris). É somente

---

17 F. Kafka, *Oeuvres complètes*, p. 735 E.

um excesso no apagamento dos significantes que foi corrigido. Não há mais uma poética da tradução, nem uma tradução poética, ou seja, do texto como valores, sistema. Escamoteio de *a Coisa*: (72) *diese unreine Sache* não é mais "ce le plaisir malsain" (o prazer malsão) mas "cette malsaine affaire" (este negócio malsão). Decididamente, esta coisa impura não passa. Sache continua "l'affaire" (o negócio)[18] mas no fim "aggravation de la chose en elle-même" (agravamento da coisa por ela mesma)[19].

Mesmo tratamento-língua dos predeterminantes, que iguala o artigo definido e o demonstrativo: (74) von der Sache, "cette affaire" (este negócio); (127) die kleine Frau, "cette petite femme" (esta pequena mulher) (146) die Frau zu besänftigen, "pour apaiser cette femme" (para acalmar esta mulher)[20]. O final *trotz allen Tobens der Frau* fica "en dépit de toutes les fureurs de cette femme" (a despeito de todos os furores desta mulher)[21].

Correções de detalhes: o plural de "loupe" (loba) colocado no singular[22], o singular de "détil" (detalhe) no plural[23], o "vous" (vós) de Vialatte reconduzido ao "lui" (ele) de Kafka[24]. Mas o que toca na significância dos temas permanece mascarado (258) *diese* [...] *leidende kleine Frau* é sempre "cette petite femme soufreteuse" (esta pobre mulher sofredora), enquanto que "sofrida" (*souffrante*) restabeleceria uma ligação direta com *Leid* (infelicidade). Vialatte interpretava (94) *ihre fast weissstrahlenden Augen* como "ses yeux féroces" (seus olhos ferozes). A revisão é apenas uma subtradução: "par ses yeux presque blancs" (por seus olhos quase brancos), em lugar de "pour ses yeux qui rayonnent presque blanc" (por seus olhos que irradiam quase branco). A revisão mantém o desdobramento "d'une faible femme, d'une femme malade" (de uma fraca mulher, de uma mulher doente)[25], o apagamento de

---

18 (74), (196), idem, p. 735 C.
19 Idem, p. 737 B.
20 Idem, p. 734 A.
21 Idem, p. 737 B.
22 Idem, p. 732 E.
23 Idem, p. 737 B.
24 Idem, ibidem.
25 Idem, p. 733.

(157) *Frau* em "avec sa perspicacité" (com sua perspicácia)[26], a eliminação dos *rostos* em (242) *ihre Gesichter unterscheide* "je les distingue entre eux" (eu os distingo entre eles)[27], a poetização livresca das horas "matutinas"[28] pela simples "bonheur des premières heures du matin" (felicidade das primeiras horas da manhã) (168) *im Glück der ersten Morgenstunden*. A concordância é apenas observada mais para *Öffentlichkeit*, que é "a opinião"[29] e "o público"[30]. Quatro soluções para *die Welt*: "as pessoas"[31] como para (230) *Leute* "as pessoas", e "si le monde vient" (se o mundo chega)[32], *on* foi mantido[33], e (287) *ungestört von der Welt* é "sans être gêné par qui que ce soit" (sem estar incomodado por quem quer que seja)[34]. A revisão também elimina horríveis repetições: *beseitigen-Beseitigung* "rien ne peut l'éliminer, pas même ma disparition" (nada pode eliminar, nem mesmo meu desaparecimento)[35].

O apagamento da significância é uma ocultação da gestualidade, que é a oralidade organizadora do texto, a forma de percepção da realidade que Kafka inventa, em que os temas isolados não se separam de sua frase cortada, cumulativa, carregada de semianulações, e que faz com que sua visão seja um ritmo. Também todo detalhe, como no sonho, é aí revelador. Assim o advérbio-cláusula (10) *seitlich* no primeiro parágrafo, que vem em (220) *seitlich in den Sessel sank*. Apoiada pela série prosódica. *Seitlich* é um caráter dos movimentos e um dos movimentos do caráter da mulher, que é o Oblíquo. O sentido ou, antes, o enigma do sentido, está presente, ostensivo e indecifrável, como esta mão estranha e normal, no concreto, que se deve seguir com seu ritmo para escutar a interrogação que daí decorre. É o valor que me parece ter o lugar dos grupos em (9-10) *und wendet den Oberkörper mit einem Wurf überraschend schnell seitlich*. Os pares wendet würf,

26 Idem, p. 734.
27 Idem, p. 756.
28 Idem, p. 734.
29 Idem, p. 733 E.
30 Idem, p. 732 D.
31 Idem, p. 733 D, 734 A.
32 Idem, p. 733 A.
33 Idem, p. 736.
34 Idem, p. 737 B.
35 Idem, p. 734 B.

überra*sch*end-*sch*nell contribuem para isto. Vialatte introduziu o leitor por um "vós" recomeçado no penúltimo parágrafo da narrativa, meio de dinamizar o texto estrangeiro em Kafka e que não substitui as supressões do concreto: "pivoter d'un seul coup sur les hanches si brusquement qu'elle vous fait sursauter" (circundar de uma vez com as cadeiras tão bruscamente que ela vos faz entrar em sobressalto). Claude David restabelece o "haut du corps" (alto do corpo). Mas mantém a omissão de *seitlich* suposto inclusive em "pivoter" (circundar). Há subtradução e mistura dos grupos: "et fait pivoter soudain le haut du corps avec une rapidité qui surprend" (e faz de repente circundar com o alto do corpo, com uma rapidez que surpreende). Poderíamos traduzir: "tourne le buste d'un coup à une vitesse étonnante sur le coté" (volta o busto para o lado de uma vez com uma velocidade impressionante). Os grupos são justapostos segundo uma pontuação oral, que faz a ordem sintagmática, e que se poderia notar: "volta o busto/ para o lado / de uma vez / com uma velocidade impressionante". Se há um *peso* é porque a descrição está no estranho a partir do familiar, ela própria é o *das Unheimliche* (o estranhamento).

O revisor faz suas próprias adições, seus suplementos de significância. Para (219) *wenn einmal meine kleine Richterin*, em lugar de um dos raros achados de Vialatte, "quand ma petite jugeresse" (quando minha pequena julgadora), ele renuncia ao feminino neológico, e o compensa por uma glosa; "quand mon juge – *je veux dire: cette petite femme*" (quando minha juíza – *quero dizer: esta pequena mulher*), que reinsere o significante central como título. Poder-se-ia dizer: "une fois que ma petite juge" (uma vez que minha pequena juíza) – "jugeuse" (julgadora) seria forçar o pejorativo. Os reforços enfraquecem, banalizam. Para (286) diese kleine Sache, "cette *toute* petite Chose" (esta *toda* Coisinha) acréscimo que "equilibra" a supressão de "*très*" (*muito*) em (286) sehr lange "longtemps" (durante muito tempo). A continuação (261) *das diese Frau*, suprimida por Vialatte, se traduz acrescentando *petite* "cette petite femme" (esta pequena mulher). O valor dos *neutros* e (dos passivos) continua a ser desconhecido: o *es* de (284) *Von wo aus also ich es auch ansehe* é traduzido por "cette affaire" (este negócio). Os tempos também, às vezes são falseados. O passado passa ao presente em (275) mag einer als Junge einen etwas lauernden Blick *gehabt haben*: "si vous avez, quand vous êtes jeune, le regard un peu sournois" (se tendes, quando sois jovens, o olhar um pouco dissimulado) (Vialatte) – "si un jeune garçon a un regard un peu inquisiteur" (se um jovem rapaz tem um olhar um pouco inquisidor) (C. David) – para "quelqu'un a pu étant jeune avoir un regard un peu épieur" (alguém que pôde sendo jovem ter um olhar um pouco espreitador).

Não há mais procura prosódica – neste caso, a prosódia desempenha um papel maior nesse jogo. Assim, entre muitos exemplos, (220) *seitlich in dem Sessel sank*, em Vialatte é "s'effondrait de côté sur son siège" (afundava-se de lado em sua cadeira), e na revisão: "s'effondrait sur le côté de son fauteuil" (afundava-se no lado de sua poltrona)[36]. Poderíamos propor esta correspondência: "Une fois que ma petite juge, qui avait défailli de me voir, *s*ombrait dans le *s*iège *s*ur le côté…" (Uma vez que minha pequena juíza, que tinha deixado de me ver, desaparecia na cadeira do lado…). A prosódia como ritmo não é uma distribuição aleatória (puramente linguística) de fonemas – no caso de ela não ser percebida, ser percebida como um aborrecimento, então fora de significância. É o caso em Vialatte: os /s/ de "em seu assento" (*s*ur *s*on *s*iège), devidos a uma morfologia que nenhuma expressividade lexical motiva, não tem efeito. A revisão falseia o sentido alterando a relação *in den*, "dans le" (no) e instala, pelo complemento de nome "le côté *de* son fauteuil" (o lado *de* sua poltrona) uma ordem verbo-grupo circunstancial não marcada. A não marcação dos /s/. É preciso uma ordem marcada dos grupos para que a posição dos ataques consonânticos assuma um papel de valoração. O valor sendo ao mesmo tempo sintagmático e prosódico. Organizador do discurso, ele traz mais do que o "sentido" lexical, que Claude David observou restabelecendo "poltrona". Eu coloquei "assento" por uma razão prosódica[37].

---

[36] Idem, p. 735 F.
[37] Ainda que seja de pouca importância, a correção lexicográfica de Claude David não está assegurada. Com efeito *Das grosse Wörterbuch der deutschen Sprache* em 6 v., Duden, v. 5, 1980, assinala que em austríaco *Sessel* é o equivalente de *Stuhl*. Não sei como era exatamente em Praga para Kafka. No contexto, o ganho é para *"siège"* (*assento*), termo genérico.

Outras modificações são afastadas, mais que Vialatte, do texto. O estilo de atenuação, que faz parte do tom, volta-se derrisoriamente na frase cláusula (264-265) *Das ist der heutige Stand der Dinge, der also wenig geeignet ist, mich su beunruhigen.* Vialatte: "Telle est la situation présente; elle est peu propre à m'inquiéter" (Tal é a situação presente; ela não é nada que possa me inquietar). Revisão: "Telle est la situation présent; elle n'a donc rien qui puisse m'inquiéter" (Tal é a situação presente; ela não tem *nada* que pudesse me inquietar). Eu proporia: "C'est l'état des faits d'aujourd'hui, qui est ainsi peu propre à m'inquiéter" (É o estado dos fatos hoje, que é assim pouco propício a que eu me inquiete). Acontece ao revisor acrescentar um contrassenso[38]. Rumo ao fim: (278) *aber, was in Alter übrigbleibt, sind Reste, jeder ist nötig, keiner wird erneut, jeder steht unter Beobachtung*, Vialatte, com uma transferência injustificada do quarto grupo, guardava, apesar disso, o ritmo de frase e o sentido: "mais ce qu'on garde en vieillissant, ce sont des restes, nul ne sera renouvelé, chacun d'eux est indispensable, aucun ne passe inaperçu" (mas o que se guarda ao envelhecer, são restos, nada será renovável, cada um deles é indispensável, nenhum passa desapercebido). O revisor modifica o ritmo e sobretudo deriva fora da narração imediata de *jeder* a *Reste* (que designa bem o neutro, *was*) para um animado em que o terceiro grupo não tem sentido. "Mais ce qui subsiste dans la vieillesse, ce sont des restes: tout le monde compte, personne ne se renouvellé, tout le monde est observé" (Mas o que subsiste na velhice, são restos: todo mundo conta, ninguém se renova, todo mundo é observado). Seguir Kafka levaria a dizer: "Mais, ce qui avec l'âge demeure, c'est des restes, chacun est utile, aucun ne sera renouvelé, chacun est sous observation" (Mas, isto que fica com a idade são os restos, cada um é útil, ninguém será renovado, cada um está sob observação).

Já que a significância inclui o léxico na prosódia, toma a sintagmática como ritmo do sentido, ela impõe não modificar as relações mais que a concordância. Ela impõe visar uma

---

38 E por um erro que *acaba* o texto na edição da Pléiade, o acréscimo de uma negação devolve o fim da novidade incompreensível: "je ne pourrai continuer très longtemps" (eu não poderia continuar por muito tempo), F. Kafka, *Oeuvres complètes*, p. 737.

correspondência. Mas a revisão dissocia uma relação construída para fazer disso um inciso independente, no parágrafo cláusula: (285) *wenn ich mit der Hand auch nur ganz leicht diese kleine Sache verdeckt halte.* Vialatte, com "pour peu que ma main sache cacher, cette petite plaie" (por pouco que minha mão saiba esconder esta pequena chaga), destruía a relação do sujeito com a *coisa* e a *mão*. A revisão o falseia também, mas de outra forma: "pourvu que je tienne cachée cette toute petite chose – il me suffira de poser légèrement la main dessus" (dado que eu tivesse escondido esta pequena coisa – me bastaria colocar levemente a mão em cima).

O discurso talvez esteja sempre nas franjas da língua. Em todo o caso a literatura o é, quando ela modifica a literatura. A tradução deve, pois, também estar aí. A escritura só teria de construir uma bela linguagem, que é a soma dos riscos não percorridos, os ganhos de antemão, o que faz com que se perca tudo ao confiar nisso. Também uma tradução é apenas o momento de um texto em movimento. Ela própria é a imagem que jamais acabou. Ela não saberia imobilizá-lo.

A título de ateliê[39], eu coloco aqui a tradução do primeiro e do último parágrafo de *Uma Pequena Mulher*:

C'est une petite femme; toute svelte de nature, elle porte pourtant un corset serré; je la vois toujours dans la même robe, elle est d'un tissu gris jaunâtre vaguement couleur de bois et un peu garnie de pompons ou d'ornements en manière de boutons de la même couleur; elle est toujours sans chapeau, ses cheveux blonds ternes sont lisses et sinon décoiffés, très mollement tenus. Malgré qu'elle porte un corset, elle est facilement vive, il est vrai qu'elle force cette vivacité, elle aime à mettre les mains sur les hanches et à tourner le buste d'un coup à une vitesse étonnante sur le côté. L'impression, que sa main fait sur moi, je peux seulement la rendre, si je dis que je n'ai encore vu aucune main, dont les différents doigts soient séparés l'un de l'autre d'une manière aussi aiguë, que les siens; pourtant sa main n'a en rien aucune particularité anatomique, elle est entièrement normale, c'est une main.

---

39 Eu dou aqui, remanejando com a ajuda de Régine Blaig, uma tradução proveniente de um trabalho coletivo empreendido por Catherine Claude e Rolland Pierre, que permanece inacabado. Rolland Pierre havia publicado *Odradek loi de Kafka*, E.F.R., 1976.

* * *

Ainsi d'où même que je la voie, toujours et toujours il apparaît et j'en reste là, que, si, avec la main, même rien que tout légèrement, je tiens cachée cette petite chose, je vais encore très longtemps, sans être dérangé par le monde, pouvoir continuer calmement ma vie de maintenant, malgré toutes les rages de la femme.

É uma pequena mulher: toda esbelta por natureza, ela traz no entanto um espartilho apertado; eu a vejo sempre com o mesmo vestido, de um tecido cinzento amarelado, vagamente cor de madeira e um pouco guarnecido de pompons ou ornamentos à maneira de botões da mesma cor; ela está sempre sem chapéu, seus cabelos loiros descorados são lisos ou às vezes despenteados, presos muito suavemente. Embora ela vista um espartilho, é facilmente viva, e é verdade que ela força esta vivacidade, adora botar as mãos nas ancas e voltar o busto de uma vez numa velocidade espantosa para o lado. A impressão que sua mão exerce sobre mim, eu posso simplesmente transmitir, se digo que não vi mão nenhuma, cujos diferentes dedos sejam separados um do outro de uma maneira assim tão aguda quanto os seus; no entanto sua mão não tem nenhuma particularidade anatômica, ela é inteiramente normal, é só uma mão.

* * *

Assim que eu a vejo, sempre e sempre eu me prendo aí e se, com a mão, mesmo muito de leve, prendo-me a esta pequena coisa, e vou ficar ainda muito tempo, sem ser perturbado pelo mundo, vou poder continuar calmamente minha vida de agora, apesar de todas as raivas da mulher.

Deslocações de leitura, deslocações de escritura estão sempre ligadas. Na tradução não se trata de retardar a passagem de uma à outra. À teoria do ritmo cabe deslocar o traduzir, e à tradução cabe mostrar que uma significância leva e desregula todos os sentidos, em seu próprio ritmo.

6. Poética de um Texto de Filósofo e de Suas Traduções:

Humboldt, na tarefa do escritor da história

Quanto a mim ele acaba [Goethe] de reler o estudo sobre a linguagem e nisso ele era muito eloquente. Mas o que me causou uma impressão estranha, é que a propósito daquele sobre a história, ele jamais respondeu por escrito uma palavra, nem até agora disse uma sílaba. Este estudo tem, em suma, um destino singular. Para alguns, como você sabe, e entre os quais pessoas muito contidas, como [o historiador] Heer de Götttingen, ele agradou sem medida, e também a você. Outros já mostraram pelo seu silêncio o contrário, assim certamente a maior parte da Academia de Berlim. O próprio Schleiermacher, como acredito, Alexander, a quem já desagradam as duas palavras que aí se encontram sobre um governo superior do mundo. Schlegel, Körner também, a quem eu o havia mostrado em manuscrito, não teve mais do que um julgamento muito moderado, mesmo Welcker. Mas eu confesso estar ao lado daqueles que levam muito em conta o trabalho, e esta experiência me determinará no futuro a seguir mais o meu próprio julgamento. Pois eu realmente duvidei se devesse enfim deixar imprimir este estudo[1].

---

1 Carta de Humboldt à sua mulher Carolina, 12 de novembro 1823. Citado em Wilhelm von Humboldt, *Werke*, Stuttgart: Klett-Cotta, 1981, t. 5. p. 363.

Para uma Poética de Humboldt

Humboldt, ilustre e desconhecido[2]. É um estereótipo, mas ele os coleciona. Porque consegue escapar das categorias da instituição – ele que fundou uma, a Universidade de Berlim. Não está no seu lugar nem no seu tempo, nem no nosso. Não porque esteja à margem, por exemplo da linguística que se fez à sua volta, nem da filosofia. Mas, ao contrário, porque ele visa a administração conjunta do que geralmente se continua a separar: a linguagem, a literatura e a história. Ele alcança mais uma posteridade do que seus contemporâneos. Sua aventura, com os efeitos datados e sempre ativos, longe de o esgotar, faz de seu pensamento uma entrada do presente e do futuro das ciências humanas – da teoria da linguagem e da teoria da sociedade.

O silêncio de que ele se lamentava na carta à sua mulher, a propósito de seu estudo sobre a história (lido na Academia de Berlim em 1821, publicado em 1822), continuou sob diversas formas. Suponho que estas formas são as próprias formas da resistência a esta estabilidade correlativa da linguagem, da literatura e da história. A verificar-se pela escritura, e pela tradução. De onde o interesse que elas apresentam, que é inseparável da busca de pensar esta correlação. As transformações na acolhida, os problemas de interpretação, as modificações da técnica de traduzir são momentos da história de nosso pensamento da linguagem, pelos quais aparece a solidariedade da poética com o trabalho de Humboldt.

Por isso escolhi este estudo sobre a história como exemplo de alguns problemas: o do estatuto filosófico dos textos de Humboldt, o da tradução de um texto como esse. Tento mostrar que eles não podem ser colocados de maneira fecunda pela teoria da linguagem que implica uma verdadeira colocação na

---

2 Este trabalho foi preparado para o ensaio sobre a teoria da linguagem em Humboldt em *Le Signe et le poème*, Paris: Gallimard, 1975, p. 123-139, e para o estudo sobre o tratamento que Chomsky dá a Humboldt em Théorie du langage, théorie politique, une seule stratégie (Humboldt, Saussure selon Chomsky), *Poésie sans réponse*, Paris: Gallimard, 1978, p. 317-395. Eu remeto igualmente a Penser Humboldt aujourd'hui, *La Pensée dans la langue, Humboldt et après*, organização de Henri Meschonnic, Vincennes: Presses Universitaires de Vincennes, 1995. Série sem fim. Uma primeira versão apareceu em *Les Tours de Babel*, Mauvezin: Trans-Europ-Repress, 1985.

história da filosofia, e que implica certas técnicas da tradução. O que diz a mirada de uma poética de Humboldt: não uma irrisória redução ao poético, mas a tentativa de alcançar um trabalho do conceito em e por sua escritura. Não somente sem o separar de sua escritura, mas para mostrar que talvez nunca é sem prejuízo que se procede a tais separações. Não se trata mais aqui de uma tomada filosófica sobre um texto filosófico. Mas da tentativa para mostrar a poética até em um texto filosófico: tanto a relação com a significância de uma língua como a de um sujeito histórico nesta língua. A passagem pelas traduções é então a dupla descoberta: seja porque elas mostram, ou porque escondem. Pela teoria e prática da tradução, este trabalho reporta-se nele mesmo a alguma coisa da procura de Humboldt, e de sua estratégia de antifilosofia: a filosofia que construía as histórias teleológicas foi sempre a que é solidária com a regência do signo, para seus efeitos de transcendência.

Um efeito recorrente consiste na colocação de dúvida do próprio estatuto filosófico dos textos de Humboldt: "Filósofo, Humboldt? Do ponto de vista dos filólogos, talvez"[3]. Acrescentando que "nenhum filósofo é jamais citado". Por conta disto, Wittgenstein quase nem é mais filósofo. É verdade que a dúvida ganha o estatuto de linguista também. Humboldt parece muitas coisas de uma só vez, antropólogo, comparatista, para ser filósofo – o que atribui ao filósofo um "projeto unificador"[4]. Jean Quillien nota também que Humboldt "não deu jamais uma elaboração sistemática"[5] de sua filosofia. Por um lado, "Humboldt não é filósofo no sentido universitário do termo"[6]. Porque ele "não faz parte dos sucessores debatendo tal ou tal ponto da doutrina"[7], e porque ele toma uma "via antropológica"[8]. Além disso, como filósofo, seu retrato é o de

---

3 Pierre Caussat, Introduction du traducteur, em W. von Humboldt, *Introduction à l'oeuvre sur le kavi et autres essais*, Paris: Seuil, 1974, p. 14. Abrevio como K.
4 Idem, p. 15.
5 Jean Quillien, Introduction à G. de Humboldt, *La Tâche de l'historien*, traduções e notas de Annette Disselkamp e André Laks, Lille: Presses Universitaires de Lille, 1985, p. 40. Abrevio como TH.
6 J. Quillien, *G. de Humboldt et la Grèce: modèle et histoire*, Lille: Presses Universitaires de Lille, 1983, p. 29.
7 Idem, ibidem.
8 Idem, p. 30.

um fracasso: "Humboldt não chegará a dominar o sujeito e a construir esta filosofia da história cujo quadro ele traçou"[9]. Donde a contradição reconhecida:

> Isto faz parte, portanto, da interrogação sobre a filosofia de Humboldt mais do que perguntar-se por que, em regra geral, ele não foi reconhecido como filósofo e por que ele próprio se recusou a se servir da via da especulação filosófica no sentido clássico, considerando que esta encontrou seu término com Kant[10].

Esta própria recusa é um ato que a filosofia deve levar em conta, já que ela visa, como diz Jean Quillien, a "mudança completa da relação entre história e filosofia"[11].

Variante, que depende do motivo precedente, e que assegura um lugar considerável no efeito de teoria, e no efeito social – Humboldt difícil. Alguns não se incomodam em dizer que é porque ele não tem as ideias claras: "*Von Humboldt's style is not a simple one for modern ears nor is his thought always clear* – o estilo de Humboldt não é simples para os ouvidos modernos e seu pensamento nem sempre é claro"[12]. Consequência pragmática: "*I have felt free to make whatever changes seemed required either by the text itself or by modern usage* – Eu me senti livre para fazer todas as mudanças que pareciam pedir o próprio texto ou o uso moderno"[13]. Como saltar frases, ou modernizar. Em suma, vir em auxílio ao mesmo tempo do leitor de hoje, e de Humboldt. Dupla boa ação pois que:

> *His groping about for what are now familiar terms is often painful, but his constant philosophizing about matters which either can now be factually ascertained or should be rejected out of hand since they do not admit of proof would certainly be anathema to the modern linguist.*
> Seu tatear em direção do que são agora termos familiares é muitas vezes penoso, mas a maneira de filosofar constantemente

---

9 Idem, p. 9.
10 Idem, p. 30.
11 *TH*, p. 39.
12 Translator's Foreword, em W. von Humboldt, *Linguistic Variability and Intellectual Development*, tradução de George C. Buck e Frithjof A. Raven, Philadelphia: University of Pennsylvania Press, 1972, p. x.
13 Idem, ibidem.

sobre temas que são agora estabelecidos pelos fatos, ou são para rejeitar porque não admitem prova, seria certamente ferida pelo anátema do linguista moderno[14].

Humboldt cumpre o acordo do linguista e do filósofo universitário.

Para a poética, esta dificuldade não aparece senão como a ilusão por excelência fomentada por tudo o que opunha e que opõe ainda uma resistência à teoria da linguagem iniciada por Humboldt. Dificuldade levada em conta pelo estilo, ou de uma obscuridade no pensamento, é a própria resistência que se enuncia através do diagnóstico: "A dificuldade da frase e do estilo humboldtianos, sempre surpreendentes, e às vezes no limite da correção é conhecida" diz a nota "Sobre os Textos Traduzidos" de dois tradutores de *A Tarefa do Historiador*[15]. De onde, desde já, a desculpa pedida ao leitor, para "certas durezas e obscuridades da tradução". No entanto, Jean Quillien diz muito bem: "a dificuldade dessas páginas não é outra senão a da própria coisa"[16].

As palavras de Humboldt, ao menos na aparência, não são técnicas. São palavras concretas geralmente comuns: *Gebrauch* "uso" é um termo corrente, mais que "de práxis" ou "pragmática" pelas quais a filosofia em jargão técnico, propõe oferecer[17]. Paradoxalmente, é para ele "a questão terminológica que torna tão difícil a leitura de Humboldt"[18]. Porque não há a terminologia de nosso tempo. Mas é suficiente ler historicamente, tudo o que podemos com a precisão indispensável. Jean Quillien o faz ao lembrar que "por gramática [Humboldt] entende o que se dá sob este nome em seu tempo [...] quer dizer, uma gramática taxinômica"[19]. Mas ele alcança também todos os autores do passado. Não se diz para tanto que eles são obscuros. Mesmo que a gente se iluda sobre a transparência através da

14 Idem, p. ix.
15 *TH*, p. 46.
16 Idem, p. 20.
17 J. Quillien, Le Signe, le mot, le sens: sur une approche sémantique de la linguistique (G. de Humboldt), em Noël Mouloud; Jean-Michel Vienne (orgs.), *Langages, connaissance et pratique*, Lille: Presses Universitaires de Lille, 1982, p. 151.
18 Idem, p. 145.
19 Idem, p. 146.

qual acredita-se lê-los. Surge um duplo efeito perverso: a tentação historicista – reduzir o sentido às condições de produção do sentido, um dos modos possíveis da leitura imanente, que os estudiosos de literatura aprenderam há muito tempo a não praticar, mas não talvez certos filósofos; e a tentação inversa – ver o sentido na situação passada como um anúncio do sentido presente: "ele anuncia o pós-estruturalismo nascido de Chomsky"[20]. O papel do precursor. Sem desconhecer o efeito de relançamento dado a Humboldt por Chomsky[21], este efeito era mais social do que teórico. Humboldt, tanto quanto Descartes, não teve necessidade de Chomsky. Mas Chomsky teve necessidade de Humboldt. Desta captação passageira, Humboldt aparece porque ele mistura os problemas que Chomsky não pode mesmo conceber nos seus próprios limites. Como o discurso, ou a relação entre língua e literatura.

Nem o inacabamento da obra, nem a referência necessária à época, ou mesmo a oposição ao que construía tanto a filosofia (passada e contemporânea) quanto a linguística de seu século, podem constituir a obscuridade atribuída a Humboldt. Embora o inacabamento, a dificuldade e a rejeição do pensamento recebido estejam ligados, são eles apenas aspectos de uma mesma situação. Em parte comparável à de Saussure. Mas a história recente do pensamento da linguagem foi escrita de tal maneira que Saussure não passa por difícil. Exemplo limite, já que está no limite do visível ideológico, que ilustra o quanto a grade estruturalista fabricou uma falsa facilidade de Saussure. Com seus efeitos escolares. Ela mascara a dificuldade do valor por um primado não saussuriano do sentido. Mascara o arbitrário pela convenção. Um a um recobre os inacabamentos fecundos de Saussure sob a permanência de um signo e de uma natureza que são em relação a ele uma dupla regressão. É precisamente esta dominância, até em seus efeitos de modernidade, que fornece o ponto de vista a partir do qual Humboldt parece difícil.

---

20 Idem, ibidem.
21 Essencialmente em *Current Issues in Linguistic Theory*, Paris: The Hague / Mouton, 1964 e *Cartesian Linguistics, A Chapter in the History of Rationalist Thought*, New York: Harper and Row, 1966.

Visto em seu próprio sentido, Humboldt não é mais difícil do que aquilo que ele tenta pensar. Que certamente não é separável de seu estilo, se a procura da expressão e a ética do pensamento são a mesma operação. Daí as fórmulas famosas que são abundantes em Humboldt. Atestando pela sua simplicidade o achado. Contra o clichê do Humboldt difícil, e pelo estilo, é pertinente lembrar algumas delas. As mais fortes são o encontro, nas palavras mais comuns, da linguagem com sua verdade. A pretensão profissionalista que identifica a novidade conceitual com a formalização e o neologismo técnico deve ter concebido nisso alguma vontade.

Retenho só algumas proposições concernentes à linguagem. No estudo sobre a história, por exemplo: "*um sich zu verstehen, muss man sich in einem andren Sinn schon verstanden haben* – pour se comprendre, il faut en un autre sens s'être déjà compris" (para se compreender, é preciso em um outro sentido ter-se compreendido a si mesmo)[22]. Da *Introdução à Obra sobre o Kavi*, sobre *die Sprache*, a língua – a linguagem: "*Sie muss daher von endlichen Mitteln einen unendlichen Gebrauch machen* – "Aussi il doit, avec des moyens finis, faire une usage infini" (Também ele deve, dos meios acabados, fazer um uso infinito)[23], fórmula retomada por Chomsky. Ou "*Man muss die Sprache nicht so wohl wie ein todtes Erzeugtes, sondern weit mehr wie eine Erzeugung ansehen* – on doit voir le langage non tant comme une chose produite, morte, mais bien davantage comme une production" (deve-se ver a linguagem não tanto como uma coisa produzida, morta, mas bem mais como uma produção) (III, 416; VII, 44; 181). Variante mais citada sobre a linguagem: "*Sie selbst [die Sprache] ist kein*

---

22 Para o texto de *Ueber die Aufgabe des Gerschichtschreibers*, em *Werke in fünf Bänden*, Stuttgart: Cotta'sche Buchhandlung, 1960-1981, t. 1, p. 585-606, dou primeiro a referência a esta edição, a página e a linha (aqui 597, 8-9); depois a referência de base para a edição da Academia, tomo e página (aqui IV, 47); depois eventualmente, para a tradução de P. Caussat na edição da Seuil, a página e a linha: para esta de A. Disselkamp e A. Laks, a página e a linha. Quando não há nenhuma dúvida, eu não faço preceder estas duas últimas referências de K ou TH. Aí onde não figura nenhuma menção destas duas traduções, sou eu que traduzo. Para os outros textos de Humboldt, em particular a *Introduction à l'oeuvre sur le kavi*, o tomo e a página da edição Cotta, depois a referência à Academia. E o número da página na edição da Seuil para encontrar a passagem.
23 III, 477; VII, 99; 246. Para estas citações, modifiquei a tradução de P. Caussat.

Werk (Ergon), sondern eine Thätigkeit [Energeia] – Lui-même n'est pas une oeuvre *(Ergon)*, mais une activité *(Energeia)*" (Ele próprio não é uma obra [*Ergon*], mas uma atividade [*Energeia*]) (III, 418; VII, 46; 183).

É pois um pensamento do discurso. Assim entre outros: "*Wir haben es historisch nur immer mit dem wirklich sprechenden Menschen zu thun* – Historiquement, nous n'avons jamais affaire qu'avec l'homme réellement en train de parler" (Historicamente, não temos nada a ver senão com o homem realmente em vias de falar) (III, 415; VII, 43; 180)[24]. No mesmo sentido, "*die eigentliche Sprache in dem Acte ihres wirklichen Hervorbringens liegt* – la langue proprement dite consiste dans l'acte de son émission réelle" (a língua propriamente dita consiste no ato de sua emissão real) (III, 418; VII, 46; 184). Este pensamento da enunciação e do discurso constrói uma crítica da noção de palavra: "*In der Wirklichkeit wird die Rede nicht aus ihr vorangegangenen Wörtern zusammengesetzt, sondern die Wörter gehen umgekehrt aus dem Ganzen der Rede hervor* – Dans la réalité, le discours n'est pas composé de mots qui le précèdent, mais ce sont les mots au contraire qui procèdent du tout du discours" (Na realidade, o discurso não é composto de palavras que o precedem, mas são as palavras, ao contrário, que procedem do todo do discurso) (III, 448; VII, 72; 213). E enfim, contra ou antes fora dos grandes criadores de dicionários e de gramáticas de seu século, Humboldt faz a crítica do que Sausssure chamará de "subdivisões tradicionais" (léxica, morfológica, sintática), ou seja, o pensamento da língua: "*Das Zerschlagen in Wörter und Regeln ist nur ein todtes Machwerk wissenschaftlicher Zergliederung* – Le morcellement en mots et en règles n'est qu'une confrefaçon morte de l'analyse scientifique" (O desmembramento em palavras e em regras é uma contrafação morta da análise científica) (III, 419; VII, 46; 184).

Exemplos perfeitamente claros do antagonismo radical com o pensamento dominante sobre a linguagem. Aí compreendida a gramática generativa. Humboldt não é assimilável por ela. É,

---

24 A tradução de Caussat: "Nous n'avons réellement affaire qu'à l'homme effectivement engagé dans l'acte de la langue" (Nós não temos realmente negócio senão com o homem efetivamente engajado no ato de língua) *não tem sentido* linguístico: existem atos de linguagem e de discurso, não de língua.

pois, obscuro ou fragmentariamente citado. Exemplos também do "estilo" de Humboldt. O próprio estilo de sua busca. Seu texto constrói, ao mesmo tempo, a prática e a teoria de sua poética: a tensão e a manutenção das relações entre a teoria da linguagem-discurso, a teoria da literatura e a da história.

A tarefa do tradutor de Humboldt é de reconhecer esta poética. De reconhecê-la como poética. Não como retórica. O trabalho do pensamento constrói uma poética se ele transforma os valores da língua em valores de discurso, próprios a seu único discurso. Mas se as categorias da língua permanecem categorias da língua, é o jogo da retórica. Esta banalidade, que não se pode separar um pensamento de sua escritura. Cabe ao tradutor não tomar uma poética por uma retórica, em todos os *níveis* que a linguística tradicional distingue.

Ora a filosofia não se dá com a poética. Visivelmente, ela tende a rechaçá-la para a retórica. Porque, talvez, tenha necessidade de continuar a separar o que a poética tende a ligar como um todo inseparável. Presa ao signo, ao sentido. As categorias tradicionais a arranjam, pois elas administram e mantêm sua transcendência às línguas, e a tudo o que não seja história e espaço de sua própria conceptualidade. Aí aparece a solidariedade entre a busca de Humboldt e a da poética. Na crítica do signo. Na procura da tradução e na crítica da tradução.

Porque a tradução é uma prática da linguagem que mostra precisamente aquilo que ela pensa tão bem esconder, que ela própria não o vê. Ela traduz, e trai, sua própria teoria da linguagem, e da poética, ao mesmo tempo e mais ainda do que o texto que ela traduz. Tudo uma metalinguística e um meta literário, tão invisíveis ao tradutor que ele os toma justamente por transparência, por modéstia, fidelidade, misturando-se ao texto traduzido. O que situa o encontro entre a aposta da crítica do traduzir e da teoria da linguagem.

Humboldt é assim a matéria e a visada, através da tradução, de sua própria teoria da linguagem. Por isso interessa-lhe postular uma poética de seus textos. Trabalhar para desembaraçar as categorias da poética e as categorias do signo, que operam na tradução.

A necessidade deste procedimento leva a insistir na crítica. Não seria preciso que a exigência do que falta às traduções fizesse esquecer seu efeito de introdução. A crítica parece aniquilar seu próprio objeto. É que a tradução é um revelador dos problemas do texto. A crítica que se deve a ela, não é nem ingrata, nem superior. Ela não é possível, se não houver uma diferença entre o observador e o observado. Não é no seu objeto que ela se apoia, mas nesta diferença. Não se poderia desprezar esta diferença, nem fazer dela um mérito. Não se poderá mais continuar a escamoteá-la. Seria fazê-la solidária com o que não se pode mais partilhar. Nem irenismo, nem dominação, a crítica é uma procura do sentido, o que nada pode deter.

Desde o título *A Tarefa do Historiador*, as duas traduções publicadas que dão acesso ao texto em francês resolvem um problema apagando-o: a distinção que a língua faz, em alemão, entre *Geschichtschreiber*, o que escreve a história, e *Geschichtsforscher*, o que faz da pesquisa em história, sem falar do *Historiker* (Historiador). Humboldt retoma este valor na língua e faz dele um valor de seu discurso. Desde o estudo sobre *Hermann et Dorothée* (1798), como o lembram os últimos tradutores[25], ele esboçava uma distinção pessoal. Distinguindo a natureza e a humanidade, de onde fundamentalmente "*zwei Wissenschaften, die Naturbeschreibung und die Geschichte* – duas ciências, a descrição da natureza e a história", ele logo acrescentava:

Denn der Geschichtschreiber, der sehr wohl von dem blossen Erzähler geschehener Begebenheiten zu unterscheiden ist, muss, gerade wie wir es in jenem Zustande schilderten, das Ganze seines Stoffs übersehen, alle Verbindungen desselben aufsuchen, immerfort unpartheiisch von ihm dastehn und für alle mannigfaltigen menschlichen Empfindungen und Lagen Sinn haben, um jede, die er vor sich erblickt, in ihrer Eigenthümlichkeit zu verstehen – Pois o escritor da história, que é preciso particularmente distinguir do pesquisador e do simples autor de narrativas de acontecimentos ocorridos, deve, exatamente como nós o havíamos descrito neste estado, ter uma vista de conjunto sobre o todo de sua matéria, inquirir-se sobre todas as suas ligações, manter-se adiante constantemente sem tomar partido e ter o sentido de todos os múltiplos sentimentos e situações humanos, para compreender em sua particularidade cada um destes, que ele percebe diante de si[26].

25 TH, p. 94.
26 II, 255; II, 230.

O próprio trajeto da história, em Humboldt, como objeto do sujeito-histórico, que Jean Quillien descreveu no prefácio a este texto, motiva a escritura da história. O historiador é o "sujeito que escreve a história"[27]. Se o francês só tem a palavra "historien", é por causa da língua. Para responder a um trabalho do discurso, como é o caso em Humboldt, é preciso um trabalho do discurso. O texto traz seu título todo que se estende. Há duas vezes *Geschichtsforscher*, salvo erro (588, 9; IV, 38 e 591, 3; IV, 41) em um contexto em que outras formas de palavra aparecem três vezes: *das Verbinden des Erforschten* (587, 27; IV, 37), *den erforschbaren Stoff* (588, 5; IV, 38), *des zu erforschenden Gegenstandes* (588, 8; IV, 38). Em relação de contiguidade com *Studium* e *Uebung* (591, 3; IV, 41). Mas *Geschichtschreiber*, dezenove vezes. Duas vezes acompanhado da apreciação *der dieses Namens würdig ist*, "qui est digne de ce nom" (que é digno deste nome) (590, 21; IV, 41) *er im wahren Sinne des Wortes*, "au vrai sens du mot" (no verdadeiro sentido da palavra) (597, 15; IV, 47). Associado ao "génial" (genial) (599, 20; IV, 49). Em relação com a *Stimmung*, "disposition" (disposição) (589, 7; IV, 39), a ligação da parte ao todo (590, 21; IV, 41), a arte e o artista (591, 12; IV, 42 – 594, 30; IV, 45 – 595, 12; IV, 45), as forças (596, 28; IV, 47 – 597, 21; IV 47 – 600, 26 e 29; IV, 51), as ideias (594, 26; IV, 45 – 605, 10, 19, 29; IV, 55-56), as "causes immédiates" (causas imediatas) (591, 1; IV, 49), a penetração do "*Weltregierung*" (600, 11; IV, 50), a "vraie configuration des événements" (verdadeira configuração dos acontecimentos) (601, 9; IV, 51), a "liberté du point de vue" (liberdade do ponto de vista) (606, 7; IV, 56). O texto inteiro é o campo semiótico que motiva o título pelo discurso. Neste sentido é uma palavra-valor – ou palavra poética. A escritura da história, estrategicamente, é colocada ao lado do "tratamento poético" de que ele tem menos a temer que da filosofia (595, 36; IV, 46). Pois, acrescenta Humboldt, "*Die Philosophie schreibt den Begebenheiten ein Ziel vor...* – La philosophie écrit une visée pour les événements" (A filosofia escreve uma visada para os acontecimentos) (506, 1; IV, 46). Seria preciso "prescrit" (prescrito), mas eu quis marcar aqui a importância do

---

27 *TH*, p. 20.

significante *écrire* (escrever). Que os últimos tradutores apagam traduzindo: "La philosophie impose à ce qui advient un but" (A filosofia impõe ao que acontece um propósito)[28].

Esta escritura não se confunde com o sentido das palavras na língua. Nem com sua retórica. Ela transforma o valor e até o sentido, em certos casos. O que tem lugar, neste texto e por este texto, mas que a propósito de algum outro termo, no significante *Zusammenhang*, que constitui a condição da inteligibilidade em história. O sentido do dicionário (vínculo, conexão, relação...) de saída, não parece estar em questão. O que existe no emprego corrente da língua. Por exemplo, no posfácio dos editores alemães: "*für Zusammenhänge mit der Geschichte und den Geistesströmungen der Epoche* – pour les relations avec l'historie et les courants spirituels de l'époque" (para as relações com a história e as correntes espirituais da época) (I, 609). O sentido que tem em algum lugar em Humboldt. Como no título do texto de 1824 "*Ueber die Buchstabenschrift und ihren Zusammenhang mit dem Sprachbau* – Sur l'écriture alphabétique et sa relation avec la construction de la langue" (Sobre a escritura alfabética e sua relação com a construção da língua) (III, 82; V, 107). Mas este termo é o lugar de um trabalho conceitual, que leva a resultados diversos segundo os textos. Assim, existe uma variante *Zusammensetzung*, "composition" (composição), para "décrire des comportements morphologiques du basque marginaux ou étrangers aux langues classiques" (descrever os comportamentos morfológicos do basco, marginais ou estranhos às línguas clássicas)[29]. Em *La Tâche de l'ecrivain de l'historie* (A Tarefa do Escritor de História), Jean Quillien colocou em evidência a indivisibilidade entre a ideia como conceito subjetivo e o princípio objetivo. Este conceito composto trabalha *Zusammenhang*, o campo lexical e semântico do todo, *das Ganze*, contra o dos elementos isolados, a "coerência interna

---

28 TH, 77-20.
29 J. Rousseau, Wilhelm von Humboldt et les langues à incorporation: genèse d'un concept (1801-1824), em Sylvain Auroux; Francisco Queixalós, *Pour une histoire de la linguistique amérindienne en Frances*, Paris: Association d'ethnolinguistique amerindienne, 1984, p. 80 (*Amerindia*, n. 6).

entre os acontecimentos"³⁰. Quer dizer, segundo uma motivação da palavra e dos componentes da palavra, o equivalente morfológico e semântico do grego *sustèma* – a traduzir aqui, pois, em tanto que valor, mais que sentido, por *sistema*. O trajeto que é feito é "a ligação entre sistema e história, ligação perfeitamente característica, como a analisou longamente Heidegger, do pensamento alemão pós-kantiano"³¹. Jean Quillien evocava, para um texto de Humboldt sobre a Grécia, a partir de 1792, "a exigência de um sistema completo das atividades humanas"³². Sem valor hegeliano. Tal como ele aparece em alguma parte, o contexto conceitual requerendo um princípio "da Ciência ou do Sistema como exigência de uma dedução lógica e completa da multiplicidade a partir de um princípio único e unificador"³³. Um "projeto de sistematicidade racional"³⁴. Mas no lugar em que o "múltiplo se volta para a unidade"³⁵, em Humboldt a reflexão sobre a linguagem se orienta em direção à diversidade.

Assim o ensaio de 1821 sobre a história se inscreve na teoria da linguagem na medida em que é uma teoria da sociedade. O que aqui marca a série "individualidade-indivíduo" – *Individualität* e *Individuum*. É "*die Verschiendenheit der Individualität* – la différenciation de l'individualité" (a diferenciação da individualidade) (602, 5; IV, 52), plural interno do singular, se se pode dizer. O que curiosamente a tradução de Pierre Caussat fazia passar só ao plural: "La diversité des styles individuels" (A diversidade dos estilos individuais)³⁶, mas A. Disselkamp e A. Laks ao distributivo, pois no singular: "la variété individuelle" (a variedade individual)³⁷. Há também a "individualité des nations" (individualidade das nações) (603, 38; IV, 54). Noção ligada à da de ideia em Humboldt: "*Die Idee kann sich nur einer geistig individuellen Kraft anvertrauen* –

---

30 TH, p. 30.
31 J. Quillien, *Humboldt et la Grèce*, p. 27.
32 Idem, p. 47.
33 L. Ferry; J.-P. Pesron; A Renaut, apresentação de *Philosophies de l'Université, L'Idealisme allemand et la question de l'Université*, Paris: Payot 1979, p. 14.
34 Idem, p. 15.
35 Idem, p. 23.
36 K, 54-15.
37 TH, 83-20.

L'idée ne *peut* se confier qu'à une force spirituelle individuelle"
(A ideia só pode se confiar a uma força espiritual individual)
(602, 23; IV, 53). A relação entre *Individualität* e *Individuum*[38]
passa também pelo campo do *das Einzelne* e *de Einzelne*, os indivíduos isolados, associados ao imediato, à fragmentação do visível desde o começo do texto:

Das Geschehene aber ist nur zum Theil in der Sinnenwelt sichtbar, das Uebrige muss hinzu empfunden, geschlossen, errathen werden. Was davon erscheint, ist zerstreut, abgerissen, vereinzelt, was dies Stückwerk verbindet, das Eizelne in sein wahres Licht stellt, dem Ganzen Gestalt giebt, bleibt der unmittelbaren Beobachtung entrückt. – Mas o que se passou só é em parte visível no mundo sensível, além disso, o resto deve no mais ser pressentido, implicado, adivinhado. O que aparece está em pedaços, descosido, isolado; o que mantém este remendo, expõe o que é isolado à sua verdadeira luz, dá ao todo sua configuração, que permanece subtraída à observação imediata (585, 8; IV, 35).

Mas há também, uma vez, "*etwas von dem lebendigen Reichthum des Einzelnen* – quelque chose de la vivante richesse de ce qui est isolé" (alguma coisa da riqueza viva do que se isolou) (605, 38; IV, 6). Que é também o singular concreto, e o particular, mas tomado isoladamente. De onde há que prestar atenção às traduções que colocam *individualidade* e *indivíduo* (P. Caussat), e também certas traduções de *Einzelne* por "individus" (indivíduos) (600, 33; IV, 51 – K, 53-6) ou "individus proprement dits" (indivíduos propriamente ditos) (604, 1; IV, 54 – K 566-1).

Os valores das palavras não são os únicos a constituir o sistema do texto. Há aqui, particularmente, uma poética do neutro. Significância do indiferenciado, matéria do desconhecido na inteligibilidade, que parece notada pelos qualificativos colocados no neutro. Evocando, de longe, o não sei quê. Não de neutros da língua, mas de neutros do discurso. A medida em que eles fazem parte de uma gramática do discurso, eles constituem valores. Eis aqui alguns, depois que o texto começou em *das Geschehene, das Uebrige, das Einzelne: ein Unendliches,* "quelque chose d'infini" (alguma coisa de infinito) (588, 34;

---

38 Explicitada em 603, 27-31; IV, 54 – K 55, 31-34 – *TH*, 85,8-11.

IV, 39) – Caussat apaga o neutro por "un domaine infini" (um domínio infinito) (K, 42-24); "*als Drittes, Verknüpfendes* – en troisième, quelque chose qui lie" (em terceiro, qualquer coisa que una) (592, 15; IV, 43) – Caussat: "terme médiateur" (termo mediador) (46, 6); *das Geistige*, "le spirituel" (o espiritual) (596, 23; IV, 47) – Caussat: "leur vigueur spirituelle" (seu vigor espiritual) (49, 19). No entanto, um neutro é sempre possível: "*Denn das Bewundernswürdige* – Car l'admirable" (Pois o admirável) (601, 33; IV, 52; K, 54-4). Ou: "*man fasst das Rechte, das Feine, das Verborgene nur auf, weil der Geist richtig, es aufzufassen, gestimmt ist* – on ne comprend ce qui est juste, subtil, ou dissimulé, que parce que l'esprit se trouve dans une juste disposition pour le comprendre" (não se compreende o que é justo, sutil, ou dissimulado, senão porque o espírito se encontra numa justa disposição para compreendê-lo) (595, 10-12; IV, 45 – TH, 28). O inominado procurado pelo discurso motiva pois a retórica da língua, que por ela mesma é arbitrária. Assim a língua é motivada pelo discurso, não o discurso pela língua, em "*Denn es* [*das Begreifen*] *besteht allemal in der Anwendung eines früher vorhandenen Allgemeinen auf ein neues Besondres* – Car il [le comprendre] consiste toujours dans l'application de quelque chose de général, qui était là plus tôt, sur quelque chose de particulier qui est nouveau" (Pois ele [o compreende] consiste sempre na aplicação de alguma coisa de geral, que estava ali antes em alguma coisa particular que é nova) (597, 4-6; IV, 47). Onde converge o *alles Menschliche*, "tout ce qui est humain" (tudo que é humano) (597, 13; IV, 47 – K, 50-6), o *etwas Ursprüngliches* "quelque chose d'originaire" (alguma coisa originária) (603, 33; IV, 54; TH, 85-13). Mesmo o neutro gramatical da língua, com o efeito de retardamento sintático na frase, se inscreve neste efeito do neutro. Por exemplo, para a multiplicação dos particípios ao neutro, em cláusulas de grupo, que dependem de *das Princip*: "*ein noch mächtiger wirkendes, nicht in unmittelbarer Sichtbarkeit auftretendes, aber* [...] *verleihendes Princip*" (600, 36-38; IV, 51), efeito puramente prosódico do neutro, que desapareceu necessariamente em tradução: "un principe qui agit plus puissamment encore et qui, sans apparaître d'une manière immédiatement visible, donne..." (um princípio que age mais fortemente ainda e que, sem aparecer de um modo imediatamente visível, chega a...)[39].

A coerência interna da poética, por sua tomada na teoria da linguagem de Humboldt, e por sua leitura de Saussure fora o estruturalismo, atravessa as "subdivisões tradicionais". Mostrando que do sentido, e mais ainda do valor, passa, tanto pelo léxico, como pela prosódia. Segundo as variáveis que um discurso estabelece para ele, se houver uma poética. Cabe à poética trabalhar para reconhecê-la, fazê-la. De onde a crítica das traduções.

Filosofia de uma Tradução

A Modernidade como Dialeto

Através de um tradutor, sobretudo de um texto filosófico, e que toca na teoria da história e da linguagem, há também um estado presente, ou presente-passado, do filosófico que traduz. Estes efeitos de social permanecem como documentações. Um retrato da época feito tradutor. E importam à análise. Não para endireitar erros como dono da verdade. Mas, para a poética, combater certos modos de traduzir que manifestamente continuam a ser ensinados. Eles situam na língua, não no discurso, os problemas e suas soluções. Ignorando o que constitui um texto. Seu pragmatismo se volta contra eles. Mas o pensamento da língua é tal que eles não querem saber de nada. Empirismo e dogmatismo misturados. O dualismo do sentido torna rapidamente caducas e inúteis as traduções, não se pode nele medir o esforço que elas custaram. Introduções, in-traduções.

Para a filosofia, acrescentam-se efeitos específicos. É o caso, infelizmente, no trabalho importante de Pierre Caussat, cuja tradução dá e retira, ao mesmo tempo, da leitura a maior massa atualmente acessível em francês dos textos de Humboldt, em *Introduction à l'oeuvre sur le kavi* (Introdução à Obra sobre o Kavi). Sem dúvida, sua própria leitura permitiu ser mais

---

[39] TH, 82, 14-16.

exigente com o entorno do que ele pretendeu. Ou a exigência se deslocou.

Para atualizar seu objeto, tanto a tradução americana, já citada, quanto a de Caussat, o modernizam. O que pressupõe que Humboldt está em desuso. Então, que ele não é nada. Colocá-lo ao gosto do dia é voltar a racionalizar. O "développment spirituel du genre humain" (desenvolvimento espiritual do gênero humano) (*die geistige Entwicklung des Menschengeschlechts*) do livro de 1836 tornou-se "Intellectual Development". Título científico à Piaget. Como o título de Chomsky *Language and Mind* (Linguagem e Espírito) tornou-se *Le Langage et la Pensée* (A Linguagem e o Pensamento) em francês. Esta racionalização põe "Que l'on suive par la pensée" (Que se segue pelo pensamento), para *Wenn man im Geist...* (589, 33; IV, 40 – K 43-16. É de notar que os últimos tradutores restabeleceram: "Quand on parcout en esprit" (Quando se percorre em espírito) (TH, 71-27).

A modernização era aquela do momento estruturalista. Que para muitos se prolonga. *Estrutura* é a palavra: *Bau* (nas duas traduções) é sempre, não "construção", mas "estrutura". Salvo no título de 1836 em que Caussat diz "construction du langage" (construção da linguagem) para *Sprachbau*. Aqui, em *Kenntnis organischen Baues*, "structure organique" (estrutura orgânica) (592, 3; IV, 43 – K 45-18 – TH, 74-3). A palavra *modéle* (*modelo*) é uma inserção de Caussat no texto: "Nous ne devons donc pas hésiter à transférer le modèle plus aisément identifiable du comportement de l'artiste à celui, plus sinueux, de l'historien" (Nós não devemos, pois, hesitar em transferir o modelo mais oportunamente identificável do comportamento do artista àquele mais sinuoso, do historiador) (K, 44, 26-29), para "*Es darf uns daher nicht gereuen, das leichter erkennbare Verfahren des Künstlers auf das mehr Zweifeln unterworfne des Geschischtschreibers anzuwenden*" (591, 9-12; IV, 42). Eu traduzo: "Aussi n'avons-nous pas à regretter d'appliquer le procédé de l'artiste, plus facile à connaître, sur celui de l'écrivain de l'historie, plus soumis aux doutes" (Também não temos a lamentar o aplicar o procedimento do artista, mais fácil de conhecer do que o do escritor da história, mais sujeito às dúvidas). *Estrutura*, *modelo* – trata-se de dar ao texto, pela terminologia, um tecnicismo linguístico e filosófico que supõe-se ele não tenha por si mesmo. Exemplo: "parce que l'individu doit se réaliser au cours de son existance, au sein du processus même d'individualisation" (porque o indivíduo deve se realizar no curso de sua existência, no seio do próprio processo de individualização) (k, 49, 2-3), para *weil das Individuum seinen Gipfelpunkt immer innerhalb der Spanne seines flüchtigen Daseyns finden muss* (596, 7-8; IV, 47). Eu traduzo: "parce que l'individu doit toujours trouver son apogée dans le cours même de son existence éphémère" (porque o indivíduo deve sempre encontrar seu apogeu no próprio curso de sua existência efêmera) (*TH*, 77, 25). *Conteúdo* é acrescentado a "pensamento" em: "il s'agit là d'objets qui participent à la nature du *contenu* de pensée" (trata-se aí de objetos que participam da natureza do *conteúdo* do pensamento) (k. 49-21), para *alle diese Dinge tragen die Natur des Gedankens an sich* (596, 25; IV, 47), "toutes ces choses portent en elles-mêmes la nature de la pensée" (todas estas coisas trazem em si próprias a natureza do pensamento) (*TH*, 78-6).

Um dialeto filosófico composto traz um ecletismo à moderna no texto de Humboldt: "la forme de tout processus en cours d'actualisation" (a forma de todo processo em curso de atualização) (k, 41-37) para "*die Form alles Geschehenden*" (588, 4; IV, 38), "la forme de tout ce qui arrive" (a forma de tudo o que chega). Os *idealische Formen* (604, 16; IV, 54) tornam-se "une variété de formes à vocation d'idéalité" (uma variedade de formas para a vocação de idealidade) (k 56, 16-17). Os *ewige Urideen*, "idées originelles etérnelles" (ideias originais eternas) (604, 27; IV, 55) "les idées éternelles archétypes" (as ideias eternas arquetípicas) (k 56-26). *Weise* "manière" (maneira) torna-se "hypothèses" (hipóteses): acontecimentos "que l'on est tenté actuellement d'expliquer en recourant à des hypothèses matérielles et mécaniques" (que tentou-se atualmente explicar recorrendo a hipóteses materiais e mecânicas) (k, 53-35) traduzindo *die man jetzt auf mehr materielle und mechanische Weise erklärt* (601, 22; IV, 52) – "qu'on explique actuellement d'une manière plutôt matérielle et mécanique" (que se explica atualmente de um modo mais material e mecânico) (*TH*, 83, 2). *Proposições* dá o tom filosófico que faltava a um autor que emprega a palavra *coisa*, que nos ensinaram, desde muito jovens, a proscrever: "Nous avons ainsi cherché à établir, au cours de notre analyse, deux propositions" (Procuramos assim estabelecer, no curso de nossa análise, duas proposições) (K, 57, 22), para *Zwei Dinge sind es, welche der Gang dieser Untersuchung festzuhalten getrachten hat* (605, 25-26; IV, 56). Mais simplesmente os outros traduziram: "Le mouvement de cette recherche a tenté de maintenir fermement deux points" (O movimento desta busca tentou manter firmemente dois pontos) (TH, 87, 7-8). Mas nenhum guardou o ritmo da frase: "Deux choses la démarche de cette recherche a tendu à tenir ferme" (Duas coisas a operação desta busca tendeu a manter firme). Um eco difuso de Kant acrescentou e substituiu ao texto: a história é "un art qui vit de liberté et n'a d'autre fin que lui-même" (uma arte que vive da liberdade e não tem outro fim senão ela mesma) (K, 42, 18), para "*eine freie, in sich vollendete Kunst* (588, 26; IV, 38) – un art libre et en lui-même accompli" (uma arte livre e nela própria concluída) (TH, 70, 21). Um resto do vocabulário da fenomenologia: *sphère* (*esfera*), constantemente, aí onde Humboldt diz *Gebiet*, "domaine" (domínio) – dans la sphère des seules idées" (na esfera somente das ideias) (K, 43, 32), *das Gebiet blosser Ideen* (590, 10; IV, 40). O disparate é o indício estilístico de uma vulgata. Poeticamente, ela não pode mais ser um trabalho do conceito. Pois permite aceder a Humboldt.

O que mostra o empirismo implicado pela tradução. Para *Mit der nackten Absonderung des wirklich Geschehenen ist aber noch kaum das Gerippe der Begebenheit gewonnen* (586, 10-11; IV, 36), Caussat traduziu: "Mais le pur et simple discernement du processus effectivement réalisé ne suffit pas encore à nous livrer l'ossature du donné" (Mas o puro e simples discernimento do processo efetivamente realizado não basta ainda para nos livrar da ossatura do dado) (40, 9). A tradução de *Begebenheit* "événement, fait" (acontecimento, fato) por "*donné*" (dado), insinua um contrassenso radical, mais ainda pela demonstração de Humboldt do que pela palavra: pois o acontecimento está por construir-se pela escritura da história. Dizer que ele é dado – em algum lugar os *Begebenheiten* são "données" (dados) – é empirismo, que Humboldt rejeita. O *gewonnen* diz ao mesmo tempo "gain" (ganho) e "extraction, production" (extração, produção). E *ossatura* no lugar de esqueleto para *Gerippe*, continua a ilusão estruturalista. Pois *Gerippe*, em Humboldt, está associada à da morte.

Em *Ueber die Verschiedenheiten des menschlichen Sprachbaues*, de 1827-1829, ele escreve: "*Die Sprache liegt nur in der verbundenen Rede, Grammatik und Wörterbuch sind kaum ihren todten Gerippe vergleichbar* – Le langage ne consiste que dans le discours lié, la grammaire et le dictionnaire sont à peine comparables à son squelette mort" (A linguagem consiste no discurso ligado, a gramática e o dicionário são apenas comparáveis a seu esqueleto morto) (III, 186; IV, 147). Eu também traduziria: "Mais avec l'abstraction toute nue de ce qui est réellement arrivé, c'est à peine encore si le squelette de l'événement est extrait" (Mas com a abstração completamente nua daquilo que realmente se passou, é apenas ainda se o esqueleto do acontecimento for extraído)[40]. Indo um pouco mais longe, para o papel do historiador: *Auf verschiedene Weise, aber ebensowohl, als der Dichter, muss er das zerstreut Gesammelte in sich zu einem Ganzen verarbeiten* (586, 26-28; IV, 36) – Dans un style différent de celui du poète, mais non moins intense, il a pour mission de recueillier en lui la moisson des éléments dispersés pour élaboreur l'ensemble qu'ils impliquent" (Em um estilo diferente daquele do poeta, mas não menos intenso, ele tem por missão juntar na sua colheita elementos dispersos para elaborar o conjunto que implicam) (K, 40, 25-27).

Independentemente de certos traços sobre os quais eu voltarei depois, as relações implicadas por Humboldt são falseadas: "recueillir en lui" (recolher nele) (a *moisson* [*colheita*] é um ornamento) não é a tarefa visada. Há o já "recueilli" (recolhido), *gesammelt*, mas *zerstreut*, épars (disperso). E estes elementos não *implicam* um conjunto (aí é também empirismo), já que é o historiador que deve *fazê-lo*, por seu trabalho, *verarbeiten*: "D'une manière différente, mais aussi bien que le poète, ce qui est réuni en pièces il doit en lui-même le réélaborer en un tout" (De um modo diferente, mas assim como o poeta, o

---

40 Caussat cita esta frase em dois prosseguimentos (p. 127, p. 166), em duas traduções diferentes, todas as duas incompletas, mas onde *Gerippe* é esqueleto.

que está reunido em pedaços ele deve em si próprio reelaborar num tudo). Último exemplo, para o sentido "que l'analyste apporte en plus" (que o analista contribua mais) – "*den der Betrachter hinzubringt*" (595, 7; IV, 45), Caussat escreve "que l'observateur induit" (que o observador induz) (K, 48, 8). Mas qualquer que seja o sentido exato da indução, ainda uma vez ela supõe que o sentido já esteja aí, visto que o leva do particular ao geral. O empirismo. Humboldt diz ao contrário que é o *Betrachter* que o traz e o acrescenta. No que ele é sujeito e escreve a história.

O já feito outrora constrói uma tradução de Humboldt que o transforma tanto em predecessor como em adepto de Chomsky. Repetindo a *démarche* do próprio Chomsky, que amplificava a versão americana. Inserindo por exemplo o termo *noyau* (*núcleo*), em *Introduction à l'oeuvre sur le kavi*: "ce noyau originaire où la langue et l'activité spirituelle s'enroulent l'une sur l'autre" (este núcleo originário em que a língua e a atividade espiritual se mesclam uma à outra) (p. 182), para "*ihren mit der innren Geistesthätigkeit eng verwebten Ursprung* – son origine étroitement tissée avec l'activité spirituelle intérieure" (seu original estreitamento tecido com a atividade espiritual interior) (III, 416; VII, 44). Ou então a tradução põe ênfase na oposição *surface/profondeur* (*superfície/profundidade*): "Ce qui paraît à la surface présente une apparence..." (O que se manifesta na superfície apresenta uma aparência...) (K, 39, 11-12), para "*Was davon erscheint* – "ce qui en apparaît" (o que aparece aí) (585, 10; IV, 35).

Além das distorções importantes da teoria da linguagem em Humboldt. A oposição *Stoff / Ideen* é falseada pela inserção de *conteúdo* na matéria de *Stoff*: "contenu matériel" (conteúdo material) (K, 41, 4; 48, 38), que embaralha ao mesmo tempo a oposição *Stoff / Form*, pela introdução de *bilden* como "donner forme" (dar forma) (40, 23). *Dichtung*, "poesia", torna-se "anticipation poétique" (antecipação poética) (41, 13).

No termo maior do estudo sobre a história, a mistura constrói sua obra. Em *Zusammenhang*. Primeiro "la cohésion interne, la connexion causale" (a coesão interna, a conexão causal) (39, 18), tradução desdobrada para "*den innern ursachlichen Zusammenhang*" (585, 16; IV, 35) que traduzo por "système causal intérieur" (sistema causal interior). Depois "contexte général" (contexto geral) (40, 7) para "*in den Zusammenhang des Ganzen* (586, 9; IV, 36) – dans le système du tout" (no sistema do todo). Depois "enchaînement" (encadeamento), quarta variante: "la vérité [...] fondée sur un enchaînement immanent à la chose même" (a verdade [...] fundada num encadeamento imanente à própria coisa) (40, 14) – "*die* [...] *in dem ursachlichen Zusammenhang gegründete Wahrheit*" (596, 15), a "vérité [...] intérieure fondée dans le système causal" (verdade [...] interior fundada no sistema causal). *Enchaînement* (*Encadeamento*) ainda (47, 42), mas que traduz igualmente *Verkettung* duas linhas mais longe[41]. Contra concordância. Depois *réseau* (*rede*), em "isoler le donné du réaseau des enchaînements" (isolar o dado da rede dos encadeamentos) (51, 30) – "*die einzelne Begebenheit aus dem Zusammenhange des Ganzen herauszureissen*" (599, 7-8; IV, 49), em que os "enchaînement" (encadeamentos) estão para o "tout" (todo): "arracher l'événement isolé au système du tout" (arrancar o acontecimento isolado do sistema do todo). *Réseau* (*Rede*) ainda, em a "réseau des événements" (rede dos acontecimentos) (57, 14), *im Zusammenhange der Weltbegebenheiten* (605, 17; IV, 56). Mas "contexte" (contexto) (57, 39 para 606, 4; IV, 56). E o adjetivo "systématique" (sistemático) em "la hantise des enchaînements systématiques" (a obsessão dos encadeamentos sistemáticos) (57, 34) que vira *dem Suchen des Zusammenhanges des Ganzen* (605, 37; IV, 56). Mas Caussat traduz justamente ainda este termo por "systéme" (sistema), na *Introduction à l'oeuvre sur le kavi* (III, 415; VII, 43; 180). É verdade que quase imediatamente uma *oitava* variante o dilua em "assumée aussi complètement que possible" (assumida também tão completamente quanto possível) para "*in seinem Zusammenhange aufgefasst*" (III, 420; VII, 47; 185). O exemplo das traduções de *Zusammenhang* impele ao seu limite a diluição do valor na variação dos contextos. Só resta, pois, o sentido, uma suposta variável da língua. O não cumprimento do valor mostra exatamente o desconhecimento do

---

41 *Encadeamento* ainda para *Zusammenhang* em 48, 18; 49, 28; 50, 14; 50, 20; 52, 1; 56, 22.

sistema. No sentido de Humboldt e no sentido de Saussure. O desconhecimento da poética.

Análise de uma Desescritura

A despoetização de Humboldt começa e acaba na retórica: ela modifica primeiro a retórica do texto, alterando – ignorando – a transformação pelo texto de uma retórica em escritura, ela o leva a um funcionamento puramente retórico. O seu.

Assim as palavras concretas e simples de Humboldt são substituídas por abstratas. Para um estilo substantivo erudito, à francesa. Mais digno da filosofia: "*Die Wahrheit des Geschehenen scheint wohl einfach* – La vérité du processus peut bien présenter l'apparence de la simplicité" (A verdade do processo bem pode apresentar a aparência da simplicidade) (587, 5; IV, 37; к, 40, 41). Eu traduzo: "La verité de ce qui est arrivé paraît bien simple" (A verdade do que ocorreu parece mesmo simples). O verbo *begreift*, "conçoit" (concebe), toma um ar hegeliano e se incha em "faire accéder [...] à la dignité du concept" (fazer aceder [...] com a dignidade do conceito) (588, 10, IV, 38; к 42, 3). O neutro concreto *etwas*, "quelque chose" (alguma coisa) passa a "un style propre" (um estilo próprio) (589, 16; IV, 39; 42, 42). O adjetivo torna-se substantivo: "La médiocrité de l'observation" (A mediocridade da observação) para "*der gewöhnliche Beobachter* – l'observateur ordinaire" (o observador comum) (590, 37; IV, 41; 44, 16). A metáfora desaparece: "*die Trockenheit mathematischer Anschauung* – la sécheresse de la vision mathématique" (a secura da visão matemática) é substituída por "l'ascétisme de l'intuition mathématique" (o ascetismo da intuição matemática) (594, 7; IV, 44; 47, 13).

A concordância é o que ilustra melhor a passagem do texto à língua, do valor ao sentido, da poética à estilística. Ela é geralmente tratada, sem que se a teorize explicitamente, como uma superstição lexical. Como se ela consistisse no feito mecânico de uma palavra, sempre pela mesma palavra. Mas, ainda uma vez, não é a palavra que é a unidade. *É o texto*. É ele que faz das palavras o que elas fazem.

Uma primeira categoria de equivalências é tida como resolvida, antes por abandono, nos termos de cultura que parecem resumir neles a não passagem de uma língua-cultura a uma outra. Os lugares comuns e desesperados da intraduzibilidade. O que dá um sentido forte ao truísmo aparente de que uma palavra francesa tem um sentido francês, uma palavra alemã um sentido alemão. Mas os glossários da glosa continuam à margem do trabalho da tradução[42]. É o que se passa com o par *Darstellung* e *Vorstellung*, ressaltados no comentário, mas ambos traduzidos em Caussat por "représentation" (representação). Salvo quando *Darstellung* é "révéler" (revelar) (43, 42), ou "traduire et exprimer" (traduzir e exprimir) (57, 17). Também *Phantasie* e *Einbildungskraft* são ambos transformados em "imagination" (imaginação), com a variante "univers imaginaire" (universo imaginário) (46, 29). Para *Gestalt*, é "figure" (figura) a maior parte das vezes, salvo "physionomie" (fisionomia) (39, 14), ou "figure particulière" (figura particular) (53, 4), mas também uma perífrase, para as nuvens "*die erst in der Ferne vor den Augen Gestalt erhalten* – qui seulement au loin devant les yeux acquièrent une configuration" (que somente ao longe adquire para os olhos alguma configuração) (586, 3; IV, 36). O que se torna "sur lesquels le regard n'est au point qu'à une certaine distance" (sobre os quais o olhar só vê o ponto a uma certa distância) (40, 2). Mas o problema da concordância não é o dos dublês conhecidos (*Bildung* e *Kultur*) nem os termos da cultura. É o das palavras comuns com as quais o texto constrói valores, no interior de um campo lexical e semântico organizado em sistema.

O estudo sobre a história realiza este trabalho na designação do acontecimento. Primeiro *das Geschehene*, neutro, que se torna sempre: "ce qui est arrivé" (o que se passou). A tradução de Caussat propõe quatro variantes disso: "l'événement tel qu'il s'est produit" (o acontecimento tal como se produziu) (39, 1-2), o "processus effectif" (processo efetivo) (39, 9), o "processus [...] réalisé" (processo [...] realizado) (40, 9), o "processus réel" (processo real) (40, 18). Há também *das*

---

42 Às vezes o glossário de Caussat diz o contrário do que ele faz: para *Bau* "construction" (construção) (e ele cita um texto em francês de Humboldt em que ele colocou *charpente* [vigamento] para *Bau*) ele o declara "irredutível em todo o caso à 'structure' (estrutura)" (p. 424). Mas em *A Tarefa do Historiador*, é sempre *estrutura*.

Vorgegangene (585, 22; IV, 36), "ce qui s'est passé" (o que se passou), que é traduzido por "le processus tel qu'il s'est effectivement déroulé" (o processo tal como ele efetivamente se desenrolou) (39, 24). A frase *was sich wirklich zugetragen hat* (585, 19; IV, 36), traduzida exatamente por "ce qui s'est réellement passé" (o que se passou realmente) (29, 21). Depois o emprego dominante de *Begebenheit*, "événement" (acontecimento). Dispersado por Caussat em cinco variantes. Duas vezes, para o singular, "donnée" (dado) (50, 42; 57, 38). Sete vezes para o plural, "les données" (os dados)[43]. Às quais se acrescenta uma vez o adjetivo "immédiates" (imediatas), que nada situa no texto (590, 27; IV, 41; 44, 6). Também as "circonstances" (circunstâncias) (48, 15), depois "les faits" (os fatos) (48, 30). A partir de um certo local, para um curto espaço, "événements" (acontecimentos), quatro vezes[44] mais o par "les événements et les faits" (os acontecimentos e os fatos), para *Begehenheiten und Ereignisse* (604, 14; 56, 14). A dispersão do significante é sua ocultação. Ela não ajuda na leitura, uma vez que perturba o ritmo semântico do texto. O campo lexical acaba com *Ereignisse* três vezes "événements" (acontecimentos) (48, 6; 51, 24) – contraconcordância – e o já citado par *Erscheinungen*, três vezes "phénomènes" (fenômenos) (52, 4, 8, 15), e a variante desenvolvida empregada em final pela primeira vez, "*von Jeglichem, was geschieht* – et de chaque chose qui arrive" (e de cada coisa que acontece) (606, 5; IV, 56), que Caussat traduz "pas un seul événement" (nenhum só acontecimento) (57, 39). Pela não concordância, a tradução faz do campo do ritmo e do ritmo semântico do acontecimento, cujo papel neste texto é maior, o lugar de uma variação livre, que nenhum constrangimento gramatical ou fraseológico impõe.

Distorção pontual sobre distorção pontual, mais que o sentido das palavras, pouco a pouco e em seu conjunto, é o ritmo de um texto que é destruído. Há uma retórica da distorção. Distorções, desdobramentos: a fidelidade histórica corre mais perigo – "*von der philosophischen, als der dichterischen Behandlung* – du traitement de la philosophie que de celui de la poésie" (com o tratamento da filosofia do que com o da poesia)

---

[43] 42, 19; 43, 21; 48, 38; 49, 26; 50, 14; 52, 2; 58, 1.
[44] 52, 33; 56, 3; 56, 33; 57, 3.

(595, 37; IV, 46), que é traduzido "a plus à pâtir d'une orientacion philosophique que d'un entraînement poétique" (sofre-se mais de uma orientação filosófica do que de um encadeamento poético) (48, 36). O mais frequente, para uma palavra, duas ou diversas equivalentes sucessivas de pura variação estilística. O círculo, *Kreis*, torna-se "champ" (campo) (57, 41) ou "domaine" (domínio) (50, 15). Para *todt*, "mort" (morto) (50, 18), depois "inanimé" (inanimado) (50, 23). Para *Kraft* (força), termo importante em Humboldt "dynamisme" (dinamismo) (40, 23), "puissance" (poder) (41, 42), "force" (força), no plural (42, 22, 44, 10) e no singular (43, 2), e para *Krafterzeugung* "éruption dynamique" (erupção dinâmica) (53, 28). Mas "força" também para *Stärke* (42, 25). Questão de ritmo que só concerne às palavras. A simetria se perde na relação entre "*der Sinn für die Wirklichkeit* – le sens de la realité" (o sentido da realidade) (589, 11; IV, 39; 42, 37) e "*den Sinn für die Schönheit* – le sens de la beauté" (o sentido da beleza) (599, 19; IV, 44) traduzido pelo "l'intérêt que nous portons à la bauté" (interesse que nós levamos à beleza) (47, 24).

Outros pares de valores são desfeitos pela contraconcordância: uma única tradução para *Individualität* e *Individuum*, *das Ganze* e *die Summe*, *Menscheit* e *Menschlichkeit* (42, 3, 6, 13). Ou "réseau" (rede) para *Drang* no "*Drang der Begebenheiten* – "la pression des événements" (o embate dos acontecimentos) (590, 14; IV, 40) traduzido por "la réseau des donnes" (a rede dos dados) (43, 36) como para *Gewebe*, "tissu" (tecido) (43, 41). Para uma mesma família, tanto contraconcordância e não concordância: *Betrachter* traduzido como *Beobachter*, "observateur" (observador), mas *Betrachtung* – "prospection" (prospecção) (48, 31) e "*bei näherer Betrachtung* – pour peu qu'on l'approfondisse" (para pouco que se aprofundasse) (49, 30).

O hábito da não concordância e da contraconcordância, fora de todo embaraço da língua, leva a uma série de aproximações que tem a ver com um sentido amplo da sinonímia, de uma palavra para uma outra. Assim *Weise*, "manière" (maneira), torna-se "style" (estilo) (586, 26; IV, 36; 40, 25) o que não deixa de mostrar uma certa ideia do estilo. "*Historien*" (*Historiador*) por "*histoire*" (*história*) (40, 40). Trocas estilísticas: *Fülle*, "plénitude" (plenitude), torna-se "richesse" (riqueza)

(589, 2; IV, 39; 42, 30), mas *Reichtum*, "richesse" (riqueza), torna-se "plénitude" (plenitude) (594, 6, IV, 44; 47, 12) e *Fülle der Begebenheiten* é também "la gerbe des faits" (o feixe dos fatos) (595, 30; IV, 46, 48, 30). *Zweck*, uma "visée" (visada), torna-se um "fait" (fato) (588, 24; IV, 38; 42, 16). E "hantise" (obsessão) por "recherche" (procura), *Suchen* (605, 37; IV, 56; 57, 34). As metáforas são aí metamorfoseadas. Os "fils" (fios) – *Fäden* – se transformam em "clavier" (teclado) (41, 9). No lugar em que a história "se meut" (se move) (*sich bewegt*), ela "baigne" (banha) (43, 10). Ou bem a metáfora é apagada: "*was am meisten den Schlüssel zu ihr enthält* – ce qui nous en donne le mieux la clef" (o que nos dá, na melhor das hipóteses a chave) (601, 34; IV, 52) passa por "ce qui nous en ouvre le mieux l'intelligence" (o que abre melhor a inteligência) (54, 5). Ou bem a metáfora é desenvolvida: só pelo verbo *ablesen*, "lire" (ler), acrescenta "un texte [...] à livre ouvert" (um texto [...] a livro aberto) (595, 5; IV, 45; 48, 6).

É que o primado do sentido leva à explicação. O álibi do natural arrasta o jogo clássico das omissões e dos acréscimos. Veniais a cada vez. Cada um deles, intencional ou involuntário, contribui para destextualizar o texto. Omissão, por exemplo *bald*, "bientôt" (logo), depois "et l'on remarque" (e o notamos) (585, 20; IV, 36; 39, 22). Dos dois verbos em *im Wählen und Abmessen des Ausdrücke* só resta um: "mesurer" (medir) (585, 21; IV, 36; 39, 22). Falta *wirklich*, "réellement" (realmente) (588, 5; IV, 38; 41, 39); "*und alle Gepräge* – et toutes les empreintes" (e todas as marcas) (as ideias supraterrestres) falta (587, 16; IV, 37; 41, 10). Há absorções: *Gemüth*, "âme, coeur" (alma, coração) desaparece em "[il doit] rester réceptif" ([ele deve] permanecer receptivo) para "*sein gemüth* [...] *erhalten* – maintenir son âme sensible" (manter sua alma sensível) (605, 33; IV, 56; 57, 30). Já *vor das Gemüth zu bringen*, tinha desaparecido (589, 21; IV, 39; 43, 5). Há abreviaturas, aligeiramentos: "Pour l'homme" (Para o homem), em lugar de "*Für die menschliche Ansicht* – Pour un point de vie humain" (Para um ponto de vista humano) (604, 33; IV, 55; 56; 35). Passa-se de "*wie oben gezeigt worden* – comme il a été montré plus haut" (como ele foi mostrado acima) (606, 5; IV, 56; 57, 40). A expressão difícil, na cabeça, "capable de trier avec discernement" (capaz de escolher com discernimento) (TH, 67, 26) *rein absondernden Kopfes* ou "qui abstrait purement" (que abstraía puramente) é resumida por "justesse" (justeza) da inteligência (585, 28; IV, 36; 39, 31).

Os acréscimos, que constróem aparentemente o contrário das omissões, participam da mesma semântica, a da linguagem dita comum: *die historische Warheit* dá "la vérité propre aux processus historique" (a verdade própria aos processos históricos) (586, 2; IV, 36; 39, 32). A glosa explicita. Ela forma o coro da tragédia. Sua apreciação guia o leitor: "l'histoire présente une parenté remarquable avec l'operation même de la vie" (a história apresenta um parentesco notável com a própria operação da vida) (43, 23-24), para *ist die Geschichte dem handelnden Leben verwandt* (590, 3; IV, 40) – l' histoire est apparentée à la vie pratique" (a história é aparentada com a vida prática) (TH, 71, 32). A resolução de um genitivo, *Die Nachahmung des Künstlers* (594, 21; IV, 45) se afrouxa em "L'imitation revendiquée par l'artiste" (A imitação reivindicada pelo artista) (47, 26). Com o acréscimo de "je veux parler des (Egyptiens et des Mexicans)" (eu quero falar dos [Egípcios e dos Mexicanos]) (45, 7). Apreciações: "parfaitement" (perfeitamente) (46, 14). O acréscimo, tido como auxiliar nos casos difíceis – *hipótese* em "L'histoire mondiale est incompréhensible sans l'hypothèse d'une programmation mondiale" (A história mundial é incompreensível sem a hipótese de uma programação mundial) (52, 19-21) para a proposição litigiosa: *Die Weltgeschichte ist nicht ohne eine Weltregierung verständlich* (600, 5-6; IV, 50). Certamente, este acréscimo não diz nada de mais. Ele retoriciza.

Técnica de amplificação que se mostra melhor no dois por um. Amplificação ciceroniana que se teria acreditado de uma outra era. Um nome dá nome mais adjetivo: *Einsamkeit*, "solitude" (solicitude), é "retraite solitaire" (retiro solitário) (593, 22; IV, 43; 46, 28). Ou dois nomes: "*als Richtung* – sous forme de tendance et d'orientation" (sob forma de tendência e de orientação) (601, 13; IV, 51; 43-24). Os "*äusseren Umrisse* – contours extérieurs" (contornos exteriores) se desenvolve em "les contours et les traits extérieurs" (contornos e traços exteriores) (591, 15; IV, 41; 44-31). Os dois nomes são levados a um nome mais adjetivo: "*die Resultate der Ueberlieferung und Forschung* – les résultats de la tradition et de la recherche" (os resultados da tradição e da pesquisa) (586, 6; IV, 36) passam a "les récits consignés par le savoir traditionnel" (as narrativas consignadas pelo saber tradicional), misturando duas noções em uma, se bem que *Forschung* não seja o "savoir" (saber) e os "résultats" (resultados) outra coisa além de *narrativas* que tomam o lugar de *Erzählung* enunciado sete linhas acima.

Um enfraquecimento geral resulta desta acumulação, em que têm lugar atenuações explícitas: "*jede bedeutende Sprache* – chaque langue importante" (cada língua importante) é modulada em "chaque langue un peu importante" (cada língua um pouco importante) (604, 24; IV, 55; 56, 25). Ou "il blesse" (isso fere), *verletzt er*, não é mais que "porte atteinte à" (leva prejuízo a) (606, 10; IV, 56; 58, 2). Os "destins du monde" (destinos do mundo), *Weltschicksale* (596, 7; IV, 46; 49, 1) não são mais que suas "vicissitudes". Palavra já colocada para *Umwandlungen*, "changements" (mudanças) (600, 31; IV, 51; 53-5).

A mão do tradutor aparece ainda de múltiplas maneiras, insensivelmente a cada vez. Frases afirmativas transformadas em interrogativas (47, 13, 16). O singular colocado no plural (50, 24; 51, 5). Mudanças de categoria gramatical, o nome e o adjetivo se invertendo um ao outro, como se "dans la réalité immédiate" (na realidade imediata) (45, 2) fosse idêntico a "*in den wirklichen Erscheinung* – dans l'apparition réelle" (na aparição real) (591, 25; IV, 42). Ou a repetição do nome em lugar do pronome (42, 37). A perífrase é o resultado desta teoria do sentido à obra na tradução comum. Perífrases de palavras: as *todten Einrichtungen*, "institutions mortes" (instituições mortas), transformadas em "instances privées de vie" (instâncias privadas de vida) (596, 11; IV, 46; 49, 6); *die Abstraction*, "la possibilité de s'abstraire" (a possibilidade de se abstrair) (589, 22; IV, 39; 43, 7); *Stil ist* "il y a du style" (há o estilo), tornou-se "ont su imposer un style même" (souberam impor um estilo próprio) (592, 1; IV, 42; 45, 15). E perífrases de frases: "*und auch das Früheste* – et qui est en outre le terme le plus anciennement visé" (e que é além do termo o mais antigamente visado) (593, 4; IV, 43, 46, 10), para (o elemento essencial) "et aussi primitif" (e também primitivo) (TH, 74, 16). Até o desdobramento da frase: "*und sein Geschäft wird subjectiv durch die Entwicklung dieses Begriffs* – concept qu'il n'y a qu'à développer pour obtenir les conditions subjectives qui soutiennent le travail de l'historien" (conceito que só vai se desenvolver para obter as condições subjetivas que sustentam o trabalho do historiador) (589, 12-13; IV, 39; 42, 38-40). Eu traduzo: "et son affaire devient subjective par le développement de ce concept" (e seu negócio torna-se subjetivo pelo desenvolvimento deste conceito).

Ritmo das palavras, dos grupos, das frases. Ritmo prosódico, de pausas, semântico. Toda a organização do sentido é modificada pelo deslocamento como pela substituição dos termos e dos conjuntos. O que representa o tratamento de "*das Uebrige muss hinzu empfunden, geschlossen, errathen werden*" (585, 9-10; IV, 35) onde, sem que nada o imponha, a ordem um-dois-três dos particípios torne-se três-um-dois, com: "tout le reste doit y être induit, par tout un jeu d'anticipations sensibles et d'opérations logiques" (o resto deve ser induzido, por todo um jogo de antecipações sensíveis e de operações lógicas) (39, 10-11), por tanto que se encontra o sentido sob os acréscimos e as perífrases. Digamos: "le reste doit de plus êtres senti, impliqué, deviné" (o resto deve ser sentido, implicado, adivinhado). A pontuação é irregularmente respeitada, mas não unicamente pela abreviatura na divisão das frases longas. Às vezes uma frase já longa tem uma esticada na tradução (51, 3-10 mais 10-13).

As cláusulas nem de grupo, nem de frase são respeitadas. Confundindo o argumento mecânico da diferença de construção gramatical entre o alemão (o verbo no final) e o francês com a rítmica do discurso, que joga na língua e contra ela. De onde uma variedade que mascara a ideologia do gênio das línguas. Fazer mentir Gide. Veja acima. É uma semântica de posição, que privilegia os *incipit* e as cláusulas. No fim de uma longa enumeração, o final da frase que começa pelo verbo e acaba com o advérbio *gemein*, "en commun" (em comum) – *haben Beschaffenheiten, Entwicklungen, Gesetze mit einander gemein*" (598, 23; IV, 49), traduzido por "tout cela a en commun un certain nombre de propriétes, de développements et de lois" (tudo aquilo tem em comum um certo número de propriedades, de desenvolvimentos e de leis) (51, 9). Do ponto de vista dos critérios da língua, uma ordem aqui, uma ordem lá. É o sentido. Nada a repetir. Os outros tradutores colocaram: "ont en commun certaines qualités, certaines lignes de développements, et certaines lois" (têm em comum certas qualidades, certas linhas de desenvolvimento, e certas leis) (TH, 80, 2-3). Mas será necessário que a teoria do discurso como poética penetre a prática da tradução. Porque o modo de significar conta pelo menos tanto quanto o sentido. A posição final de *gemein* desempenha um papel análogo ao da entonação no falado. Sendo que não há aqui um ritmo gramatical, foi ao mesmo tempo possível e necessário mantê-lo: "ont des qualités, des développements, des lois l'un avec l'autre en commun" (eles têm qualidades, desenvolvimentos, leis em comum). Assim a cláusula final do estudo sobre a história é *Wahrheit*, "vérité" (verdade), em *so verletzt er ihre einfache und lebendige Wahrheit*. O que é traduzido por Caussat: "le voici qui porte atteinte à la vérité dans son expression la plus simple et la plus vivante" (ei-lo que traz sem prejuízo à verdade em sua expressão mais simples e viva). À parte os acréscimos, a hierarquia da frase é falseada. Mas está presente em: "il blesse leur simple et vivante vérité" (ele fere sua simples e viva verdade) (TH, 87).

Cada transformação no traduzir é a prática de uma transformação nas noções sobre a língua. Onde Humboldt justamente é objeto e sujeito. O que faz apostar no foco sobre Humboldt, hoje. Seu conflito com a filosofia. Este conflito não está encerrado. Ele também se transforma. Como o traduzir.

Atividade de Humboldt

Humboldt e os Filósofos

Em sua introdução a *A Tarefa do Historiador*, Jean Quillien designa os dois adversários de Humboldt: o dogmatismo, o empirismo. Quanto ao contexto contemporâneo de Humboldt, de 1793 a 1821, é necessário situar sua reflexão sobre a separação entre história empírica e as filosofias da história: do mesmo modo, hoje, em nossa leitura de Humboldt não é separável do estado de epistemologia da história, das ciências humanas e das da linguagem em particular. Portanto, do estado da filosofia. Uma outra separação quanto à obra. A separação entre a história serial, quantitativa, científica e a teoria da linguagem, do discurso, ignorada e desconhecida dos historiadores. Dos sociólogos. Estas condições da leitura situam a atualidade de Humboldt. A aposta em uma situação que não se fecha em sua época. O historicismo também é uma estratégia.

A procura da inteligibilidade supõe uma teoria do sentido. Humboldt teve que "romper com as especulações metafísicas sobre a linguagem"[45]. Isto é, com a filosofia. Para colocar "que o homem é um ser, indissoluvelmente, de linguagem e histórico, que o estudo da linguagem e o estudo da história devem ser conduzidos de maneira conjunta"[46]. Solidariedade de teoria, porque "a história é o lugar da criação de sentido na temporalidade"[47]. Dizer *sentido* ou dizer *história*, é parecido com a utilização infinita de meios finitos. Por aí se faz a "mudança completa de relação entre história e filosofia", que é a "originalidade"[48] de Humboldt. À qual cabe acrescentar uma mudança da relação entre teoria da linguagem, ciência da linguagem e teoria da literatura. A resposta à questão sobre a tarefa do filósofo, em Humboldt, é "propor uma aproximação nova, em ruptura precisamente com a dos filósofos"[49]. A dificuldade de leitura imputada a uma falta de "elaboração sistemática" de uma "filosofia fundamental"[50], parece prender-se à própria passagem da filosofia à antropologia e à linguística comparativa. Com efeito, saindo da filosofia. Como em Marx pela crítica da economia política. Mais que o inacabamento pela morte, o inacabamento da obra, nele, está ligado ao que se pode comparar a Sausssure, que não construiu uma linguística, nem uma sintaxe, mas uma metalinguística; Humboldt construiu uma metafilosofia da história. Que só pode ser inacabável.

---

45 J. Quillien, Introduction, *La Tâche de l'historien*, p. 17.
46 Idem, p. 17.
47 Idem, p. 33-34.
48 Idem, p. 39.
49 Idem, p. 40.
50 Idem, ibidem.

Assim, um recuo em relação a este reconhecimento seria notar: "Humboldt não conseguirá dominar o sujeito e construir esta filosofia da história cujo quadro ele traçou"[51]. Dupla pressuposição, de Hegel para o modo do teórico, e de Sartre para o fracasso. Não existe fracasso do inacabável. Esta "filosofia da história" é a teoria da linguagem. A teoria da linguagem está na da história. É nas *Betrachtungen über die Weltgeschichte* (Considerações sobre a História do Mundo) que se dá esta proposição que implica o dialogismo constituvo da linguagem: "*und ich ohne Du vor seinem Verstand und seiner Empfindung ein Unding sind* – et que je sans tu devant son entendement et sa sensibilité est une chose qui n'existe pas" (e que eu sem tu diante de seu entendimento e de sua sensibilidade é uma coisa que não existe) (I, 573; III, 355; TH, 53 – tradução modificada). Portanto, a contradição parece se resolver em benefício da filosofia: "a construção da linguística não modifica fundamentalmente o projeto, que permanece eminentemente filosófico; o meio pôde mudar, o fim permanece"[52]. "Há a coerência interna profunda"[53], e a "via antropológica"[54] aí se inscreve. O não filósofo "no sentido universitário do termo"[55] é celebrado pela "complexidade e profundeza de um pensamento autenticamente filosófico" como um "interpelador"[56].

No entanto, é equivocado este olhar sobre Humboldt. Que passa pela relação entre filosofia e poesia: "Humboldt não fala de filosofia porque não há nada a dizer sobre isso, e ele não tem mais nada a dizer porque, simplesmente, ele destinou à poesia a tarefa geralmente reservada à filosofia"[57]. Mas a poesia, ou antes, o vínculo entre língua e literatura, é um elemento revelador para pensar "a alteridade, a diversidade do outro"[58]. Uma antilógica da identidade. A relação entre a poesia e a filosofia reside numa contradição. Em falta do recurso a Hegel (e Heidegger), fazendo poucas "referências aos autores

---

51 J. Quillien, *Humboldt et la Grèce*, p. 9.
52 Idem, p. 10.
53 Idem, p. 11.
54 Idem, p. 30.
55 Idem, p. 29.
56 Idem, p. 155.
57 Idem, p. 99.
58 Idem, p. 125.

filósofos"⁵⁹, Humboldt "não conseguiu pensar a articulação de um em relação ao outro destes dois extremos da linguagem humana, o *lógico* e o *poético*"⁶⁰.

Está precisamente nele a teoria da linguagem, que mantém estes "dois extremos". Ele próprio o enuncia, numa passagem sobre Schiller de que Jean Quillien cita um fragmento⁶¹. Schiller não

> mencionou uma vez a linguagem, na qual, no entanto, a dupla natureza do homem, não separada, mas fundida em símbolos, é exatamente marcada. Ele une, no sentido mais preciso, uma atividade filosófica e poética, a última ao mesmo tempo nas metáforas que se acham na palavra, e na música de sua concha⁶².

O que faz Humboldt quando, na *Introdução à Obra sobre o Kavi*, analisa a complementaridade entre a poesia e a prosa, em Atenas e em Roma. Como para a subjetividade no discurso, que esteve sempre no discurso, mas de que Benveniste é o *inventor*, esta dupla atividade é o efeito de teoria de Humboldt.

Efeito de teoria tomado ainda numa outra ambivalência: sua relação à sua própria historicidade. Onde a história da filosofia retira de Humboldt sua filosofia da história. Porque a "via mediana", reconhecida por Quillien, "entre a pura positividade e a pura especulação", é designada como "criticista" (TH, 39). Humboldt se rebate em Kant. Este elabora a cláusula e inclui o que não é mais que uma realização regional. Kant, "que além disso alcançou [...] muito mais longe do que o acreditou Humboldt" (TH, 41). Se Humboldt teve "mérito", foi "porque, fiel ao espírito do criticismo, levou à sua realização a revolução coperniciana, efetuando-a enfim no domínio da história" (TH, 42). O estudo de Kant em Humboldt se apresenta, para Quillien, como "a chave

---

59 Idem, p. 101.
60 Idem, ibidem.
61 Idem, p. 102.
62 [Schiller] "auch nicht Einmal der Sprache erwähnt, in welcher doch gerade die zwiefache Natur des Menschen, und zwar nicht abgesondert, sondern zum Symbole verschmolzen, ausprägt. Sie vereinigt im genauesten Verstande ein philosophisches und poetisches Wirken in sich, letzteres zugleich in der im Wort liegenden Metapher und in der Musik seines Schalles", *Über Schiller und den Gang seiner Geistesentwicklung* / 1830/ (Sobre Schiller e o Andar de seu Desenvolvimento Espiritual) – 2, 373; 6, 507.

da compreensão de sua trajetória espiritual"[63]. Talvez a chave vá muito longe, e Humboldt não seja mais do que esta fechadura que abre para Kant: "o pensamento de Humboldt se enraíza totalmente no de Kant" (TH, 24). Portanto, "Humboldt é kantiano"[64]. Mas então não há mais a "via mediana". Já que esta via implica uma crítica de Kant, em seu *Idéia de uma História Universal do Ponto de Vista Cosmopolítico*. Onde a história é levada à natureza, "à realização de um plano escondido da natureza"[65]. Mas o ensaio de 1821 vai na direção de uma história totalmente humana. Que não é mais *natural*. Sendo antiteleológica.

A dificuldade da historicização é o risco de apostar no historicismo. Se, historicamente, o pensamento de Humboldt é "propriamente incompreensível"[66], sem Kant, esta situação não deve se tornar uma redução. Sob pena de tornar, por sua vez, Humboldt incompreensível. Mesmo se a mirada de Humboldt permanecer a de um "espírito que procura resolver o problema kantiano" – "realizar-se totalmente, na plenitude de suas aptidões e de suas potencialidades, enquanto livre"[67] –, é por uma escapada da teleologia e da história natural. Mas o historiador da filosofia não resolve o que persiste como ambivalência: Humboldt incluído em Kant e na história da filosofia, mas também a recusa da genealogia, do "Kant (ou/ e Wolf) *genuit* Humboldt"[68]. Depois, a questão: "o que se pode (deve-se) fazer depois de Kant"[69] volta ao motivo da originalidade. Humboldt que "se separa dos outros pensadores"[70], que "se quer mesmo mais radical ainda que Kant: é preciso passar de uma crítica da razão a uma crítica da cultura inteira, considerando-a em todas suas dimensões, e não mais apenas no plano intelectual como o faz o discurso filosófico"[71]. Assim Humboldt é visto ao mesmo tempo na filosofia e fora dela .

---

63 *Humboldt et la Grèce*, p. 18.
64 J. Quillien, Le Signe, le mot, le sens..., em N. Mouloud; J.-M. Vienne (orgs.), op. cit., p. 135.
65 Immanuel Kant, *La Philosophie de l'histoire: opuscules*, Paris: Denoël-Gonthier / Montaigne, 1947, p. 40. Oitava proposição.
66 *Humboldt et la Grèce*, p. 8.
67 Idem, p. 10.
68 Idem, p. 28.
69 Idem, p. 29.
70 Idem, p. 59.
71 Idem, p. 48.

É que o olhar do historiador da filosofia é, em si próprio, situado. Mesmo na *poética de sua filosofia*, e na *filosofia de sua poética*. Sua ambiguidade. Pois assim ele declara:

> O essencial, é que nós somos pós-hegelianos, isto é, que nós pensamos depois que o discurso absoluto foi realizado e que foram efetuadas, de diversas maneiras e com pleno conhecimento de causa, recusas deste discurso absoluto. Dito de outra forma, diferentemente de Humboldt, sabemos daqui em diante o termo do que o pensamento grego foi a aurora, e este termo é a conclusão total da problemática do Ser[72].

Maneira de ser pós-hegeliana que volta a ficar hegeliana. Não somente vetorizar, mas se instituir, como enunciador, numa posição tal que se é, ao mesmo tempo, o último e o único sujeito. De onde a superioridade: "não ceder à tentação fácil de colocar a Humboldt questões que não podem receber respostas", porque elas "não têm mesmo sentido para ele"[73]. Não é certo que esta posição de escritor da história da filosofia seja forte, para a relação que se pode estabelecer com Humboldt. É o próprio Humboldt que guarda a posição mais forte: não uma recusa, mas uma construção que exclui Hegel com, e em sua teleologia. O que é exposto claramente:

> O próprio enunciado do programa basta para eliminar todas as representações então existentes, as histórias teleológicas. [...] Mas, e isto é mais notável, o mesmo programa condena por antecipação as grandes filosofias da história do idealismo alemão, as de Fichte, Schelling e Hegel (*TH*, 12-13).

O historiador da filosofia não é um *vidro transparente*, como dizia Georges Mounin quanto à tradução, mas um vidro colorido. Ele diz "quadro" ou "característica da Hélade" segundo o "vocabulário" de Humboldt[74]. Com suas palavras dirigidas a ele, diz: "Fenomenologia do Mundo Grego" (título da segunda parte de *Humboldt et la Grèce*). Daí os efeitos de teoria. De tradução. Uma fenomenologia talvez mais próxima

---

72 Idem, p. 8.
73 Idem, ibidem.
74 *Humboldt et la Grèce*, p. 56.

de Heidegger que de Hegel. A propósito da poesia em Humboldt: "estamos aqui muito perto da relação entre poesia e filosofia tal como a encontramos, analisada com toda clareza partindo de Heidegger"[75]. Não, pois Heidegger faz tudo ao contrário de Humboldt comentando a poesia. Ele a coloca na *língua*. Humboldt a situa no *discurso*. A maravilha, no efeito de ilusão que suscitou o tratamento da poesia em Heidegger, é que aí o amor da poesia é a dissolução final do poeta na língua. Esta adoração do sagrado encontrou seus poetas. Mas Humboldt "condena por antecipação" *Unterwegs zur Sprache*. Porque a poesia nele é um ato que passa pelo poeta-sujeito, como a linguagem-língua pelo ato da enunciação. E estes dois atos são radicalmente históricos.

Uma lógica hegeliana da ultrapassagem descreve Humboldt encontrando "para além de Aristóteles [...] esta proximidade ainda encarada no *Crátilo*, da palavra e da coisa, mas ultrapassando-a ao mesmo tempo já que ela detém também a concepção da palavra-signo"[76]. O que faz da palavra "a unidade dos contrários"[77] – *Abbild* e *Zeichen*, cópia e signo. Esta linguagem hegeliana tem seu coeficiente de refração quando se olha Humboldt de passagem. O exemplo famoso das palavras *Wolke, Woge, Welle, wälzen, Wind, wehen, Wald* (nuvem, vaga, fluxo, rolar, vento, soprar, floresta) analisado no fim de *Latium und Hellas* (II, 62; III, 169; K, 21) basta para instituir uma teoria do significante ligado ao nosso passado de sujeito. Isto remete ao mais convencional convencionalismo, o estatuto do signo em Hegel, tal como ele expõe em seu *Précis d'Encyclopédie*. Não há "unidade dos contrários", senão do ponto de vista convencionalista. Valéry. Uma vez mais se mostra a solidariedade entre a teoria da linguagem e a poesia. Pelo sujeito.

Outras emergências lexicais, além disso, uma alusiva prevenção contra uma "última instância" (TH, 29), vocabulário marxista, e um efeito gráfico platonizante na maiúscula inicial para *Idées*[78], o mais reconhecível e o último é um léxico

---

75 Idem, p. 100.
76 J. Quillien, Le Signe, le mot, le sens..., em N. Mouloud; J.-M. Vienne (orgs.), op. cit., p. 142.
77 Idem, p. 143.
78 Ainda que seja explícito que elas "não são poderes transcendentes" (TH, 34), e que por *idées* é preciso "entender a conexão profunda dos fatos" (TH, 35), o

generativista. Efeito em retorno cultural na tradução e leitura de Humboldt. De onde uma contradição entre o termo e o objeto descrito, quando a diversidade das línguas é "compreendida como uma diversidade não de superfície, mas em profundidade"[79]. O contrário do que é em Chomsky. *Erzeugung* está traduzido por produção"[80], mas "engendrar" para *erzeugen*[81] não pode evitar o efeito-Chomsky.

O cultural no comentário aparece ainda nesta relíquia do estruturalismo, e do generativismo, que consiste em opor Humboldt e Saussure:

> A concepção humboldtiana é, podemos adiantar no termo desta exposição, muito mais complexa do que a do estruturalismo saussuriano e é, nós o sabemos agora, porque ele quis dar conta das duas dimensões da língua, semiótica e semântica, a primeira estando subordinada à segunda[82].

A própria aliança dos dois termos "estruturalismo saussuriano" está para ser criticada. Encravada no estruturalismo, ela proíbe justamente esta crítica: sendo uma projeção do estruturalismo sobre Saussure. Mas *não existe estruturalismo saussuriano*, primeiro porque Saussure não é estruturalista e que o estruturalismo foi apenas um de seus efeitos de teoria, em seguida porque o estruturalismo foi muito menos contínuo em Saussure do que aquilo que se repete. O que testemunha Roman Jakobson. Tantas direções na linguística europeia do século XX, quanto leitores de Saussure. Se é certo que Humboldt tentou manter juntas as teorias da linguagem, da literatura e da história, e que a pesquisa de Saussure, no *Curso*, foi antes a de uma metalinguística, há menos oposição entre elas do que o estruturalismo mostra, que se interpõe entre seu efeito de permanência e uma releitura filológica e teórica de Saussure. Lido não mais segundo o modo estruturalista, nem segundo

---

efeito gráfico é ambíguo. Ele vai muito bem ao separar *ideias* e *ideologia*. O tratamento de *Weltregierung*, o qual eu venho mais longe, afasta também na direção desta ambiguidade, ou antes esta transcendência.

79 Le Signe, le mot, le sens..., em N. Mouloud; J.-M. Vienne (orgs.), op. cit., p. 150.
80 Idem, p.132.
81 Idem, p. 148.
82 Idem, p. 151.

as diversas estratégias de redução que o levam aos estoicos ou a Whitney, e que reconduz o arbitrário ao convencionalismo, lido filologicamente, Saussure está em continuidade com Humboldt por um pensamento do valor, do funcionamento (que passa pelo sujeito falante) e da historicidade radical. Mas ele desenvolve este pensamento como Humboldt não o tinha feito. Humboldt ultrapassa Saussure, porque ele ultrapassa a linguística. Não se tem nada a ganhar, para compreendê-lo, de um desconhecimento de Saussure.

No comentário, na tradução, com sua reciprocidade, perseguem-se a crítica de Humboldt e a linguística pela filosofia, a crítica da filosofia e da linguística através de Humboldt. A técnica do traduzir colocada em ação pela filosofia se acha na interseção destas duas críticas. Na prova de sua relação com a linguagem.

A Filosofia como Tradução

Testemunha e ator, de uma mudança considerável na tradução de Humboldt, a última tradução de *A Tarefa do Historiador*[83] permite aceder ao texto filosoficamente. Lê-se então Humboldt com um rigor que a tradução precedente nunca praticou. Mas não se trata aqui de comparar uma "boa" tradução com uma "ruim". Trata-se de procurar a ligação entre uma escritura filosófica e uma poética. Através do que mostra ou esconde uma tradução. Reconhecer a teoria da linguagem do tradutor, e *a aposta de uma tradução de um texto filosófico*. Os interesses que a atravessam. Nada que se recorte assim de uma maneira enganadora como a oposição binária do bom e do mau. É no interior de cada uma destas categorias que cabe analisar de que elas são feitas, poeticamente.

De que é feita uma boa tradução. Ambas têm um glossário. A última apresenta não um comentário das noções, como a primeira, mas uma advertência inicial "Sobre os textos traduzidos" (TH, 46). É uma concordância. Desde antes da tradução, sabe-se a que se apegar. Há uma terminologia. As dificuldades são mostradas como tal. Elas deixam aparecer

---

83 E dois outros textos que acompanham *Considérations sur l'histoire mondial*, *Considérations sur les causes motrices dans l'histoire mondiale*.

um contraste entre uma sistematicidade e uma não sistematicidade: "o mais amiúde", "às vezes", "em certos casos". E estes casos escaparão ao leitor. Não se sabe o porquê da resignação em: "Nós nos resignamos a traduzir o mais amiúde *Zusammenhang* por 'conexão'". Nem porque *Wirklichkeit*, realidade, é às vezes "realidade efetiva". Nem em que a sintaxe da frase intervém para um termo, em: "A frase francesa, ou o sentido, conduziu a adotar para *Erscheinung*, ora 'manifestação', ora 'fenômeno'". A necessidade da concordância, com suas dificuldades, é explícita em: "Traduzimos sistematicamente *das Geschehene* por 'o que é produzido' e *Begebenheit* por 'acontecimento'. Mas não havia outro termo para *Ereignis*, que se encontra também"[84].

É a intraduzibilidade que é colocada de saída. Com seu pano de fundo de fidelidade e da moralização do traduzir. Resignação. Renúncia. Termos de cultura e termos de Humboldt misturados, o que coloca o discurso na língua: "Deveu-se renunciar, em certos casos, a diferenciar *Cultur* de *Bildung* (todos dois traduzidos por "cultura" em detrimento de "formação"), *Gestalt* de *Form*, *Ergrundung* de *Erforschung*, *Wirksamkeit* de *Tätigkeit*". A concordância é apresentada como uma questão de escolha: "*Gemüth*, em suas ocorrências, foi traduzido por 'alma', *Ahndung* por 'intuição', ('pressentimento' não sendo conveniente sempre), *Streben* por 'tensão' (antes que por 'esforço')". "A explicitação, e a realização, de fato, valem tanto quanto a escolha. A explicitação é ambígua em: "Nós renunciamos finalmente à tradução tradicional de *Weltgeschichte* por 'história universal', não somente porque *Universalgeschichte* existe também, mas porque o emprego era às vezes difícil. Mas é bem isto o que significa 'história mundial'". Ora a "história universal" tem um passado *teológico*. Dizer que "história mundial" significa a mesma coisa de um modo diferente é uma confissão surpreendente: ele diz de uma única palavra que segundo os tradutores Humboldt permanece nesta teologia. Mas ele diz sem o dizer. A análise de *Weltregierung* tentará mostrar que ele está nisto de outra maneira.

Problemas clássicos de certas palavras, que põem em destaque uma poética da cultura e da sociedade. Não são problemas

---

84 Cf. *Begebenheiten und Ereignisse*, p. 85.

do texto como tal, mesmo que se encontrem no texto: que *Bildung* seja "cultura" ou *geistige Bildung*, "formação espiritual" (84, 23). E *Gestalt*, "configuração" (82, 9) no lugar de "forma" as outras vezes. Jean Quillien propunha "figura"[85]. *Darstellung* e *Vorstellung* não figuram na nota preliminar dos tradutores. Mas elas são diferenciadas, *Darstellung, darstellen* em "exposição", "expor", e *Vorstellung* como "representação" (69, 32). O introdutor tinha tomado "apresentação" para *Darstellung* (p. 25), motivando o laço e a oposição dos dois termos: o dado e o construído, o objeto e o sujeito. Propondo, além disso, "colocar em cena" para *darstellen*[86]. A diferenciação opera em contratexto, quando separa as duas atividades que o autor compara, retomando por "representação" o mesmo *Darstellung* subentendido: "L'exposition historique est, comme la représentation artistique..." (A exposição histórica é, como a representação artística...) (72, 32), para *Die historische Darstellung ist, wie die künstlerische* (591, 6; IV, 41).

Mais que os problemas das relações entre duas línguas-culturas, lugar-comum do empirismo em tradução, conta, para a poética do traduzir, a procura do texto como sistema. A historicização filosófica tem seu efeito: pouco aqui de modernização, esta captação anacrônica que marca a tradução precedente. Só alguns toques, que situam: "de toute connotation" (de toda conotação) (67, 24) para *von allen Nebenbegriffen* (585, 26; IV, 36). *Bau* aí é também "estrutura". *Kreis* sempre "esfera", em lugar de *círculo*. Tentação do léxico fenomenológico. Não se resistiu a isto.

Supor uma poética de um texto filosófico, é dizer que seu trabalho do conceito é uma poética que lhe é própria, sem a qual sua linguagem não é tomada senão como uma retórica da língua, que comporta muito de aproximação para que se possa considerar que aí tocamos na forma, sem alterar o sentido.

Ora a poética de Humboldt, por escrupulosa e exata que seja esta tradução, o que a outra não era, torna-se aqui uma estilística. É o efeito do *às vezes*, ("o emprego disto era às vezes difícil") da nota preliminar. Não no plano dos termos, primeiro, mas no dos torneios. Assim, no campo do neutro. Certos

---

85 *Humboldt et la Grèce*, p. 89.
86 Idem, p. 97.

neutros são mantidos: *das Geschehene*, "ce qui s'est produit" (o que é produzido), desde o começo (67, 1) e na sequência; *das Höchste* (não se saberia pensar em nada) "de plus haut" (de mais alto) (587, 6; IV, 37; 69, 4); "ce qui est juste, subtil, ou dissimulé" (o que é justo, sutil, ou dissimulado) para *das rechte, das Feine, das Verborgene* (595, 11; IV, 45; 76, 28). Mas em algum lugar o neutro se perdeu. Mostrando assim que uma poética do neutro não era encarada como um sistema. Desde o segundo neutro do texto, o mesmo *das Höchste* é "la réalisation la plus haute" (a realização mais alta) (585, 5; IV, 35; 67, 5); "*das zerstreut Gesammelte* – la collection d'éléments dispersés" (a coleção de elementos dispersos) (586, 27; IV, 36; 68, 24); "*das Geistige* – leur caractère spirituel" (seu caráter espiritual) (596, 23; IV, 47; 78, 5). O sentido está aí indiscutivelmente. Elegantemente. Mas o modo de significar está apenas na metade.

Ninharias. Na exatidão do conjunto. Prender-se a isto deve parecer ocioso e injusto. As modificações são apenas fracas modulações semânticas. Como "pas la moindre" (não a menor) para "pas une" (nenhuma) (há duas vezes *nicht Eine*, a primeira em 588, 34; IV, 39) – *nicht Eine richtige Ansicht der Gestalt* (591, 38; IV, 42) traduzido em "pas la moindre conception correcte de la forme" (não a menor concepção correta da forma) (73, 25). Variações ínfimas: "espèce humaine" (espécie humana) (85, 29) para *Menschengeschlecht*, em toda a parte "genre humain" (gênero humano). É a mais confiável das traduções. Um erro menor no "le danger susdit" (perigo supracitado) (68, 32) para "tout danger" (todo perigo), onde *jede*, em *jede Gefahr* (587, 1; IV, 37) foi tomado por *jene*. Apenas uma escorregadela: *Fülle* (plenitude) trocada por "richesse" (77, 11). Praticamente nada de omissões: um dos dois adjetivos em *die erste, unerlassliche Forderung* (585, 4; IV, 35), "l'impératif premier" (o imperativo primeiro) (67, 4) onde *unerlasslich*, "indispensable" (indispensável), foi saltado. Um adjetivo ainda, "fidèle" (fiel) em "*in treuer Wahrheit* – dans sa vérité" (em sua verdade) (589, 2; IV, 39; 70, 33). Os únicos acréscimos não são quase nada além das repetições do nome, lá onde Humboldt coloca um pronome, ou subentende o nome que venha a ser enunciado, como "sacrifier la vérité authentique [...] au profit d'une vérité extérieure" (sacrificar a verdade autêntica [...] em proveito de uma verdade exterior) (68, 12-13), para *die eigentliche* [...] *Wahrheit einer äusseren* [...] *aufopfern* (586, 14- 17; IV, 36). Explicitações que modificam um pouco o ritmo da frase. No respeito ao lexical.

É uma estilística comparada do alemão e do francês. Uma extensão: *das Vorgegangene* "ce qui s'est passé" (o que se passou) extendido a "le fait tel qu'il s'est produit" (o fato tal como ele se produziu) (585, 22; IV, 36; 67, 21), que vem – por contraconcordância – tomar a tradução de *das Geschehene*. O abstrato pelo concreto: "la sucession des circonstances" (a sucessão das circunstâncias) (67, 15) para "les circonstances qui se suivent" (as circunstâncias que se seguem) os *auf einander folgenden Umstände* (585, 15; IV, 35). E o "Espírito" para a "cabeça", *Kopf* (67, 26). As transformações habituais do passivo em ativo, seguindo a redundância própria de cada língua: "C'est dans ce sens que les Idées doivent guider la compréhension de ce qui s'est produit" (É neste sentido que as Ideias devem guiar a compreensão do que se produziu) (77, 9-10). Mas o valor do texto joga talvez com esta relação entre passivo e ativo, ação e agente: "*In diesem Sinn muss das Auffassen des Geschehenen von Ideen geleitet seyn* – En ce sens, l'interprétation de ce qui est arrivé doit être conduit par les idées" (Neste sentido, a interpretação do que chegou deve ser conduzida pelas ideias) (595, 26-28; IV, 46). O desvio de uma metáfora é um acidente que, ele também, atesta uma relativa desatenção ao significante: é o francês que tropeça em "L'historien embrasse tous les fils de l'activité terrestre" (O historiador abarca todos os fios da atividade terrestre) (69, 13). Abarcar fios. Crise de anfibologia, para *Der Geschichtschreiber umfasst alle Fäden irdischen Wirkens* (587, 26; IV, 37). Onde havia também o par "*umfasst alle Fäden*" – "l'écrivain de l'historie tient ferme tous les fils de l'action humaine" (o escritor da história mantém firme todos os fios da ação humana).

A rítmica da palavra, do lugar das palavras, sofre mudanças. O fraseado das repetições é levado a uma outra medida que a do texto. No fim do segundo parágrafo do estudo, três *daher* (palavra frequente em Humboldt) com pontos e vírgulas. A tradução joga com o ponto final e depois de dois "aussi" (também) passa a "c'est pourquoi" (é por isso) (68, 3). Adiante, *daher* torna-se "par conséquent" (por consequência) (68, 18). A terminologia ficando salva. São os operadores, o ritmo lógico, que são tratados como um elemento em que a variação não tem importância. O texto é respeitado em seu rigor, mas este rigor é somente substantivo, conceitual. Pelo que aparece uma certa ideia do texto filosófico: fora a tecnicidade – que supõe uma confusão entre o conceito e a palavra – todo o resto é literatura. Isto é, retórica. Esta concepção de linguagem retém apenas o signo. No primado do significado identificado ao signo. A concepção de Hegel. Não a de Humboldt. A solidariedade da filosofia para com o signo leva a esta contradição: traduzir Humboldt que é a descoberta-do-significante, segundo um desconhecimento do significante.

Pouco a pouco, a perda do ritmo aparece. Perda de simetria, a oposição dos dois particípios e dos dois adjetivos, em "*scheint er nur auffassend und wiedergebend, nicht selbstthätig und schöpferisch* – il semble seulement recueillir et reproduire, et être dépourvu d'activité autonome et créatice" (parece somente recolher e reproduzir, e ser desprovido da atividade autônoma e criadora) (585, 6-7, IV, 35; 67, 6-8). Eu proporia: "Il paraît simplement interprète et reproducteur, non tout seul acteur et créateur" (Parece simplesmente intérprete e reprodutor, não somente ator e criador). Um adjetivo traduzido por um advérbio apaga uma simetria e uma repetição: "commettre volontairement certaines erreurs pour prévenir le danger d'erreurs encore incertaines" (cometer voluntariamente certos erros para prevenir o perigo de erros ainda incertos) (68, 14-16) para *gewissen Irrthum wählen, um noch ungewisser Gefahr des Irrthums zu entgehen* (586, 17-18; IV, 36), o que podia também permanecer: "choisir une erreur certaine pour échapper au danger encore incertain de l'erreur" (escolher um erro certo para escapar do perigo ainda incerto do erro).

A rítmica de frase, igualmente, é submetida à estilística comparada das línguas. Vale dizer que ela desaparece. Ora, a vetorização de uma frase, e dos grupos, é um gestual. Este gesto do sentido se apaga. Não porque um outro o substitua. Uma ausência de gesto o substitui. Por exemplo, pelas nuvens "qui ne prennent forme qu'à une certaine distance de l'oeil" (que só tomam forma a uma certa distância do olho) (68, 2). Humboldt escreveu: *die erst in der Ferne vor den Augen Gestalt erhalten* (586, 3; IV, 36). Na ordem da percepção, e com "os olhos" e não "o olho", mais abstrato: "qui seulement au lointain devant les yeux acquièrent une configuration" (que somente ao longe diante dos olhos adquirem uma configuração). A negligência do ritmo, eu imagino, deve ver aí apenas detalhes.

Deslocamentos de grupos. Contra o *incipit* de frase, que insiste na diferença, a tradução inverte não o sentido dos termos mas alguma coisa de sua relação: "*Auf verschiedene Weise, aber evensowohl, als der Dichter* – Tout comme le poète, bien que différemment" (Tudo como o poeta, se bem que diferentemente) (586, 26; IV, 36; 68, 22), no lugar de "D'une manière différente, mais aussi bien que le poète" (De um modo diferente, mas tão bem quanto o poeta). O fim da frase alemã, frequentemente, se desloca no começo da frase francesa. Sem que o lugar final do verbo alemão aí obrigue, ao contrário, estando o verbo em posição marcada na inicial: "*In uns schwächt nur den Sinn für due Schönheit der Form reiner Wissenschaft zu frühe und vielfache Anwendung* – Seule l'application prématurée et répéttée affaiblit notre sens pour la beauté de la forme scientifique pure" (Só a aplicação prematura e repetida enfraquece nosso sentido para a beleza da forma científica pura) (594, 18-20; IV, 44; 76, 3-4). Marcado por marcado, isto seria: "Seule affaiblit en nous le sens de la beauté des formes de la science pure une application trop précoce et répétée" (Só enfraquece em nós o sentido da beleza das formas da ciência pura uma aplicação muito precoce e repetida). Inversamente, começos de frase tornam-se fins: "*Zwei Wege also...* – Il faut donc [...] emprunter simultanément deux voies" (É preciso pois [...] servir-se simultaneamente de duas vias) (587, 24; IV, 37; 69, 21). Ou ainda: "Mais la simple intuition des vérités mathématiques, les rapports éternels de l'espace et du temps, [...] comportent également un charme captivant" (Mas a simples intuição das verdades matemáticas, as relações eternas do espaço e do tempo [...] comportam igualmente um encanto cativante) – *Es liegt aber auch ein fesselnder Zauber in der blossen Anschauung der mathematischen Wahrheiten, der ewigen Verhältnisse des Raumes und der Zeit* (594, 12-14; IV, 44; 75, 31-34).

Poderíamos ter conservado: "Mais il y a aussi un charme attachant dans la simple vision des vérités mathématiques, des rapports éternels de l'espace et du temps" (Mas se há também um encanto sedutor na simples visão das verdades matemáticas, relações eternas do espaço e do tempo). Os *incipit* de frases feitas com um advérbio ou com um grupo adjunto não são frequentemente respeitados: "*Allein die Wirksamkeit beider...* – Les deux activités cependant" (As duas atividades no entanto) (586, 31; IV, 37; 68, 26); "*Nach dem Nothwendigen muss daher auch der Geschichtschreiber streben* – L'historien doit par conséquent lui aussi tendre vers le nécessaire" (O historiador deve por consequência, ele também, tender ao necessário) (587, 9; IV, 37; 69, 7), em lugar de, por exemplo: "C'est vers le nécessaire aussi que l'écrivain de l'histoire doit s'efforcer" (É para o necessário também que o escritor da história deve se esforçar). Cláusulas de frases se voltam ao interior: "tout progrès de l'humanité dans la perspective de l'histoire mondiale" (todo progresso da humanidade na perspectiva da história mundial) (83, 25). Mas respeitadas em outra parte: "Conduire au but" (Conduzir ao fim) (84, 3). A cláusula final do ensaio, *Wahrheit* – verdade, permanece a palavra do fim.

Alternância de tratamento que é precisamente a tradução como estilística. O empirismo no corpo a corpo. A não tomada do texto como sistema. Em razão disso, o ritmo semântico foi assim alcançado. No entanto, fica muito pouco aqui de concordância "tout ce qui se produit" (tudo o que se produziu) (79, 8) para *alles was geschieht* já tomada pela tradução de *das Geschehene*; "étude" (estudo) (70, 20) para *Bearbeitung* (588, 25; IV, 38) como por *Studium* (591, 2; IV, 41; 72, 30); "but" (fim) para *Ziel* e para *Zweck* em algumas linhas depois (596, 1 e 9; IV, 46; 77, 20 e 27).

No interior da exatidão relativa observada pela estabilidade da concordância lexical para os termos principais (*das Ganze, Gestalt, Zusammenhang*) aparece um tratamento da palavra como sentido-em-seu-contexto, que lhe rouba sua memória de texto. Onde se descobre a antinomia escondida entre *texto* e *contexto*. Toda uma série de termos são assim *palavras-sentido*, não *palavras-valor*. Pequenas não concordâncias. Para "*die Absonderung des Zufälligen* – "l'exclusion du contingent" (a exclusão do contingente) (591, 9; IV, 41; 72, 34), mas *Absonderung* foi traduzido por "tri" (triagem) (586, 10; IV, 36; 68, 9) onde ele devolvia, em contexto próximo, ao espírito "capable de trier avec discernement" (capaz de selecionar com discernimento – *rein absondernden Kopfes*) (585, 28; IV, 36; 67, 26). O *Verknüpfendes*, termo "pour établir la liaison" (para estabelecer a ligação) (592, 15; IV, 43; 74, 13) esqueceu a *Verknüpfungsgabe*, "talent de coordination" (talento de coordenação) (587, 3; IV, 37; 69, 1) que esqueceu as *verknüpfenden Umständen*, as "circonstances où ils s'enchaînent" (circunstâncias em que eles se encadeiam) (586, 5; IV, 36; 68, 4). Não foi de maneira nenhuma difícil guardar o regresso *erzählen--Erzählung* com nove linhas de distância, mas pusemos "raconter" (contar) e "récit" (relato) (585, 18, 27; IV, 35-36; 67, 17, 25). *Stoff* é "matière" (matéria), depois "matériau" (material) (586, 13 e 587, 10; IV, 36-37; 68, 11 e 69, 8). Contrariamente à advertência dos tradutores, *Gemüth* "âme" (alma) é também "esprit" (espírito) no fim (87, 14) e "disposition intérieure" (disposição interior) para *Gemüthstimmung* – "état d'âme" (estado de alma) (586, 1; IV, 36; 67, 27). Conjugando contraconcordância e não concordância, *Beobachtung* e *Beobachter* "observation, observateur" (observação, observador) emprestam sua tradução a *Betrachter* (595, 7; IV, 45; 76, 25), mas *Betrachtung* é "examen" (exame) (595, 32; IV, 46; 77, 13) e também "considération" (consideração) no fim (86, 18). O motivo importante do *vereinzelt*, "isolé" (isolado), que junta o empirismo oposto com o todo, ao sistema, à ideia e que aparece desde o começo (585, 11; IV, 35; 67, 11) desaparecia na linha seguinte, onde *das Einzelne* é traduzido por "le particulier" (o particular). Os *Einzelne* são os "individus" (indivíduos) (77, 33). Uma vez, para *den Einzelne*, "l'individu isolé" (o indivíduo isolado) (604, 1; IV, 54; 85, 19). Uma outra, o adjetivo está omisso, nas "cités" (citações) (83, 19). Uma certa destextualização do texto, aí também, resulta desta acumulação, já que tocar no ritmo do sentido é tocar no sentido.

Zusammenhang é o termo maior na poética deste texto, por sua ligação com *Begebenheit*. Os tradutores preveniram que eles estavam "resignados em traduzir mais frequentemente" por "conexão". De fato, as traduções do termo giram em torno da noção de sistema. A palavra-sentido impediu de ir à palavra-valor. A língua foi mais forte do que o discurso. Encontra-se assim *Zusammenhang* denominado como particípio do verbo "religar" em: "une image générale de la forme reliant tout ce qui est advenu" (uma imagem geral da forma religando tudo o que aconteceu) – *ein allgemeines Bild der Form des Zusammenhanges aller Begebenheiten*" (597, 23; IV, 48; 79, 4-5). Eu traduzo: "une image générale de la forme du système de tous les événements" (uma imagem geral da forma do sistema de todos os acontecimentos). É a interdependência, no "*zusammenhängendes Gewebe von Begebenheiten* – "un tissu d'événements interdépendants" (um tecido de acontecimentos interdependentes) (590, 20; IV, 40; 72, 12). Eu direi: "tissu systématique d'événements" (tecidos sistemáticos de acontecimentos). A poética do texto passa pela implicação recíproca do sistema e do acontecimento. Ora *Begebenheiten*, anunciado como "systématiquements" (sistematicamente) traduzido por "événements" (acontecimentos), mistura de fato quatro traduções: 1. "ce qui advient" (o que acontece), oito vezes[87], como em "*im Zusammenhange der Weltbegebenheiten* – à travers la connexion même de ce qui advient dans le monde" (através da própria conexão do que acontece no mundo) (86, 34); 2. A variante "ce qui est advenu" (o que aconteceu), duas vezes, como em "*zur Erklärung der Begebenheiten* – pour expliquer ce qui est advenu" (para explicar o que aconteceu) (80, 19 e 81, 3); 3. "événements" (acontecimento), treze vezes[88], como em "*eine Begebenheit erzeugt die andere* – un événement engendre l'autre" (um acontecimento gera o outro) (79, 13); 4. "simples faits" (simples fatos) na junção "*Begebenheiten und Ereignisse* – simples faits et événements" (simples fatos e acontecimentos) (604, 14; IV, 54; 85, 31). E uma outra vez *Ereignisse* "événements" (acontecimentos) (595, 3; IV, 45; 76, 21). A que se junta *Erscheinung*, traduzido por "phénomène" (fenômeno).

---

87 589, 38; IV, 40, 71, 30 – 590, 35; IV, 41; 72, 25 – 595, 1; IV, 45; 76, 20 – 599, 2-3; IV, 49; 80, 19 – 599, 24; IV, 50; 81, 3 – 600, 8; IV, 50; 81, 24 – 600, 28; IV, 51; 82, 7 – 601, 10; IV, 51; 82, 24 – 605, 8; IV, 55; 86, 24 – 605, 17; IV, 56; 86, 34.

88 590, 20; IV, 40; 72, 12 – 590, 22; IV, 41; 72, 14 – 595, 30; IV, 46; 77, 12 – 596, 30; IV, 47; 78, 12 – 597, 34; IV, 48; 79, 13 – 598, 14; IV, 48; 79, 28 – 599, 7; IV, 49; 80, 23 – 600, 18; IV, 50; 81, 32 – 601, 21; IV, 52; 83, 1 – 604, 5; IV, 54; 85, 21 – 605, 28; IV, 56; 87, 10 – 606, 3; IV, 56; 87, 21 – 606, 8; IV, 56; 87, 26.

O campo da aparência. A diversidade interna na tradução de *Begebenheit*, e o tratamento-língua de *Zusammenhang* tem por efeito enfraquecer o texto, já que sua sistematicidade se dispersa em resoluções pontuais, contextuais.

A filosofia como tradução – atividade e produto – à medida em que ela pratica uma estilística e não uma poética, situa-se como filosofia pelo seu próprio tratamento da linguagem. Aqui, particularmente, e primeiro de maneira imperceptível, fica evidente que a tradução deste texto de Humboldt não funciona mais como o próprio texto, no sentido de Humboldt. E se admitimos que de toda maneira a tradução aí não pretendesse, e não tivesse feito senão reconhecer uma vez por todas os efeitos do signo, desta vez não somente na situação do traduzir, mas na solidariedade entre traduzir e filosofar.

O efeito perverso de uma teoria e de uma prática da linguagem que é do não Humboldt, logo, à sua revelia sem dúvida, contra sua própria intenção (mas a poética não é uma crítica das intenções), é de fazer o anti-Humboldt.

Este efeito se concentra na *Weltregierung*, o "governo do mundo". A passagem mais controvertida de todo o ensaio. Alexandre, o irmão, não o amava. Ele o resumia assim:

"Deus governa o mundo: a tarefa da história é descobrir estes decretos secretos eternos", é, no entanto, para falar propriamente do resultado, e sobre este resultado, que eu tive algumas vezes com meu irmão, eu não diria querelas, mas discussões. O resultado é, entretanto, análogo aos mais antigos sentimentos da humanidade, expressos em todas as línguas. O estudo de meu irmão é o comentário (que faz o desenvolvimento, a interpretação, o elogio) deste sentimento vago[89].

---

89 "'Gott regiert die Welt: die Geschichtsaufgabe ist das Aufspüren dieser ewigen geheimnisvollen Rathschlüsse', das ist doch eigentlich das Resultat und über dies Resultat habe ich bisweilen mit meinem Bruder, ich darf nicht sagen gehadert, sondern diskutirt. Das Resultat ist allerdings den urältesten, in allen Sprachen ausgesprochenen Gefühlen der Menschheit analog. Meines Bruders Abhandlung ist der Kommentar (der entwickelnde, deutende, belobende) dieses dumpfen Gefühls". Passagem de uma carta de Alexandre Humboldt, frequentemente citada, de 10 de maio de 1837; nos comentários da edição Cotta (t. v, p. 366). A citação do começo e uma apreciação final exprimindo a insatisfação do irmão terminam a nota sobre *Weltregierung* em *La Tâche de l'historien*, p. 98.

Não se pode levar adiante o contrassenso, e sobretudo a anulação do sentido e da poética deste ensaio. No que esta leitura do irmão resume nela própria todo o problema, a solidariedade entre exegese e tradução, entre o sentido e sua poética.

Weltregierung traz por certo toda a história de seus empregos anteriores. Jean Quillien, em sua introdução, lembra que "este conceito, fonte de tantas controvérsias [...] é comum à época, sob apelações diversas e com conteúdos diferentes (desígnio da Providência, plano escondido da Natureza, astúcia da razão etc.)"[90]. Nisto é a palavra que é corrente e não o conceito. Os conceitos sendo alternadamente ou da teologia, ou o de Kant, ou o de Hegel... O dicionário de Grimm, para *Weltregierung* (t. 28, col. 1676-1678) atesta amplamente o passado teológico da palavra, depois o *Weltregiment* de Lutero, o *Weltenregierung* de Herder, o emprego de Kant em relação com *Weltursache* até o *Weltregierung Gottes* de Hegel. Em relação ao *Weltordnung* em Aristóteles, segundo uma passagem de Alexandre de Humboldt citada pelo artigo, que não cita Guillaume de Humboldt. Trata-se da conduta do mundo, *Regierung* no sentido de *Leitung, Bestimmung, Führung*: conduta, determinação, conluio. O sentido teológico implicando etimologicamente o latim *regere* em *regieren: geraderichten*, conduzir certo.

É a palavra da tradição teológica e teleológica que Humboldt retoma, para desviá-la na direção do radicalmente histórico, elaborado, contra a "história filosófica", no seu conceito de ideia. A ideia, como escreve Quillien, é "a conexão profunda dos fatos, as leis que os governam, o espírito o único que de fato compreende o sentido" (TH, 35). Ela exclui "uma leitura de tipo metafísico religioso, segundo a qual um ser superior, transcendente, orientaria o curso das coisas humanas" (TH, 37). Neste sentido, o que conduz o mundo é seu próprio princípio de inteligibilidade. A manutenção da necessidade e da contingência junto, dos fatos e do sentido. Onde não há uma "tarefa primeira do ofício do historiador", que consistiria, segundo Quillien, em "expor o que se produziu" – na primeira frase do ensaio. E compreender, "sua tarefa última" (TH, 38). Pois o começo supõe o fim. Não há duas tarefas do histo-

---

90 *Humboldt et la Gréce*, p. 36.

riador, mas uma única: escrever a história. Que só poderá fazer-se sob a concepção da *Zusammenhang der Begebenheiten*: sistema dos acontecimentos, em que consiste a *Weltregierung*.

A história e o historiador são homogêneos um ao outro. O que há de mais heterogêneo à história é o teo-teleo-lógico: já que é *geliehen*, emprestado "*wie eine fremde Zugabe* – comme un supplément étranger" (como um suplemento estrangeiro) (595, 33; IV, 46), e no paradigma das "*todten Einrichtungen* – institutions mortes" (instituições mortas) (596, 11; IV, 46) opostos à "*lebendige Wahrheit der Weltschicksale* – la vérité vivante des destins du monde" (a verdade viva dos destinos do mundo) (596, 6; IV, 46; 77, 24). A história é, pois, no texto de Humboldt, unicamente humana. Nem divina nem natural. E o próprio do humano, sua realização, é de compreender a história:

Für die menschliche Ansicht, welche die Plane der Weltregierung nicht unmittelbar erspähen, sondern sie nur an den Ideen erahnden kann, durch die sie sich offenbaren, ist daher alle Geschichte nur Verwirklichung einer Idee, und in der Idee liegt zugleich die Kraft und das Ziel – Pour la manière de voir humaine, qui ne peut pas percevoir les plans du gouvernement du monde, mais ne peut en avoir l'intuition qu'aux idées par lesquelles ils se révèlent, toute histoire aussi n'est que la réalisation d'une idée, et dans l'idée se trouve à la fois la force et la visée" (Para a maneira humana de ver, que não pode perceber os planos do governo do mundo, mas só pode disso ter uma intuição através das ideias pelas quais eles se revelam, toda história também é apenas a realização de uma ideia, e na ideia se encontra ao mesmo tempo a força e a visada (604, 33-37; IV, 55).

No que não é com os mais antigos sentimentos da humanidade que se esboçaria uma analogia, para o trabalho sobre a *Weltregierung*, mas com Feuerbach, levando a teologia para a antropologia.

O valor do sistema – *Zusammenhang* está no sistema do texto. Não na palavra. Ela se liga ao campo semântico da ideia por um léxico da tensão, da dominação: as ideias devem "conduir" (conduzir), *leiten* (605, 10; IV, 55) aquele que escreve a história. E "*Das Geschäft des Geschichtschreibers in seiner letzten, aber einfachsten Auflösung ist Darstellung des Strebens einer Idee, Daseyn in der Wirklichkeit zu gewinnen* – L'affaire de l'écrivain de l'histoire dans sa résolution la dernière, mais la plus simple, est présentation de l'effort d'une idée pour conquérir une existence dans la réalité" (O negócio do escritor de história em sua última resolução, mas a mais simples, é apresentação do esforço de uma ideia para conquistar uma existência na realidade" (605, 19-21; IV, 56). E a ideia degenera se ela não pôde *bemeistern*, "maîtriser le matériau qui lui résiste" (dominar o material que lhe resiste) (605, 24; IV, 56; 87, 6). Enfim "*in Allem, was geschieht, eine nicht unmittelbar wahrnehmbare Idee waltet* – dans tout ce qui arrive, une idée qui n'est pas immédiatement perceptible domine" (em tudo o que ocorre, uma ideia que não é imediatamente perceptível domina) (605, 26-27; IV 56). Seu "règne" (reino) – *Herrschaft*" (605, 31; IV, 56) acaba de modificar o valor de *Weltregierung*, afastando-o ao mesmo tempo de sua etimologia (a via direita) e de sua teologia, pois é um princípio interno que, por este campo da dominação, domina.

Weltregierung toma lugar no paradigma de "*die Tragödie der Weltgeschichte* – la tragédie de l'histoire du monde" (a tragédia da história do mundo) (599, 5; IV, 49), "*Weltschicksal* – destin du monde" (destino do mundo) (599, 8; IV, 49), "*Weltbegebenheiten* – événements du monde" (acontecimentos do mundo) (605, 17; IV, 56). Contexto próximo: entre aqueles que escrevem a história, a "caractéristique du véritablement génial" (característica do verdadeiramente genial) – *die Charakteristik der wahrhaft genialischen*" (599, 21; IV, 49) seria de "épuiser" (esgotar), *erschöpfen*, as

causes du système des événements, et l'idée fondamentale à partir de quoi seulement leur compréhension dans toute leur vérité est possible (causas do sistema dos acontecimentos, e a ideia fundamental a partir da qual somente sua compreensão em toda sua verdade é possível) – *die Ursachen des Zusammenhangs der Begebenheiten, und die Grundidee, von welcher aus allein das Verstehen dieser in ihrer vollen Wahrheit möglich ist*" (599, 24-26; IV, 50).

Estas são as condições e a preparação do parágrafo sobre a *Weltregierung*, cuja cláusula não se refere ademais ao governo do mundo, mas ao significante do compreender.

Wie man es immer anfangen möge, so kann das Gebiet der Erscheinungen nur von einem Punkte ausser demselben begriffen werden, und das besonnene Heraustreten ist eben so gefahrlos, als der Irrthum gewiss bei blindem Verschliessen in demselben. Die Weltgeschichte ist nicht ohne Weltregierung verständlich (600, 1-6; IV, 50).

Eu traduzo:

De quelque manière qu'on puisse jamais commencer, le domaine des apparences ne peut se concevoir qu'à partir d'un point qui leur est extérieur, et il y a aussi peu de danger à en sortir avec prudence que l'erreur est certaine à s'y enfermer aveuglément. L'histoire du monde ne peut sans un gouvernement du monde se comprendre. (De qualquer maneira que se possa começar, o domínio das aparências só pode ser concebido a partir de um ponto que lhe é exterior, e há também um pouco de perigo em retirar daí com prudência que o erro é certo em fechar questão cegamente. A história do mundo não pode ser compreendida sem um governo do mundo).

Annette Disselkamp e André Laks traduziram:

Quelle que soit la façon dont on s'y prenne, le domaine des phénomènes ne peut être saisi qu'à partir d'un point qui lui soit extérieur, et le quitter avec circonspection ne comporte aucun danger, tout comme l'erreur est assurée, lorsqu'on s'y enferme aveuglément. L'histoire mondiale n'est pas compréhensible sans un gouvernement mondial. (Qualquer que fosse a maneira pela qual aí se tomasse, o domínio dos fenômenos só pode ser alcançado a partir de um ponto que lhe seja exterior, e o deixar com circunspecção não comporta nenhum perigo, do mesmo modo como o erro se assegura, quando aí nos fechamos cegamente. A história mundial não é compreensível sem um governo mundial) (TH 81, 17- 22).

"Gouvernement du monde" (Governo do mundo) é a expressão francesa tradicional. Littré glosa a palavra *gouvernement*: "Diz-se do poder supremo de Deus". Ele cita um exemplo em Bourdaloue. Massilon fala do "governo do universo". É, pois, "governo do mundo" que é preciso, para fazer o equivalente cultural de *Weltregierung*. E para todo o paradigma, para que ele permaneça paradigma: "história do mundo", não "história mundial". Também, o paradigma foi rompido com "ce qui advient dans le monde" (o que acontece no mundo) para *Weltbegebenheiten* (86, 34). *Mundial* sugere um outro registro (guerra mundial), linguagem política atual. Um governo no sentido institucional. *Mundial* mostra uma relação ambígua com a tradição, já que ele se afasta disto verbalmente, enquanto a nota preliminar o mantém aí. Quanto à "programação mundial", de Caussat, ela sugere um plano, divino ou natural, como contratexto.

A expressão volta ainda duas vezes, e nos dois empregos com a extensão: *die Plane der Weltregierung* (600, 14; IV, 50 e 604, 33; IV, 55). Os tradutores de *A Tarefa do Historiador* retomaram, no contexto próximo, "les plans du gouvernement mondial" (os planos do governo do mundo) (81, 29). Mas pelos fins do texto, "les plans qui gouvernent le monde" (os planos que governam o mundo) (86, 14). Tradução que, fazendo dos planos o sujeito do verbo, e de um tal verbo, alcança sub-repticiamente a teleologia.

O ruído da teleologia encobre a voz de Humboldt, por outros nevoeiros. Assim a mesma palavra "extérieur" (exterior) é empregada na passagem sobre a história filosófica, onde é dito que as ideias "ne sauraient être octroyées à l'histoire de l'extérieur comme une prime" (não saberiam ser concedidas à história do exterior como um prêmio) (77, 14-15), e no desenvolvimento quanto ao governo do mundo que opõe o "domaine des phénomènes" (domínio dos fenômenos) a "un point qui lui soit extérieur" (um ponto que lhe seja exterior) (81, 19), que retoma um pouco mais longe "l'instance extérieure au développement de la nature" (a instância exterior no desenvolvimeno da natureza) (81, 31-32). Ora no primeiro caso trata-se do "l'erreur à laquelle succombe facilement ce qu'on nomme l'histoire philosophique" (erro ao qual sucumbe facilmente o que se chama a história filosófica) (77, 15-16), e a expressão de Humboldt concerne às ideias que "*aus der Fülle der Begebenheinten selbst hervorgehen* – proviennent de la plénitude même des événements" (provêm da própria plenitude dos acontecimentos) (595, 30, IV, 46). Elas não devem pois "être prêtées à l'histoire comme un supplément étranger" (ser emprestadas à história como um suplemento estrangeiro) – *nicht der Geschichte wie eine fremde Zugabe, geliehen werden müssen*" (595, 33-34). O significante *fremd* e o *zu-* de *Zugabe* expressam uma radical heterogeneidade em relação à ideia. Que atenua ou mal contraria a propósito do aspecto de recompensa que há no "prêmio". Esta qualidade de estrangeiro não tem nada a ver com a exterioridade do "ponto" pela ligação com as aparências, exterioridade que é dita por *ausser, ausserhalb*, "en dehors de" (para fora de), em *ausser demselben* (600, 2; IV, 50; 81, 19) e *die ausserhalb der Naturentwicklung liegende Leitung* (600, 17; IV, 50; 81, 31-32). Esta exterioridade é ela própria a ideia. O emprego do significante "extérieur" (exterior) nos dois casos volta a utilizar a mesma linguagem para as ideias, no sentido de Humboldt, e para a transcendência da teleologia à qual estas ideias se opõem.

A transcendência se infiltra ainda por um outro viés. Pelo termo *instância* que substancializa este governo do mundo conferindo-lhe um sujeito abstrato (o que vai no mesmo sentido que a tradução "les plans qui gouvernement le monde" [os planos que governam o mundo]), então o texto de Humboldt fala somente de uma conduta de acontecimentos: "Cependant, l'instance extérieure au développement de la nature qui dirige ces événements se révèle à travers ces événements mêmes" (No entanto, a instância exterior ao desenvolvimento da natureza que dirige estes acontecimentos se revela através destes próprios acontecimentos) – *Allein die ausserhalb der Naturentwicklung liegende Leitung der Begebenheiten offenbart sich dennoch na ihnen selbst*". O que retraduzo: "Seulement la conduite des événements, qui se trouve en dehors du développement de la nature, se révèle pourtant à travers eux-mêmes" (Somente a conduta dos acontecimentos, que se acha fora do desenvolvimento da natureza, se revela no entanto atráves deles mesmos).

O comentário de André Laks sobre toda esta passagem (p. 98) leva Humboldt a Kant: "H. encontra [...] a problemática desenvolvida por Kant na *Crítica da Faculdade de Julgar*". De onde não sai senão para "adotar um esquema, e uma terminologia de tipo schellinguiano: a 'instância exterior' – o governo mundial". Em desacordo, neste ponto, com o já citado Jean Quillien (TH, 12-13). Então, "de um ponto de vista kantiano, H. não escapa do 'entusiasmo'". Este misticismo não tem saída, já que tanto os partidários da "reprovação" quanto os da "apologia" o pressupõem. A citação da carta de Alexandre de Humboldt pronuncia o veredito cláusula do comentário. Ela realiza explicitamente o que a tradução só fez abusivamente: levar, contra todo o trabalho do texto, Humboldt à teleologia. O paradoxo dos tradutores é que em todo seu esforço, real, no que há de filosófico neste texto, *ficam do lado do irmão*.

O jogo se faz como se a antifilosofia de Humboldt, tomando a filosofia de seu tempo com tudo o que ela comportava de teologia, prosseguisse na relação atual dos historiadores da filosofia seguindo Humboldt. A antifilosofia de Humboldt acrescenta à procura teórica dos significantes da linguagem e da história uma prática performativa da teoria: sua própria linguagem. Sua teoria, sua poética, sua escritura são inseparáveis. Quando ele designa a história filosófica, os significantes *fazem* com que eles signifiquem. Eles liberam um parentesco interno, pela motivação do discurso que os coloca em relação, prosodicamente, entre *Fehler* (o erro) *philosophische* (*Geschichte*) e *verfällt* (a ideia de queda) que está em cláusula, mas a cadeia começou um pouco antes com *fremde* (*Zugabe*): "ein *Fehler*, in welchen die *so*genannte *philosoph*ische Geschichte leicht *v*er*f*ällt". É o que a retórica tradicional classificava como aliterações, deixando-os por conta do signo, do qual ela era o formalismo. Mas que o trabalho de Humboldt descobre como a subjetividade na linguagem. Fazendo deste pedaço de frase uma sátira prosódica. A tradução realizando por sua vez sua própria teoria da linguagem, a do signo, não deixa de apagar o significante, culminando com: "erreur à laquelle succombe facilement ce qu'on nomme l'histoire philosophique" (o erro no qual sucumbe facilmente o que se chama a história filosófica) (77, 15-16). As relações fônicas que subsistem, deixando de aproximar entre elas, por uma cadeia, os termos concernentes, tornam-se os efeitos aleatórios de uma fonologia sem valor de discurso. Com a escolha da expressão mais neutra para *die sogenannte*. Pode-se traduzir: "défaut où la soi-disant histoire philosophique s'enfonce facilement" (falta em que a assim dita história filosófica se afunda facilmente).

Na polêmica do estudo sobre a história, há conflito entre duas escrituras. A da filosofia, criticada por Humboldt: *Die*

Philosophie schreibt den Begebenheiten ein Ziel vor (596, 1; IV, 46), e a do *Geschichtschreiber*. O problema da filosofia é, pois, o da sua escritura. De sua relação com a escritura. O problema dos tradutores é o da relação com esta escritura. Que põe a descoberto sua filosofia por sua escritura. A tradução de Humboldt aparece ainda como uma sequência inacabável do conflito com Humboldt. À filosofia que tenta classificá-la por todos os seus meios, ele responde desbordando-a por sua escritura. Humboldt permanece ele próprio não uma obra, mas uma atividade. Figura, aposta, estratégia da teoria e do traduzir.

7. Traduzir o Sagrado ou Traduzir a Relação com o Divino

Talvez todas as formas do sagrado e de relação com o divino imponham discursos particulares[1]. Todos são sem dúvida modos de significar distintos, e distantes, dos discursos comuns, dos falares. Para a *Bíblia*, há que encontrar em francês um traduzir que não seja mais o afrancesamento costumeiro, que desebraíza e desjudaíza o texto, de suas palavras à sua sintaxe, mas não cai mais no literalismo que disso faz um exotismo, e que só sai de um excesso para cair no outro, permanecendo na mesma polaridade. O discurso da *Bíblia* é específico. É uma oralidade. A relação com o divino não é separável, aqui, desta oralidade.

Por isso não se pode mais traduzir a *Bíblia* como em outros tempos. O modo da linguagem, o modo do traduzir são aqui solidários. Os dois têm em comum uma visada: o texto o impõe, em sua língua; a tradução se vê como imposta. Geralmente, ela compreendeu que estava diante de uma língua a traduzir. Os resultados desta filologia são conhecidos. São as variantes da desoralização, diante de uma gramática e do sentido, nas categorias retóricas das culturas de chegada. O

---

1 Este texto, com a tradução dos capítulos 3 e 5 do *Êxodo* (tradução revista em colaboração com Régine Blaig), foi publicado na revista *Corps écrit*, n. 3, Le Sacré et les formes, 1982. Texto revisto e modificado.

único equivalente do sagrado, então, foi, durante muito tempo, o literalismo. O fim do literalismo, a passagem aos discursos reais, foi também uma dessacralização. Mas os grandes relés não buscaram esta transparência: a *Vulgata*, A *King James Version* e Lutero realizaram, por sua vez, um discurso específico, que foi um discurso de encontro entre as línguas. Não é por acaso que Claudel continuava a não ler a *Bíblia* senão em latim, na *Vulgata*. No sentido forte, poético, *não há Bíblia em francês*.

É que esta oralidade continua a encontrar diante de si a maior resistência. Esta própria resistência é reveladora de uma solidariedade entre o sagrado, o divino, a oralidade e o discurso. Reveladora também da desoralização de nossa cultura. Por esta solidariedade, quero dizer o primado da oralidade no discurso, e o primado do discurso sobre a língua. Que não faz mais que realizar, segundo seu próprio modo, o primado do discurso na literatura. Ora, somos regidos pelo primado do signo, e da língua, que leva a privilegiar, e dualizar, a produção contínua de sentido, em descontinuidade da forma e do sentido, bem como a privilegiar as regras e redundâncias da língua. Para não deixar lugar ao discurso, senão como escolha na língua. O que é pertinente para a língua achata as noções da língua e suas práticas de reprodução sobre a criatividade dos discursos. Donde a situação paradoxal, e insustentável, do traduzir, diante do discurso daquilo que funciona como a literatura: aí onde eles mudam constantemente as regras de seu jogo, a tradução quer compor a língua, *compor o francês*, e não dispõe senão das regras da língua.

A resistência, em matéria de tradução, vem do empirismo antiteórico, mas não somente: tudo o que a ideologia literária da elegância tem de conservador, confundindo a soma de bons êxitos conseguidos, de que ela se acredita proprietária, com a gestão do novo, que ressurge sempre contra o *establishment*, e que construirá sempre a escola emaranhada da escritura. A antiteoria não tolera que se veja como se faz o afrancesamento, a edulcoração do ritmo em sentido, a anexação da alteridade. Nisso o conservadorismo estético mostra o que ele acreditava invisível: a poética é política. O álibi do signo é um falso liberalismo, que opõe, à pluralidade de modos de significar, seus critérios e sobretudo seus poderes. Os estabelecidos da literatura não gostam da oralidade.

O sagrado, o divino continuam separados. Para a *Bíblia*, onde se produz uma oralidade codificada como em nenhuma outra parte, não é somente uma estilística das estruturas e dos desvios, nem uma semiótica das ações que podem caracterizar modos de significar que têm seus discursos, é uma poética do ritmo que também é necessária – de que a tradução, com seus riscos, suas resistências, não pode ser outra coisa senão que experimentação. Rumo ao discurso, isto é, ao direito, à imposição de produzir regras novas, próprias a cada discurso, como toda obra o produz.

Não perder a poética de saída, para não perder a relação com o divino. Tudo o que é da poética mostra que a língua tem lugar no discurso; aí onde não há poética, os discursos têm lugar na língua.

Os textos da *Bíblia*, e aqui há oportunidade, particularmente de o dizer e redizer, são marcados por uma acentuação que é inseparavelmente uma cantilação, uma rítmica e uma organização do sentido. São os *te'amim*, de *ta'am*, que designam ao mesmo tempo o sabor e o sentido, sentido do discurso, não das palavras – acentos disjuntivos e conjuntivos. Sendo a organização rítmica do discurso, eles têm tanto parte no sentido como no sentido das palavras. Por isso, nos *Cinco Rolos*, e depois, eu os incorporei à tradução sob a forma de uma hierarquia de espaços em branco que é aí uma aproximação: uma alínea interna no versículo para o acento *atnah* que equivale à cesura principal do versículo (mas não de hemistíquios! Os segmentos são desiguais); um grande espaço em branco para *zaqef katan* ou *godol*, ou *segolta*; um pequeno espaço branco para os outros (dezoito acentos disjuntivos ao todo). Os acentos conjuntivos (oito) são marcados apenas pela ausência de brancos. Desapercebido, salvo ali onde a pontuação banal colocaria uma vírgula, exemplo: Moisés Moisés. Os brancos não são tanto as pausas metronômicas quanto os relances, colagens e descolagens do texto. Efeitos de entonação. Uma "suspende" e outra "abaixa". Mas não métrica.

Esta rítmica, através de todos os textos da *Bíblia*, neutraliza então a oposição ocidental entre a "prosa" e a "poesia" identificada como verso. Não há verso, nem há métrica na *Bíblia*. Mas o reinado do ritmo. Por isso o primado do ritmo nesta tradução leva a desafrancesar, descristianizar, deshelenizar a tradução. Para que ela seja um descentramento, não uma anexação, que é o aspecto linguagem do mito judaico-cristão. Para que ela seja uma relação, não um transporte. Nem a adaptação em letra morta que fazem as traduções cristãs, nem a assimilação que representa a tradução do rabinato, nem o decalque literalista. Deixar ouvir o hebraismo na *oralidade*.

Esta atenção ao ritmo, ao discurso tal qual ele produz o seu sentido, seus valores, por todos os seus elementos, transforma necessariamente a tradução, fora das adaptações sintáticas e lexicais tradicionais, tanto como fora dos decalques reativos que pensavam nos oferecer, por exemplo, a ordem do hebraico em francês. Trata-se de traduzir os valores, mais do que o sentido. Donde o esforço para manter tal ou tal sistemática. Para os tempos, tentei jogar com a alternância entre os passados do discurso e os da narrativa, para oferecer o resultado hebraico. Mas guardando sempre a oposição dos concluídos e dos não concluídos.

Se isto diz outra coisa, é preciso que o diga de outro modo. Não é mais o falso "belo francês" – quer dizer, o academismo – da *Bíblia* do rabinato. Como o judaísmo – ou os Judeus – de hoje não está mais para a assimilação-desjudaízação que lhes era contemporânea. Um traduzir outro é o trabalho em curso de um Judeu outro, e de outras relações. De transformação, não mais de passividade. Pelo que traduzir é descobrir jogos mais amplos. Uma prática do discurso implica e sempre implicou uma política do sujeito e do discurso.

O exemplo inaugural é sem dúvida o momento da questão que Moisés coloca a Deus sobre o seu nome, e a resposta não resposta famosa. Por isso trago aqui o capítulo 3 do *Êxodo* (Os Nomes), que não se saberia truncar sem danos.

OS NOMES
(*ÊXODO*)
III

1
Et Moïse   gardait   les bêtes de Jéthro son beau-père   prêtre de Midian

Et il mena les bêtes   après le désert   e til vint   vers la montagne de Dieu   vers le Horev

E Moisés   guardava   o gado   de Jethro seu sogro   sacerdote de Madian
   E ele levou o gado   para depois do deserto   e veio   em direção à montanha de Deus   para o Horeb

2
Et un envoyé d'Adonaï vers lui   se fit voir   par une flamme de feu   hors du buisson
   Et il vit   et c'est le buisson   il brûle dans le feu   et le buisson   n'est pas mangé

E um enviado do Senhor a ele   se fez ver   por uma chama de fogo   que saia do mato
   E ele viu   é a sarça   e ela arde no fogo   e o mato   não a devorou

3
Et Moïse a dit   je vais faire un détour et je verrai   cette grande chose à voir
   Pourquoi   le buisson ne brûlera pas

E Moisés disse   eu vou dar uma volta e eu verei   esta grande coisa de se ver
   Porque   a sarça não queimará

4
Et Adonaï a vu   qu'il a fait un détour pour voir
   Et Dieu vers lui a appelé   hors du buisson   et il a dit Moïse Moïse   et il a dit c'est moi

E o Senhor viu   que ele deu uma volta para ver
   E Deus, em direção a ele, o chamou   fora do mato   e lhe disse Moisés Moisés   e ele disse sou eu

5
Et il a dit   n'approche pas d'ici
   Retire tes sandales   de tes pieds   car le lieu   où tu te tiens   est   une terre de sainteté

E ele disse   não te aproximes daqui

Retira tuas sandálias   de teus pés   pois o lugar   em que estás   é   uma terra de santidade

6
Et il a dit   moi   je suis   le Dieu   de ton père   le Dieu d'Abraham   le Dieu d'Isaac   et le Dieu de Jacob
   Et Moïse se cacha   le visage   car il eut peur   de regarder   vers le Dieu

E ele disse   eu   eu sou o Deus de teu pai   o Deus de Abrahão   o Deus de Isaac   e o Deus de Jacob
   E Moisés escondeu   o rosto   pois teve medo   de olhar   para Deus

7
Et Adonaï a dit   j'ai vu j'ai vu   la misère mon peuple qui est en Égypte
   Et leur cri j'ai entendu   devant ses oppresseurs   car je connais   ses douleurs

E o Senhor disse   eu vi, eu vi   a miséria de meu povo   que está no Egito
   E seu grito   ouvi   diante de seus opressores   pois conheço   suas penas

8
Et je suis descendu   pour le sauver   de la main de l'Égypte et pour le faire monter   de cette terre   vers une terre bonne   et vaste   vers une terre   qui coule le lait   et de miel
   Vers le lieu   du Cananéen   et du Hittite   et de l'Amorréen   et du Périzzien   et du Hévéen   et du Jébuséen

Eu desci   para salvá-lo   da mão do Egito e fazê-lo subir   desta terra   para uma terra boa e vasta   para uma terra   onde corre leite   e mel
   Para o lugar do Cananeu   e do Hitita   e de Amorreão e do Perizião   e do Hévén   e do Jebuseão

9
Et maintenant   c'est   le cri des fils d'Israël   il est venu vers moi
   Et aussi j'ai vu   l'écrasement   dont l'Égypte   les écrase

E agora   é   o grito dos filhos de Israel   que me chegou

              E também eu vi   o esmagamento   com o qual o Egito   os esmaga

10

Et maintenant va   et je t'enverrai   vers Pharaon
              Et fais sortir   mon peuple les fils d'Israël   d'Égypte

E agora vai   e eu te enviarei   ao Faraó
              E faz sair   meu povo os filhos de Israel   do Egito

11

Et Moïse a dit   vers le Dieu   qui suis-je moi   que j'irai vers Pharaon
              Et que je ferai sortir   les fils d'Israël   d'Égypte

E Moisés disse   para Deus   quem sou eu   que eu irei ao Faraó
              E fazer sair   os filhos de Israel   do Egito

12

Et il a dit   parce que je serai avec toi   et ceci pour toi est le signe   que moi   je t'ai envoyé
              Quand tu auras fait sortir le peuple   d'Égypte   vous servirez   le Dieu   sur   cette montagne

E ele disse   porque eu estarei contigo   e isto para ti é o sinal   de que eu   eu te enviei
              Quando tenhas feito sair o povo   do Egito   servirás o Deus   nesta   montanha

13

Et Moïse a dit   vers le Dieu   c'est moi je viens   vers les fils d'Israël   et je leur dirai   le Dieu de vos pères   m'a envoyé vers vous
              Et ils me diront quel est son nom   que dirai-je   vers eux

E Moisés disse   a Deus   irei   aos filhos d'Israel   e lhes direi   o Deus de vossos pais   me enviou a vós
              E eles me dirão qual é o seu nome   que eu direi   para eles

14

Et Dieu a dit   vers Moïse   je serai   que je serai
              Et il a dit   ainsi tu diras   aux fils d'Israël   je serai m'a envoyé vers vous

E Deus disse   a Moisés   eu serei   o que eu serei
    E ele disse   assim dirás   aos filhos de Israel   eu serei
Ele me enviou a vós

15
Et Dieu a dit encore   vers Moïse   ainsi tu diras   vers les fils
d'Israël   Adonaï   le Dieu de vos peres   le Dieu d'Abraham   le
Dieu d'Isaac   et le Dieu de Jacob   m'a envoyé vers vous
    C'est mon nom pour toujours   et c'est mon mot d'âge em âge

E Deus disse   a Moisés   assim tu dirás   aos filhos de Israel   o
Senhor   o Deus de vossos pais   o Deus de Abrahão o Deus de
Isaac   e o Deus de Jacob   me enviou a vós
    É meu nome para sempre   e é minha palavra de era em era

16
Va et tu rassembleras   les anciens d'Israël   et tu diras vers
eux   Adonaï   le Dieu de vos pères   s'est fait voir vers moi   le
Dieu d'Abraham   Isaac et Jacob   pour dire
    J'ai tenu compte j'ai tenu compte   de vous   et de ce qui
vous est fait   en Égypte

Vai e tu congregarás   os velhos de Israel   e dirás a eles O
Senhor   o Deus de vossos pais   apareceu a mim   o Deus de
Abrahão   Isaac e Jacob   para dizer
    Eu tomei conhecimento tomei conhecimento   de vós   e
do que vos fizeram   no Egito

17
Et j'ai dit   je vous ferai monter   de la misere d'Égypte   vers
la terre du Cananéen   et du Hittite   et de l'Amorréen   et du
Périzzien   et du Hévéen   et du Jébuséen
    Vers une terre   qui coule de lait   et de miel

E eu disse   eu vos farei elevarem-se   da miséria do Egito   à terra
do Cananeu   e do Hitita   e de Amorreão   e do Perizião   e do
Héven   e do Jebuseão
    Para uma terra   em que corre leite   e mel

18
Et ils entendront   à ta voix

Et tu viendras   toi et les anciens   d'Israël   vers le roi d'Égypte   et vous direz vers lui   Adonaï   le Dieu des Hébreux   est arrivé sur nous   et maintenant   ah nous irons   un chemin de trois jours   dans le désert   et nous ferons un sacrifice   à Adonaï notre Dieu

E eles ouvirão   a sua palavra
    E tu virás   tu e os velhos   de Israel   ao rei do Egito e dirás para ele   o Senhor   o Deus dos Hebreus   chegou a nós   e agora   ah nós iremos   por um caminho de três dias   no deserto   e faremos um sacrifício   ao nosso Deus

19
Et moi je sais   que   le roi d'Égypte   non ne vous donnera pas   d'aller
    Et non   d'une main forte

E eu eu sei   que   o rei do Egito   não vos permitirá ir
    E não   com a mão forte

20
Et j'enverrai ma main   et je frapperai l'Égypte   de tous mes prodiges   que je ferai   au dedans
    Et après   il vous renverra

E eu enviarei a minha mão   e tocarei o Egito   com todos os meus prodígios   que farei   ali dentro
    E depois   ele vos deixará partir

21

Et je donnerai   la grâce de ce peuple   aux yeux de l'Égypte
    Et il y aura   quand vous irez   que vous n'irez pas   à vide

E eu mostrarei   a graça deste povo   aos olhos do Egito
    E ele aí saberá   quando fores   que não ireis   no vazio

22
Et chaque femme demandera à sa voisine   et à celle qui vit dans sa maison   des objets en argent   et des objets en or   et des vêtements
    Et vous les mettrez   sur vos fils   et sur vos filles   et vous dépouillerez   l'Egypte

E cada mulher pedirá à sua vizinha   e àquela que vive em sua casa   objetos de prata   e objetos de ouro   e vestimentas
E vós as colocareis   em vossos filhos   e em vossas filhas   e despojareis   o Egito

NOTAS

3, 7
et-oni ami, "la misère de mon peuple" (a miséria de meu povo), quase paronomásia: *misère* e *peuple* quase um no outro, um e outro. Não encontrei equivalente; a "pauvreté de mon peuple" (pobreza de meu povo) é mais fraca.

3, 9
Les écrase (Os esmaga), no texto, o verbo está no plural, dando a *Mitzraim*, o Egito, o valor dos "Egípcios".

3, 11
Que j'irai (Que eu irei): que eu vá mas de antemão "eu irei".

3, 14
Je serai   que je serai (Eu serei   o que eu serei). A construção é enigmática. Eu quis deixá-la assim também em francês. As traduções se ligam todas a uma de três tradições, mais uma quarta que consiste em recusar a traduzir porque o sentido é obscuro (Orlinsky): uma que volta a recusar a fazer conhecer o nome: "Je suis qui je suis" (Eu sou quem eu sou) (Dhorme, *Vulgata*: *ego sum qui sum*); o outro, que remonta à *Septuaginta*, *ego eimi ho ôn* (*Rabinato* "Je suis l'Être invariable" [Eu sou o Ser invariável]), "Je suis celui qui est" (Eu sou aquele que é), opõe o Ser absoluto aos outros deuses; a quem se liga a recente "Bíblia dos Povos"[2] que escamoteia totalmente a partícula e traduz: "Eu sou: EU SOU!", sem que a modificação tipográfica seja explicitada e simplificando abusivamente o que o texto tem de difícil; uma outra tradição insiste sobre o irrealizado do divino a vir. Lutero "Ich werde sein, der ich sein werde", Fleg "Je serai qui je serai" (Eu serei quem eu serei). É capital guardar o mesmo termo de um lado e de outro. A *Tradução Ecumênica da Bíblia* (1975) faz uma distorção ilegítima: "EU SOU QUEM EU SEREI". *Ascher* é tanto *qui* (quem) e *que*. Eu compreendo a fórmula, em sua economia sintática, e sua

---

2   *La Bible des peuples*, tradução de Bernard e Louis Hurault, Paris: Fayard, 1998.

ambiguidade, como um acontecer indefinido, o anúncio de uma presença, e o não cumprimento desta presença.

Por isso o branco entre *eu serei* e *o que eu serei* é importante na significância. Ele transpõe o acento disjuntivo *tifha*, que desune os dois grupos e instala uma suspensão. Disjuntivo fraco. Mas por este ínfimo passa o divino, e a parábola do poder do ínfimo. Força da linguagem. Trata-se de marcar a incerteza, a espera e a dificuldade do sentido, que ele tarde também a vir. O que falsifica toda tradução que faz como se o sentido da palavra *ascher* fosse simples "quem" ou "este que". Passando de um relativo à conjunção de subordinação, tento guardar sintaticamente a recusa da clareza do texto. Para o tempo, o futuro francês marca a diferenciação de Deus, sua relação messiânica e a retomada da promessa do versículo 12. O presente francês neutraliza esta dinâmica e faz disso um onitemporal indefinido, vazio, plano.

O nome de Deus não é um nome – pelo qual, como no politeísmo, pela magia, tem-se um poder. É um verbo. É ele que tem o poder. E é uma promessa. O não cumprido não cessa de não cumprir-se.

3, 15

zé-schemi leolam || *vezé zikhri* || *ledor dor*; equivalências silábicas entre *schemi* "mon nom" (meu nome) e *zikhri*; entre *leolam* "para sempre" e *ledor dor* "de geração em geração", *mon mot* (minha palavra), *zikhiri*, *zekher* é a "memória", a "lembrança", mas também "a maneira de me invocar" (Rashi).

3, 16

J'ai tenu compte j'ai tenu compte (Eu tomei conhecimento tomei conhecimento), *pakod pakadti*, "Je vous ai visités" (Eu vos visitei) (*Bíblia de Jerusalém*), "I have taken note off you" (Orlinsky). "J'ai fixé mon attention sur vous" (Eu fixei minha atenção em vós) (*Rabinato*). Retomada dos termos de José (*Gênesis* 50, 24). O Targum traz *dekhar* (= *zakhar*), se lembrar, notar. É a intervenção divina. Ainda em 4, 31.

3, 18

Vê-schamu lekolekha: chama le, "ouvir a" no sentido de escutar, consentir; para guardar o mesmo significante que em 3, 7 *veet-tzaakatam schamaati, schamaet-* (com um complemento de objeto direto), ouvir; e em 4, 1 *ve-ló ischmu bekoli*, *schama be*, "entendre par la voix de" (ouvir pela voz de), para dizer "obéir" (obedecer).

3, 19

Et non (E não), para guardar a ambiguidade de *veló*, compreendido seja como "même pas" (mesmo não) seja como "sinon" (senão). A maior parte tendendo para *senão*, a *Septuaginta* (éan mê), Jerônimo (*nisi*) e Dhorme; o *Rabinato, mesmo não*. A negação *ló* é retomada em eco em ir (*lahalokh*), e a retomada *ve-ló* repete e fecha toda a primeira parte do versículo (*ve-iadati... lahalokh*). Sob o sentido das palavras, efeito de significância; a negação contamina a frase, retomada e resumida em *ve-ló*: tudo isto não acontece, sem uma mão forte.

3, 22

chaque femme (cada mulher), o hebraico diz somente *mulher, ischá*, no sentido distributivo.

8. Traduzir é Retraduzir –
A Bíblia

Traduzir, mesmo o que nunca foi traduzido, é sempre retraduzir. Porque traduzir é precedido pela história do traduzir.

Traduzir a *Bíblia*, mais ainda do que qualquer outro texto, considerando-se a história dos efeitos de *Bíblia*, é um retraduzir. Que impõe, como se sabe, uma crítica.

A tradução não é o texto, este truísmo que devemos lembrar. Um fantasma, com efeito, impele o tradutor. Ele quer fazer ler o texto através de sua tradução. A infelicidade – sendo dado o estado das ideias sobre o que é que se traduz, sua antiguidade e sua mundialização, é preciso dizê-lo e redizer – é que a tradução não é somente uma passagem de uma língua a uma outra. É uma passagem através de hábitos culturais, um filtro tanto mais opaco e espesso que parece ser mais transparente.

Contradição inicial do tradutor. Quanto mais ele desejar apagar a distância entre as duas línguas, mais ele a rechaçará. Quanto mais desejar visar o natural, mais ele será, e manterá, Babel: a diferença das línguas como o mal absoluto da linguagem. Aquilo que para ele é preciso esconder. Aquilo que fazem todas as traduções que transportam a *Bíblia* para francês a ponto de o texto parecer escrito por vós, na vossa língua, hoje. Eventualmente, para converter os "povos". Caberia à obra, nesta naturalização, as variantes de uma cadeia feita de afrancesamento (em francês, em outras partes, em outras línguas, uma adaptação comparável) e de desjudaízação, de cristianização da *Bíblia*, iniciada na sua helenização.

Desde que ela foi traduzida em grego, começou por perder seu ritmo, entrou na separação, a oposição grega entre o sentido e a forma, o espírito e a letra. Onde foi guardado só o espírito. Se bem que mesmo as reações judaicas só puderam ser, neste quadro, literalismo. Decalque. Correndo no outro extremo, elas ficam nesta polaridade, esta armadilha.

O paradoxo desta situação é que o mais velho domínio do traduzir é, nisso mesmo, o mais atual. Traduzir a *Bíblia*, sendo necessariamente a ação de uma teoria da linguagem, e todas as traduções francesas completas da *Bíblia* estando presas na coleira de ferro do dualismo grego, há de levar-se em conta a inadequação fundamental entre a maneira pela qual a *Bíblia* constrói sentido e a noção do sentido que lhe foi aplicada até aí. Esta parecia uma natureza. Ela não é senão uma grade cultural. Usada, ineficaz, nociva. É preciso mostrá-la. Arruiná-la. Constatando sua ruína. É também uma política do sentido. Impõe-se reconhecer o que é visível e audível desde sempre segundo a *Bíblia*, e que esta grade nos encobre – seu sistema rítmico. Então, necessariamente, a tradução é diferente.

Ela não é mais literalista. O literalismo é a linguagem colocada na palavra, e mesmo em sua etimologia. O literalismo só conhece a língua. Mas privilegiar e seguir exatamente a rítmica (que inclui toda a organização das consoantes, das vogais, cuja rede estabelece ligações não de som, mas de sentido) é tomar por unidade o grupo, e o próprio discurso. O que faz aparecer o vínculo fundamental entre o lugar do ritmo na *Bíblia* e a renovação de sua tradução, entre este lugar do ritmo e o papel da *Bíblia* na teoria da tradução e da linguagem. Pois eu não conheço outro exemplo em que a tal ponto o sentido é construído pelo ritmo, e o ritmo constrói o sentido.

Assim uma nova relação está para se estabelecer entre a filologia e a teoria da linguagem. Até aqui a garantia da tradução era a filologia. A filologia é necessária, mas não basta, não mais que os dicionários. Ela pode mesmo ser o álibi de toda as solicitações do texto. Traduzir supõe e impõe saber como funciona um texto, o que é o discurso, e que toda tradução é uma nova história. Ou nada.

A *Bíblia* nunca nos é acessível, mesmo em hebraico, senão através da história do olhar ocidental sobre a *Bíblia*. Este olhar, esta história, têm efeitos que o tradutor é geralmente o último a dominar, a reconhecer, longe de poder transformá-los. Este olhar sobre a linguagem dividiu tudo em prosa e poesia, porque ele só vê sentido e forma. Como identificou a poesia com o verso. Basta olhar a tipografia das traduções – passagens em "verso", passagens em "prosa" – e mesmo a *Bíblia* erudita de Kittel. Durante séculos, tentativas para revestir métrica sobre a *Bíblia*, fazer entrar a *Bíblia* num quadro em que tudo que não é verso, é prosa, e reciprocamente. A invenção do paralelismo bíblico (divisão do versículo em duas metades que se repetem) foi o substituto da métrica. O que confirma a aposta no ritmo, na importância dada à volta da tradução, até pelo olhar que se leva ao texto. Porque é ou os *te'amim*, os acentos, ou o paralelismo. Ibn Ezra e Juda Halévi fizeram dos *te'amim* o essencial. A escuta. O paralelismo faz a sobreposição da retórica, ainda mais a helenização. Ele está ligado ao par prosa-poesia. Enquanto o primado do ritmo na *Bíblia* é tal que deixa despida de sentido a oposição que conhecemos entre prosa e poesia. Não faz pois uma redução à da "poesia". Noção, no mais, estranha à antropologia bíblica.

A tradução constrói a experiência, a experimentação desta transformação do olhar sobre a linguagem. A esta condição ela é situada, atual, transformadora. Ela também é da política. Vocês pensariam que o sentido seria o que contava mais na linguagem. O ritmo prova o contrário. O ritmo, neste caso, vos oferece mais.

Ler ritmicamente não é poetizar. É encontrar a oralidade na escrita. Talvez seja preciso, para nós, esta referência à história da poesia, para aceder ao ritmo. Mas como é a totalidade do texto bíblico que é assim ritmada, não há mais o par tranquilo verso e prosa.

É preciso então perder-se um pouco, para aceder a um modo de significar mais corporal do que aquele que colocava a vida na voz falada, a morte na letra escrita, nosso velho dualismo. Pelo lado da poesia não ganha apenas a poesia, é todo o empírico da linguagem.

Eu não acredito que nos desembaracemos facilmente da ausência literária de uma *Bíblia* francesa, à diferença dos originais segundos que foram a *Septuaginta* e a *Vulgata*, e que são ainda a *Bíblia* de Lutero e a *King James Version*. Havia uma identificação a um novo Israel na Inglaterra do começo do século XVII. O efeito cultural não é aqui somente o de uma escolha de sociedade – a *Bíblia* teve sucesso nas sociedades protestantes, falhou nas sociedades católicas. Este efeito é também um problema, de *relação* entre as línguas. E quem diz relação diz desequilíbrio. Senão, as formas variáveis do *transporte* naturalizam e dissimulam a diferença, no lugar de a mostrar.

A história da tradução da *Bíblia* em francês é a história destes transportes. As relações com o hebraico apareciam em Agrippa d'Aubigné. Mas só se pode contar com uma história do olhar ocidental sobre a *Bíblia*. E é justamente trabalhar para transformá-lo. Pois se o perpetuamos, identificando-nos a ele, não há o que retraduzir. Mas se o trabalhamos, começa-se por não fazer da *Bíblia* um texto "religioso". Fazemos dela um outro dado antropológico. Há assim uma relação interior entre uma história individual e a história destas relações, a história de um assunto e a história do ritmo. Suas mestiçagens. A história do sentido.

Para mim, é a oralidade que está em causa e que julga. Questões filológicas à parte. As traduções são a realização de seu programa. Elas o mostram e não o veem. Esta história situa a historicidade de escrever, e a teoria crítica. Ninguém escapa da historicidade. Para mim, ela toma a forma do laço entre poesia e traduzir. É esta relação que é crítica.

Da *Vulgata*, consagrada como única versão autêntica pelo Concílio de Trento em 1546, às traduções favorecidas pela Reforma, passando pelas traduções ocitanas na Idade Média, as variações sobre o *Saltério*, Lefèvre d'Étaples, Olivétan, Ostervald, Le Maistre de Sacy que durou dois séculos, não se parou de traduzir a *Bíblia*[1]. O alemão, o russo, o polonês foram sacralizados por sua tradução da *Bíblia*.

---

1 O ponto mais completo que eu conheço é *Les Bibles en français, Histoire ilustrée du Moyen Âge à nous Jours* (As Bíblias, História Ilustrada da Idade Média aos Nossos Dias), organização de Pierre Maurice Bogaert, Abade de Maredsous, Denée-Belgique, ed. Brepols, 1991.

O romantismo, que em matéria de tradução compelia à descoberta das especificidades linguísticas, a partir do último quarto do século XVIII, então em direção a um novo literalismo, depois das liberdades das "belas infiéis", situa a primeira tentativa judaica no século XIX, a de Samuel Cahen, de 1831 a 1851 (18 vol. In-8, com o texto hebraico e as notas)[2]. Seu literalismo ficou isolado. Eis como, por volta de 1866, o *Grand dictionnaire universel*, de Pierre Larousse, julga, no artigo "Bíblia":

> A tradução, por força da literalidade, é muitas vezes bizarra e outras vezes burlesca; em mais de uma passagem, sobretudo quando se afasta muito do gênio de nossas línguas ocidentais, é impossível ao espírito alcançar o sentido. [...] Deve-se, no entanto, reconhecer que o novo tradutor muito mais do que seus antepassados contribuiu com uma infinidade de passagens.

Contradições que mostram tanto a desigualdade nos acertos da tradução, como a ambivalência da tradição, do gênio da língua para com um trabalho de descentralização.

Na mesma tensão literalista situa-se a empresa de Alexandre Weill, tradutor do *Pentateuco* só, em 1890, *Les Cinq livres (mosaïstes) de Moïse, traduits textuellement sur l'hebreu, avec commentaires et etymologies* (Os Cinco Livros (mosaístas) de Moisés, traduzidos textualmente do hebraico, com comentários e etimologias)[3].

Mas a tradução de Edouard Reuss[4] é antiliteralista. Ela quer "facilitar a inteligência dos textos". Donde a parte importante do comentário. As traduções de Cahen, de Weill, de Reuss, por sua técnica e suas notas, são obras individuais. Elas não são nem a encomenda de um grupo religioso, nem o suporte de um uso litúrgico coletivo.

Renan traduziu *O Livro de Jó* (1859), *O Cântico dos Cânticos* (1860) e *O Eclesiastes* (1881). Ele é antiliteralista:

---

2 Tradução reeditada: *La Bible, Torah, Nevihim, Ketouvim*, com uma "Introduction à la littérature biblique", por Marc-Alain Ouaknin, Paris: Les Belles-Lettres, 1994.
3 Paris: Sauvaistre, 5 v.
4 Paris, 1871-1881, 19 vol., em v. 8.

A língua francesa é puritana. Não se criam condições com ela. É-se livre para não escrever mais nela: mas desde que se empreenda esta tarefa difícil, é preciso passar as mãos atadas sob as forquilhas caudinas do dicionário autorizado e da gramática que o uso consagrou

diz ele no prefácio a *Jó*. É a realização do paralelismo como "rima de pensamentos"[5], e da filologia histórica. Este "compromisso" não lhe assegurou a duração.

A tradução protestante de Segond aparece em 1874. E ela permanece ainda.

A última tradução do século xix é a do *Rabinato* francês, publicada em 1899, e ainda em circulação. Ao contrário das precedentes, é uma obra coletiva, representativa de uma instância religiosa e de um uso litúrgico. Não há a ilustração mais clara da situação do judaísmo francês sob a iii República: a assimilação aí se *traduz* no afrancesamento, na helenização, cristianização mais avançada do que nas traduções protestantes. Retórica adornada: a "guerra" (*Isaías* 2, 4) torna-se "a arte dos combates".

Assim, as traduções francesas do século xix concretizam as tensões políticas que subentendem as práticas da linguagem. É significativo que as reações literalistas sejam judias, e individuais: na polaridade dualista da forma e do sentido, contra a regra cristã do sentido, elas se precipitam em direção ao outro extremo. Era já a direção em que ia Áquila, no século ii: *en tê kephalê*, "dans la tête" (na cabeça), para a primeira palavra do *Gênesis*, e Chouraqui, "Entête" (Atordoamento). Áquila permanece o patrono deste literalismo judeu, que no século xx se encontra nas traduções-decalque de Edmond Fleg e de André Chouraqui[6]. A erudição historicista se prende a um outro polo, do lado da ciência cristã que é a filologia antimassorética e a retórica do paralelismo.

O século xx multiplicou as traduções da *Bíblia*. Primeiro obras confessionais: a *Bíblia* católica de Crampon em 1905.

---

5 Idem, ibidem.
6 Desta última, eu disse tudo o que há para dizer em Le Calque dans la traduction ou la Bible em décalcomanie, *Poésie sans réponsse, Pour la poétique v*, Paris: Gallimard, 1978, p. 232-251. Chouraqui depois aplicou a mesma técnica no *Alcorão* e no *Novo Testamento*. O desastre é o mesmo. O efeito de pretensão, e o embuste, também.

Substituída depois neste papel pela *Bíblia de Jerusalém* em 1955, com correções numerosas mais tarde... Católica-confessional, das escolhas no texto até os comentários. Sem dúvida a mais corrente. A tradução de Dhorme aparece na Biblioteca da Pléiade desde 1956. Sua destinação aparece como a de um objeto de cultura, além das confissões. Edmond Fleg tinha publicado em 1959 e 1963 sua tradução dos dois primeiros livros do *Pentateuco*. André Chouraqui começa em 1974 a publicação de sua tradução de *Atordoamento*. A *Tradução Ecumênica da Bíblia* (TEB) foi publicada, para o Antigo Testamento, em 1975.

Pôde-se ver uma contradição entre o recuo moderno das práticas religiosas e o afluxo de traduções e de edições da *Bíblia* sob todos os formatos, a partir de fascículos semanais ilustrados e a *Bíblia* em quadrinhos no *France-Soir*, até as apresentações de luxo e os empreendimentos de livraria. Mas antes é o cuidado das autoridades religiosas de atualizar o religioso, de colocá-lo em dia, que faz com que o *aggiornamento* da Igreja resulte em novas traduções. A sociedade católica quer suprir seu atraso da *Bíblia* em relação à sociedade protestante. A necessidade de se unir, por sobre os antigos cismas, motiva o ecumenismo. Até o judaísmo que está na moda. Hebraísmo e cabala confundidos. Nostradamiza-se o Grande Código. Eu não vou procurar muito as diversas cunhagens desta nova onda de interesse. É certo, em todo caso, que a tradução judaica do Rabinato não é mais representativa de um judaísmo francês sociologicamente transformado. A reação literalista de Fleg já era um sintoma. A de Chouraqui tem muitas ambiguidades ecumênicas, e ingenuidades linguísticas misturadas à necessidade de marketing para não ser confusa em seu estatuto e inconveniente em sua linguagem.

As grandes traduções, do ponto de vista de sua clientela – a *Bíblia de Jerusalém*, a de Dhorme, de Segond, a TEB – continuam marcando por sua técnica o mesmo afrancesamento, helenização, cristianização. O partido exegético é maior na *Bíblia de Jerusalém*. As notas da TEB continuam a fazer do judeu uma arqueologia fóssil (veja a nota *Sabbat*: os judeus são colocados aí no *passado*). A *Bíblia* da Pléiade neutraliza o religioso pela erudição (mantendo, por exemplo, Elohim diferente de Yahvé). Mas todas continuam no primado do signo. Aí compreendendo às que desembocam no literalismo. Umas escolheram o sentido, as outras, a forma.

A *Bíblia* não é somente o lugar das traduções mais antigas e mais numerosas. Paradoxalmente ela se torna a mais atual, pela aposta do ritmo em sua linguagem, que toda tradição greco-cristã ocultou e continua a ocultar.

Como em tudo que é da linguagem, da história, das ciências humanas, o observador aqui pertence àquilo que ele observa. Não existe posição neutra, existem apenas historicidades diferentes. Não se escapa mais do ponto de vista, que constrói a crítica e a prática, não se escapa à aposta que opera a tradução, ao desafio que continua a exercer a tradução da *Bíblia* em francês. Pois não houve jamais em francês uma presença literária da *Bíblia* como em alemão ou em inglês. Esta própria carência entra na historicidade do retraduzir.

Jonas é a alegoria deste desafio. Ele quer fugir da história. Sua história está diante dele. O escrever, o traduzir estão na história. O inacabado do sentido, indefinidamente. A relação com o esquecido. Que faz com que nada seja escondido na linguagem, nada é aparente naturalmente. Jonas-a-pomba, Jonas a arca de Noé, não somente ele passa três dias no ventre de um peixe fêmea, mas ele mesmo é, talvez, uma parte esquecida de seu nome, peixe, a divindade peixe Oannès. Ele passa três dias assim em Ninive, cujo nome significa a casa do peixe. Há uma circulação marinha, submarina, do tema ligado à "matriz da morte", que estabelece sua força de fábula no tema do regresso. Parece-me que é também uma alegoria da preparação inerente ao exercício da profecia, cujo exemplo moderno maior é Victor Hugo em *Châtiments*. A profecia vale segundo sua preparação. O que a revela histórica.

No que a relação com o divino na linguagem é histórica, a não confundir com o sagrado que é o cósmico. O politeísmo, a sacralização da violência, pela continuidade mítica entre as palavras e as coisas. Contra o que Lévinas escreveu: "*O sagrado filtrando-se através do mundo* – o judaísmo não é talvez mais que a negação disso"[7]. O sagrado no sentido antropológico, misturado pelas poetizações. Que mostram assim onde elas estão.

---

7 Heidegger, Gagarine et nous, *Difficile liberté: Essais sur le judaïsme*, Paris: Albin Michel, 1963, p. 257.

A aposta da poesia é também a história. Não é um paradoxo senão pelas confusões entre a poesia e a poetização, entre a poesia e os mitos da poesia. É verdade que a poetização se estende. É ela que não suporta a crítica. A poesia não fala da cultura. Ela a faz. É o papel que pode ter a tradução bíblica em nossa cultura, se ela não transige no que faz a especificidade de um dizer, sufocado ou deformado até aqui, pois ele só comparece pelo que estas filtragens interessadas deixaram passar. Ou que eles releguem nas particularidades de enclausuramento, uma subversão marginal que alguns jogam sem discernir a armadilha. A cultura judaica é ao mesmo tempo uma história e uma utopia. O paradoxo de sua relação com a cultura francesa é que ela ainda é sobretudo uma utopia. É também o que ela pode ter de fundadora.

9. O Ateliê de Babel

A passagem do *Gênesis* sobre a Torre de Babel[1] é a cena primeva da teoria da linguagem, e da tradução. É particularmente difícil. Não somente pela simplicidade temerária de sua sintaxe (que propicia um efeito de arcaísmo geralmente desfigurado nas traduções), mas sobretudo porque ele volta a uma matéria verbal regida pela figura etimológica e toda orientada pelo calembur. Donde esta tradução, e as notas que seguem. Elas podem parecer mais abundantes do que o razoável, em proporção à brevidade do texto. É que elas visam mostrar a oralidade, comumente travestida em estilo escrito, e fazer o leitor entrar no ateliê destes problemas: os do texto são os da tradução, e os da tradução descobrem, ou ocultam, os do texto.

---

1 Publicado em *Les Tours de Babel, essais sur la taduction*, Mauvezin: Trans-Europ-Repress, 1985; a tradução de *Au commencement* (*Gênesis*, 11, 1-9) foi feita em colaboração com Régine Blaig.

AU COMMENCEMENT
NO COMEÇO
(*Gênesis*, 11, 1-9)

1
Et ce fut toute la terre   langue une
    Et paroles   unes

E foi toda a terra   língua uma
    E palavras   umas

2
Et ce fut   dans leur voyage vers l'orient
    Et ils trouvèrent une vallée   au pays de Chin'ar   et là ils s'établirent

E foi   em sua viagem para o Oriente
E eles encontraram um vale   no país de Senaar e aí se estabeleceram

3
Et ils dirent   l'un vers l'autre   allons   faisons blanchir des briques blanches   et flambons   pour la flambée
    Et la brique blanche pour eux   fut   la roche   et la boue rouge   pour eux fut   l'argile

E eles disseram   um ao outro   vamos   façamos branquear os tijolos brancos   e queimemos   para a queimada
    E o tijolo branco para eles   foi a rocha   e o barro vermelho   para eles foi   a argila

4
Et ils dirent   allons   construisons-nous une ville   et une tour et sa tête dans le ciel   et faisons-nous   un nom
    Sinon nous nous disperserons   sur la surface de toute la terre

E eles disseram   construamos uma cidade   e uma torre e seu topo no céu   e vamos dar-lhe   um nome
    Senão nós nos dispersaremos   na superfície de toda a terra

5
Et Adonaï descendit   voir la ville   et la tour
    Que construisaient   les fils de l'homme

E Adonai desceu   para ver a cidade   e a torre
    Que construíram   os filhos do homem
6
Et Adonaï dit   si le peuple est un   et la langue une   pour eux tous   et cela   ce qu'ils commencent à faire
    Et maintenant   ne pourra être retranché d'eux   rien de ce qu'ils méditeront   de faire

E Adonai disse   se o povo foi um   e a língua uma   para eles todos   e aquilo   o que eles começam a fazer
    E agora   nada poderá ser retirado deles   nada do que eles pensam   em fazer

7
Allons   descendons   et là embabelons   leur langue
    Qu'ils   n'entendent pas   l'un   la langue de l'autre

Vamos   desçamos   e aí embabelemos   sua língua
    Que eles   não entendam   um   a língua do outro

8
Et Adonaï les dispersa   de là   sur la surface de toute la terre
    Et ils cessèrent   de construire la ville

E Adonai os dispersou   dali   na superfície de toda a terra
    E eles deixaram de construir a cidade

9
Sur quoi   elle s'appela du nom de   Babel   parce que là Adonaï embabela   la langue de toute la terre
    Et de là   Adonaï les dispersa   sur la surface   de toute la terre

Por isso   ela se chamou   Babel   porque aí Adonai embabelou   a língua de toda a terra
    E daí   Adonai os dispersou   pela superfície   de toda a terra

Versículo 1

Et ce fut (E foi), começo em *vaiehi* (forma reversa do inacabado com valor de acabado) tradicionalmente compreendido como anunciando, na *Bíblia*, uma infelicidade: o inacabado a vir é devorado pelo acabado, e o significante, entre inclusão e alusão, contém *voi*, interjeição, grito natural de infelicidade. Donde a necessidade de uma concordância interbíblica: conferir os começos de *Rute* e de *Ester* nos *Cinco Rolos*.

Langue (Língua) – *safa*, etimologicamente "lábio", metáfora da linguagem. Desde o acádio e o hebraico bíblico, a linguagem é ora a língua (o órgão), *laschon*, ora o lábio, *safa*, ora a boca, *pê*, igualmente representações de abertura: a beira do mar é o "lábio" do mar em hebraico. Diz-se: os lábios de uma ferida, os Bouches-du-Rhône[2].

Mas escolher a etimologia contra o valor de emprego seria retornar pela relação ao uso do próprio hebraico: a ilusão do tradutor, segundo Jean Paulhan.

Langue une / paroles unes (Língua uma / palavras umas) – *safa ehat/ udevarim ahadim*, simultaneamente o numeral e a identidade, um único e o mesmo, em relação de aposto atribuído a toda a terra. Eco no começo do *Gênesis*. O mesmo significante, de um lado e de outro. O ritmo local (palavra em cláusula sob o acento), e o ritmo de concordância impõem tentar esta mesma concentração que é a oralidade do texto. O ritmo constrói um só grupo de "língua uma", realizando o que diz a palavra ao mesmo tempo em que ele a diz. A disjunção, entre "palavras" e "umas", no lugar de repetir a figura, reforça o efeito, já que ele concerne a um plural. Em francês, o vemos, mas não o escutamos. A falta está no "sentido" do texto, para a manutenção do significante. E "palavras", não "vocábulos", para manter a consonância, do feminino. Trata-se da língua, não da linguagem. Não do falar, mas das palavras, que são as mesmas com o mesmo sentido por toda a terra, não simplesmente "por todo o mundo".

As outras traduções francesas passam diferentemente ao escrito desoralizado. Por destruição da simetria e da posição,

---

2 Édouard Dhorme, [1923], *L'Emploi métaphorique des noms de parties du corps en hébreu et en akkadien*, Geuthner, 1963, p. 84-89.

em que permanece somente o sentido lexical: "Toute la terre avait une même langue et des paroles semblables" (Toda a terra tinha uma mesma língua e palavras semelhantes) (Rabinato). "Toute la terre avait une seule langue et les mêmes mots" (Toda terra tinha uma só língua e as mesmas palavras) (Segond). A equivalência dinâmica, que se acredita pragmática, e visa a língua corrente (que não é em nada o registro deste texto) instrumentaliza e trivializa: "Tout le monde se servait d'une même langue et des mêmes mots" (Todo mundo se servia de uma mesma língua e das mesmas palavras) (*Bíblia de Jerusalém**). "La terre entière se servait de la même langue et des mêmes mots" (A terra inteira se servia da mesma língua e das mesmas palavras) (*TEB*)³. Dhorme⁴ falseia a tecnicidade dos termos: "Toute la terre avait um seul langage et um seul parler" (Toda a terra tinha uma única língua e um único falar). Fleg pratica o etimologismo do lábio: "Or toute la terre était lèvre unique et paroles uniques" (Ora toda a terra era lábio único e palavras únicas), técnica não consistente com a modulação semântica do "ou" pelo *e* – atenção parcial à rítmica, e ruptura da concordância com *jour un* (dia um). Chouraqui também só guarda da significância o etimologismo, rompendo, no mais, com a simetria, a posição, e o aspecto: "E é toda a terra: um só lábio, de únicas palavras". A *Septuaginta* foi a primeira a etimologizar o lábio, mas com a glosa e o acréscimo no fim: "*Kai en pasa hè gé kheílos hen, kai phoné mia pasi* – Et toute la terre était une lèvre, et une voix pour tous"**. Jerônimo mantinha o lábio, perdia a simetria de *um*, mas permanecia mais perto das palavras ao fim; "erat autem terra labii unius et sermonum eorumdem". A mais próxima das traduções antigas era o Targum de Onkelos: "vahava kol ar'a lischan had umamlel had", onde *lischan* iguala língua.

Posta à parte por André Neher que ofereceu, em *Do hebraico ao francês*⁵, uma "tradução" dessa passagem que é uma glosa

---
* As citações remetem à edição brasileira da *Bíblia de Jerusalém*, São Paulo: Paulus, 2002 (N. da E.).
3 Tradução ecumênica da Bíblia.
4 Edição da Plêiade.
** E toda a terra era um lábio, e uma voz para todos (N. da T.).
5 *De l'hébreu au français, la traduction*, Paris: Klincksieck, 1969, p. 23-56 (Colletions initiation et méthodes).

substitutiva do texto. Ela testemunha, por sua aberração, o efeito desastroso produzido pela equivalência dinâmica, em que o desconhecimento da rítmica é mais deixado à "liberdade de cada um" em nome de uma "lei de fôlego". A título de exemplo, o versículo 1: "Le malheur, c'est que l'humanité, dans sa totalité, était d'un seul bord et vivait une seule histoire" (O mal é que a humanidade, em sua totalidade, estava de um lado só e vivia uma só história). Mas a infelicidade está para vir, ela será a dispersão e a pluralidade, infelicidade e punição juntos. A infelicidade não era o estado primeiro, paradigma antes do Éden, uma vez que para Rashi esta língua única era o hebraico – a língua da santidade.

Versículo 2

Dans leur voyage (em sua viagem) – *benas'am*, forma nominal do verbo, tem um valor circunstancial, literalmente "dans leur partir" (em seu partir), *nasoa* é indistintamente "partir" e "viajar".

Vers l'Orient (Em direção ao Oriente) – *mikédem*, o *min* de origem aí indica a situação, o ponto de vista[6]. As traduções se dividem entre o devolvido literal errôneo ("en émigrant de l'Orient", Rabinato; "comme ils étaient partis de l'Orient", Segond; "quand les hommes partirent de l'Orient", Dhorme; "et c'est à leur départ d'Orient", Chouraqui)[7] e o sentido do ponto de vista, já dado por Targum: "comme ils se déplantaient vers l'Orient" (à medida em que eles se deslocaram para o Oriente), Fleg; "or em se déplaçant vers l'Orient" (ou deslocando-se para o Oriente), TEB.

Vallé – *biká* (aqui, no interior do grupo *viká*), etimologicamente "fenda", de *baká*, "fender"; "vale" (Rabinato), "plana" (Segond, *Bíblia de Jerusalém*, Dhorme, TEB, Fleg) e "cañon" (envergonhe-se quem pensa no Colorado!) para Chouraqui.

Schinar, já em *Gênesis*, 10, 10, a Babilônia, forma hebraica para o nome babilônico *Sanhar*. A. Neher refere-se a uma tradição segundo a qual a civilização de Babel foi "edificada sobre

---

6 Cf. Ludwig Koehler; Walter Baumgartner, *Hebraïsches und aramäisches Lexikon zum Alten Testament*, 3. ed., Leyden: Brill, 1967.
7 Respectivamente, "Emigrando do Oriente", "como eles partiam do Oriente", "quando os homens partiram do Oriente", "e é na sua partida do Oriente",

os vestígios e os mortos do dilúvio", e ele traduziu: "ayant découvert une profonde crevasse dans la vallée ou s'étaient amoncelés les morts du déluge" (tendo descoberto uma profunda fenda no vale em que estavam amontoados os mortos do dilúvio).

Et là ils s'établirent (E lá eles se estabeleceram) – *vaiaschvu scham*, como o verbo *iaschav* significa em seu sentido concreto "s'asseoir" (sentar-se), Fleg colocou: "et ils s'assirent là" (e eles se assentaram lá).

Versículo 3

L'un vers l'autre (Um ao outro) – *isch el-reehu*, fórmula corrente, mas onde a preposição *el, vers* (em direção a) importa à relação do face a face, e se opõe à construção *diber le,* "falar a". Ver a tradução de *Jonas*.

Faisons blanchir des briques blanches (Façamos branquear os tijolos brancos) – *nilbená levenim*, figura etimológica. O verbo *lavan* "fazer os tijolos" é tirado do nome *levená*, "tijolo". Mas toda a raiz e o campo lexical desta palavra têm por designação e referência a brancura: *lavan*, "branco"; *liben*, " branquear"; *levaná*, a lua, ou seja, a branca; a bétula, *livne*, o Líbano, *levanon*, por causa das neves etc. Os tijolos eram então terra embranquecida, as "caiadas", assim chamadas sem dúvida porque elas eram "baked white by the heat of the sun" (assadas em branco pelo calor do sol)[8]. Ora não podemos nos contentar com o sentido enquanto denominação empírica, para traduzir esta passagem, pois este versículo é feito de figuras de significância. Quatro pares de paronomásias: *nilbená levenim, nisrefá lisrefá, halevená leaven, hahemar lahomer*. A arqueologia é aqui uma filologia, mas também uma retórica, e uma poética. Problema diferente daquele da etimologia, lábio por língua. Donde a tradução proposta, em que os termos da brancura substituem o significante, a palavra *brique* (tijolo) sendo o suporte.

Esse "briquetons des briques" (tijolar os tijolos), de Dhorme, para além de *tijolar* não significa "fazer tijolos", só na aparência

---

8 George James Spurrell, *Notes on the Text of the Book of Genesis*, Oxford: Clarendon Press, 1896, p. 126.

é uma solução, porque ela mantém a palavra *brique* só, que designa com nossa palavra a nós, sem nada dizer do campo semântico e lexical do hebraico, e ele exclui o pôr em série a significância, a relação com o terceiro par.

Et flambons / pour la flambée (E queimemos / para a queimada) – *venisrefa / lisrefa*, o *lamed* de *lisrefa* indica o resultado da chamuscada, isto é, os tijolos. Então não "à" (chamuscada, queimada – Dhorme, Fleg) que significa "pela combustão".

Et la brique blanche pour eux / fut / la roche (E o tijolo branco para eles / foi/ a rocha) – *vatehi/ lahem halevená / leaven*, o verbo ser mais *lamed* igual a tornar-se, mas a partícula *le*-, proclítica, integrada à palavra *aven*, "pedra", forma uma unidade única com ele, e os dois opostos referenciais são também dois opostos prosódicos: a matéria das palavras confirma seu sentido, donde o par *blanche / roche* (branca / rocha).

La boue rouge / l'argile (A barro vermelho / a argila) – *hemar / homer*. Dicionários e traduções opõem o betume ou o asfalto à argila e à argamassa. Mas, como para a brancura do tijolo, escondida pelo "sentido" da palavra segundo os léxicos, a materialidade é aqui um elemento da significância que o "sentido" curiosamente oculta. As variantes nominais são ligadas a um verbo *hamar*, separado em diversas invariantes pelos dicionários, mas próximos no entanto: *bouilloner* (cozer), *brûler* (queimar). A cor "vermelha" (*rouge*) se prende a este efeito de matéria que foi cozida ou queimada. Uma das palavras para o vinho é *hemer*. A argila, *homer*, é o elemento primeiro de onde derivam os "sentidos" de matéria, material, monte (de onde uma medida de capacidade) até um enfeite. A argila "vermelha", diz o dicionário, é *hamra*. Em árabe, *al-hamra*, a "vermelha", deu o alhambra. Foi por isso que eu "acrescentei" o adjetivo *vermelho*, na realidade incluído e escondido na palavra, ao mesmo tempo que por aí encontrei a paronomásia com *argila*, na permutação das consoantes. *Boue* (barro) e *argile* (argila), igualmente, para uma designação elementar, e frustrada de materiais, porque para nós, apesar de sua antiguidade, *asphalte* (asfalto) e *bitume* (betume) evocam realidades urbanas modernas. Por outro lado, o betume é negro, e o complexo *hemar – homer* fala do vermelho.

Dois tipos de tradução. A tradução pelos desaparecimentos do significante: "Ils se dirent l'un à l'autre: 'ça, préparons des pierres et cuisons-les au feu'. Et la brique leur tint lieu de pierre, et le bitume de mortier" (Eles se disseram um ao outro: "isto, preparemos pedras e as cozinhemos ao fogo" E o tijolo lhe adquiriu lugar de pedra, e o betume de argamassa), (Rabinato). "Allons! Faisons des briques, et cuisons-les au feu. Et la brique leur servit de pierre, et le bitume leur servit de ciment" (Vamos! Façamos tijolos e cozamo-los ao fogo. E o tijolo lhes serviu de pedra, e o betume lhes serviu de argamassa), (Segond). *A Bíblia de Jerusalém* apenas substitui o cimento pela argamassa. O mesmo na TEB. Depois as tentativas parciais de significância: "'Briquetons des briques et flambons-les à la flambée!' La brique leur servit de pierre et le bitume leur servit de mortier" (Acendamos os tijolos e os flambemos na flambada! O tijolo lhes serve de pedra, e o betume de argamassa) (Dhorme). Fleg traz apenas uma variação: "Et ils se dirent d'homme à compagnon: – Allons, briquetons des briques, et brûlons-les à la brûlée. Et la brique leur fut pierre, et le bitume leur fut mortier" (E eles se disseram de homem a companheiro: – Vamos, acendamos os tijolos, e os queimemos na queimada. E o tijolo lhes foi pedra e o betume lhes foi cimento). Chouraqui copia Dhorme, colocando o passado no presente. O fragmentário da tentativa tinha começado na *Septuaginta*, só para o primeiro par: *kai eipen anthrópos tô plesion aútou, deute plintheúsômen plinthous, kai optésômen aútas puri. kai egeneto autois he plinthos eis lithon, kai asphaltos en autois he pélos*[9]. E São Jerônimo é aqui o patrono destes que afrouxaram a "forma" pelo "sentido": "dixitque alter ad proximum suum / venite faciamus lateres et coquamus eos igni/ habueruntque lateres pro saxis/ et bitumen pro cemento".

Versículo 4

Une tour (Uma volta) – *migdal*, a palavra contém a ideia de grandeza em hebraico, e a *ziqurat* vem do acadiano *zaqaru*,

---

9 "E um homem disse a seu vizinho, vamos, façamos tijolos, e os cozinhemos ao fogo; e o tijolo foi para eles pedra, e o betume foi para eles asfalto".

"elevar". Há aqui a lembrança do grande templo de Marduk em Babilônia, que deveria ter sete andares e cem metros de altura, e que trazia a inscrição *E-temen-an-ki*, "casa das fundações do céu e da terra", construído no tempo de Hamurabi. Os babilônios acreditavam que ele tivesse sido erigido pelos deuses, o que dá um caráter polêmico ao versículo 5: não foram senão homens que o construíram. Destruído no século XVI a.C. pelos hititas. Sua ruína é o ponto de partida para o texto bíblico.

Et sa tête dans le ciel (E seu topo no céu) – *veroscho vaschammaim*, sua altura, mas também a lembrança da inscrição técnica nos templos babilônicos. Construção nominal circunstancial. O afrancesamento costumeiro refazia uma frase verbal: "dont le sommet atteigne le ciel" (cujo topo atinge o céu) (Rabinato), "dont le sommet touche au ciel" (cujo topo toca no céu) (Segond), "dont le sommet penetre les cieux" (cujo ápice penetre os céus) (*Bíblia de Jerusalém*), "dont la tête soit dans les cieux" (cujo topo esteja nos céus) (Dhorme), "dont le sommet touche le ciel" (cujo topo toca o céu) (TEB). Em reação, Fleg: "la tête aux cieux" (o topo nos céus), e Chouraqui: "as tête: aux cieux" (seu topo: nos céus). O plural céus é um decalque formal injustificado, pois que o francês tem a escolha entre céu (*ciel*) e céus (*cieux*), e que o hebraico não tem senão um plural que não se opõe a nada. O não marcado pelo não marcado pede céu (*ciel*).

Sinon nous nous dispersons (Senão nós nos dispersaremos) – *pen-nafutz*, *pen* significa "para não", "com medo que", mas também com um caráter de onomatopeia, que sugere um brilho, na cadeia *pen-pnei, nafutz-áretz*.

Sur la surface de toute la terre (Na superfície de toda a terra) – *al pnei khol haáretz*, *al pnei* é uma volta preposicional lexical a partir de *panim*, o rosto, a "face".

Versículo 5

Adonai, o tetragrama. Eu coloquei a forma oral, a que é lida, a forma escrita não se lendo. É ora "o Senhor" (Rabinato, Fleg, TEB), "o Eterno" (Segond), "Iahweh" (*Bíblia de Jerusalém*), "Iahvé" (Dhorme) e "YHWH" para Chouraqui.

Descendit (desceu) – *vaiered*, figura do modo de intervenção de Deus.

Que construisaient (que construíram) – *ascher banu*, estão construindo, o passado composto empregado por Chouraqui implica que eles acabaram, e Deus não poderia mais interferir: "la ville et la tour qu'ont bâties les fils de l'homme" (a cidade e a torre construídas pelos filhos do homem).

O homem – em hebraico é *adam*.

Versículo 6

Si le peuple est un (Se o povo é um) – *hen am ehad*, Orlinsky é o único tradutor moderno a reconhecer e traduzir este valor de *hen*: "If, as one people with one language for all, this is how they have begun to act, then nothing that they may propose to do will be out of their reach"[10] – Os outros têm: *voici* (eis aqui) ou *voici que* ("eis que", Rabinato, Segond, *Bíblia de Jerusalém*, Dhorme, Fleg). "Eh" para a TEB. "Sim" em Chouraqui, Buber e Rosenzweig tinham colocado "Da". A Septuaginta tinha começado com *idou – voyez* (vede) e Jerônimo tinha seguido, com *ecce*. Mas o Targum dizia bem *ha*, "se". Confusão com *hine*, "eis".

Ce qu'ils commencent à faire (O que eles começam a fazer) – *hahilam laassot*, forma nominal do verbo, literalmente "seu começar a fazer". Deus tem a mesma atitude que no jardim do Éden, quando Adão e Eva vão comer a fruta da árvore do conhecimento. Onde está o pecado? Não é de se dar um nome (ver *Gênesis*, 12, 2), mas de permanecer em um só lugar, que se opõe ao plano divino, "encher a terra" (*Gênesis*, 9, 7). Para os Sumérios também, na origem, não havia senão uma língua para todos, até que Enki confundisse as línguas pela rivalidade sem dúvida com Enlil.

Maintenant (agora) – *atá*, ponto de partida temporal da consequência.

---

10 "Se, enquanto um só povo com uma única língua para todos, foi assim que eles começaram a agir então nada do que eles podem se propor a fazer estará fora de seu alcance".

Retranché d'eux (Separado deles) – *ibatzer mehem*, passivo (nifal) de *batzar*, em seu sentido primeiro, "cortar", de onde "ser colhido", para a uva, e no sentido abstrato, "ser proibido, impossível" (*min* igual "para"). Mas importava também conservar o passivo, como valor. O que desaparece nas traduções do sentido como ponto de chegada: "et dès lors tout ce qu'ils ont projete leur réussirait également" (e desde então em tudo o que eles projetaram teriam êxito igualmente) (Rabinato), "maintenant rien ne les empêcherait de faire tout ce qu'ils auraient projete" (agora nada os impediria de fazer tudo o que eles tinham projetado) (Segond), "Maintenant aucun dessein ne será irréalisable pour eux" (Agora, nenhum desígnio será irrealizável para eles) (*Bíblia de Jerusalém*), "rien désormais ne sera impossible de tout ce qu'ils décideront de faire" (Agora nenhum intento será absolutamente impossível de tudo o que eles decidirão fazer) (Dhorme), "maintenant rien de ce qu'ils projetteront de faire ne leur sera inaccessible" (agora nada do que eles projetarão fazer lhes será inacessível) (TEB), "Maintenant rien ne les retiendra de ce qu'ils méditeront de faire" (Agora nada os deterá do que eles pensarão em fazer) (Fleg), "Maintenant rien n'empêchera / tout ce qu'ils auront dessein de faire!" (Agora nada os impedirá / tudo o que eles tiverem intenção de fazer!) (Chouraqui).

Rien (nada) – *kol*, literalmente "tudo", transposto na frase negativa.

Méditeront (Meditarão) – *iazmu*, inacabado de *zamam*, "ter maus projetos", verbo que se redobra, donde um valor de onomatopeia não está excluído. Koehler e Baumgartner aproximando um verbo árabe *zamzama*, "murmurar" (ver "murmurar contra"), e *zanna*, "projetar".

Versículo 7

Et là embabelons (e aí embabelemos) – *venavlá scham*, preparação do calembur do versículo 9, *navlá*, do verbo *balal*, "misturar, agregar, confundir". O valor da onomatopeia está ligado à repetição da mesma consoante. Variante do verbo *bilbel*, "confundir, atrapalhar"; *bilbul* "confusão, desordem"; "se confundir", *hitbalbel*. Em árabe, *balbala*, e o "rouxinol", ou um pássaro cantor qualquer é *bulbul*. Ver em francês *balbuciar*. O efeito não está tão afastado daquele do grego *barbaros*, que evocava um gargarejar incompreensível – a língua dos outros, a que não se compreende. Para o efeito de motivação, mais urgente aqui que um "sentido" que é apenas o produto desta mesma motivação, antes então que dizer "misturar", aventurei o verbo *embabelar*, derivado de Babel, pois que para nós, e já em hebraico, *Babel* é a própria confusão. No texto, mais precisamente, ao mesmo tempo a ruína e a confusão. Um verbo fantasma para o fantasma da confusão.

Aqui a *Septuaginta* colocou o verbo que significa confundir *sunkheômen* com a palavra que designa a língua, *glossa* então que no versículo 6 como no versículo 1 ela colocou *kheílos*, "lábio", e na última parte do versículo, para reprise da mesma palavra no entanto, *phoné*, "voz". Confusão da concordância literalista do versículo 1. O que São Jerônimo refere em *linguam*, *vocem* e *labium*. As traduções realizam a cisão do signo, deixando a "forma" e retendo o "sentido": "confondons leur langage" (confundamos sua linguagem) (Rabinato, Segond, *Bíblia de Jerusalém*, Dhorme), "brouillons ici leur langue" (embaralhemos aqui sua língua) (TEB). Fleg mantém *lèvres* (lábios), mas desta vez no plural, "embrouillons ici leur lèvres" (embaralhemos aqui seus lábios), seguido por Chouraqui, "confondons là leurs lèvres" (confundamos aí seus lábios). Onde o plural falseia a significância, e a metáfora, para tornar-se uma pseudoliteralidade.

L'un / la langue de l'autre (um / a língua do outro), no versículo 3, quando eles se entendiam, a expressão constituía um único grupo rítmico. Agora, o acento disjuntivo já os afasta um – do outro.

Versículo 8

Fim do monoteísmo universal primeiro, e introdução da idolatria. A pluralidade das línguas está ligada à pluralidade dos deuses. As barreiras entre as línguas continuam as barreiras entre o Éden e o homem, entre o homem e a serpente, para proibir a sabedoria e o poder de Deus, que estão na unidade.

Versículo 9

Elle s'appela du nom de (Ela se chamou) – *kara schemá*, forma impessoal (terceira pessoa do singular) que é uma expressão corrente na *Bíblia* para a designação de um nome, literalmente "[il] s'appela son nom [sufixe féminin pour Babel]" ([ele] se chamou seu nome [sufixo feminino para Babel]). A maior parte recorre ao impessoal *on*; "on la nomma Babel" (chamou-se Babel) (Rabinato), "on l'appela du nom de Babel" (chamou-se pelo nome de Babel) (Segond, Dhorme). Fleg: "on prononça son nom Babel" (pronunciou-se seu nome Babel), variação etimológica sobre verbo *kara*, mesmo que Chouraqui, para o sobrebalanço, e freiando a sintaxe, e o efeito de linguagem corrente, fazendo de Deus o sujeito do verbo: "ele clama seu nome".

Babel // parce que là / Adonaï embabela (Babel // porque aí / Adonai embabelou) – *bavel // ki-scham / balal adonaï*. Todo o texto partiu desta etimologia para fingir chegar aí circularmente. Não é uma etimologia "fantasista" como Dhorme colocou em nota. Mas uma derrisão voluntária. A prova material da confusão-castigo é a ruína da torre. O calembur é posto à prova pela linguagem. A verdade do duplo sentido só aparece como sentido único. O calembur é ao mesmo tempo escondido e exposto, pois que ele brinca na passagem de uma língua a outra. O nome assírio era *bâb-il*, "porta de Deus", e mais tarde, *bâb-ilânî*, "porta dos deuses". É a interpretação geral. Alguns propuseram *bâb-Bel*, "porta de Bel". O hebraico não tem esta palavra para a "porta", ele tem *délet* ou *schaar*. Mas o aramaico tem *bava*, e o árabe *bâb*.

Neste texto, feito mais de significância que de "sentido", conta cada traço de motivação. Os desaparecimentos do calembur como os falsos caminhos. E o discurso das notas do tradutor como o da tradução.

O recurso comum é a extradição do jogo de palavras para fora do texto, para o explicar em nota. Tradução do Rabinato: "C'est pourquoi on la nomma Babel, parce que là le Seigneur confondit le langage de tous les hommes; et de là l'Éternel les dispersa sur toute la face de la terre" (foi por isso que a chamamos Babel, porque aí o Senhor confundiu a linguagem de todos os homens; e daí o Eterno os dispersou sobre toda a face da terra). *Senhor, Eterno* por duas vezes no Tetragrama; *os homens, a terra* para a mesma palavra, e em nota, para *confondit*: "Sentido da palavra *balal*, de onde parece vir o nome de Babel". Este "parece" destrói o próprio jogo de palavras, pois que, através de sua prudência aparente, ele acredita que está aí a origem verdadeira do nome, e desconhece pois completamente o trabalho (satírico) da linguagem. Segond, tanto quanto. E a *Bíblia de Jerusalém*. Mas sua nota parece, superiormente, retificar um erro, uma ignorância do texto: "Babel é explicado pela raiz *b l l* 'confundir'". O nome de Babilônia significa em realidade "porta do deus". Nota de Dhorme, que traduz como os outros: "Aqui uma etimologia fantasista liga o nome de Babel ao verbo hebraico *balal* 'ele confundiu, ele embaralhou'". Vê-se quanto o discurso das notas é lento para admitir a noção de jogo de palavras. Ela aparece na TEB que traduz: "Aussi lui donna-t-on le nom de Babel, car c'est là que le Seigneur brouilla la langue de toute la terre" (Também deu-se-lhe o nome de Babel, foi aí que o Senhor embaralhou a língua de toda a terra), e que nota: "Em hebraico, há jogo de palavras entre o nome de Babel (Babilônia) e o verbo traduzido por *brouilla*". Houve uma resistência. Mas o jogo de palavras não entrou no texto. Fleg inseriu uma glosa: "Sur quoi on prononça son nom Babel, *embrouillement*, car, là, le Seigneur embrouilla la lèvre de toute la terre" (Nisso pronunciou-se seu nome Babel, *embaralhamento*, porque, aí, o Senhor embaralhou o lábio de toda a terra). Chouraqui o imitou: "Sur quoi il clame son nom: *Bavel*, Confusion, car là, YHWH confond la lèvre de toute la terre" (No que ele clama seu nome: *Bavel*. Confusão, pois, aí, YHWH confunde o lábio de toda a terra). Falso caminho para *Bavel*, decalque fonológico que, na língua de chegada, se coloca a evocar a *bave*. Jerônimo o primeiro tinha relaxado o jogo de palavras: "Et idcirco vocatum est nomen ejus Babel / quia ibi confusum est labium universae terrae – Et pour cela son nom a été appelé Babel, parce que là a été confondue la langue de toute la terre"*. O Targum o tinha, se assim se pode dizer: *bavel – bilbal*. André Neher substitui a metalinguagem

---

* "E por isto seu nome foi chamado Babel, porque aí foi confundida a língua de toda a terra" (N. da T.).

pela linguagem. Ele traduz: "C'est la raison pour laquelle on lui donna le nom de Babel, car c'est littéralement là que Dieu pétrit la patê de la langue de l'humanité entière" (É a razão pela qual foi-lhe dado o nome de Babel, porque foi literalmente aí que Deus modelou a massa da língua da humanidade inteira). E ele faz notar: "O advérbio 'literalmente' permite ao leitor compreender que a *Bíblia* faz um jogo de palavras, um jogo de *letras*". Só a *Septuaginta* resolveu o jogo de outra maneira – ela substituiu o nome pelo seu sentido, e ela o realizou, mas como verdade na sua única língua: "*Dia toúto ekléthé to onoma aútès, Sunkhusis, hoti ekei sunekhee Kurios ta kheílé pasês tès gés* – c'est pourquoi son nom fut appelé Confusion, parce que là le Seigneur confondit les lèvres de toute la terre"[11].

Sur la surface / de toute la terre (pela superfície / de toda a terra), um só grupo no versículo 4, quando os homens estão ainda unidos, e no versículo 8 em que a expressão faz bloco contra *mischam*, "daí" locução adverbial isolada cada vez, nos versículos 8 e 9. O advérbio *scham*, "aí", é marcado ritmicamente em toda esta passagem: cláusula de versículo (v. 2), de grupo (v. 7). Aqui a expressão é separada interiormente: efeito demarcativo final e motivação rítmica da ruptura.

Paradoxalmente, o mito teológico que associa, e solidariza, a dispersão dos povos e a pluralidade das línguas, funda a história empírica. E a "língua una" anterior a Babel pode aparecer não mais como a "língua da santidade" mas como a ausência da linguagem precedendo a linguagem[12]. Uma parábola do estado paradisíaco: a união das palavras e das coisas, quer dizer dos homens e da natureza, e dos homens entre si. Estado *religioso* no sentido da etimologia cristã da palavra. E união que transcende necessariamente a linguagem. Porque a historicidade da linguagem, que não é separável da das línguas, se liga à sua diversidade.

Quando a tradução esconde e denega esta diversidade, pelo motivo do *natural*, mais ela se quer e se acredita empírica,

---

11 "Por isso, seu nome foi chamado Confusão, porque aí o Senhor confundiu os lábios de toda a terra".
12 É assim que diz também Claude Hagège, "cette unité de la langue n'était autre que l'absence de toute langue", em Babel, du temps mythique au temps du langage, *Revue philosophique*, n. 4, 1978, p. 470.

mais ela aparece como a manutenção, à sua revelia, da teologia de Babel: o sagrado, mais que o divino, e a diversidade é a figura da Queda; a alteridade que é preciso procurar, e esconder, manifesta a presença do Mal. Teologia dos tradutores.

10. Traduzir é Escrever

Traduzir só é traduzir quando é um laboratório de escrita. De outro modo é decalque. Uma tarefa executada. Pelo signo. E talvez mesmo que não possamos escolher o que se escreve, realmente não escolhemos o que traduzir. O que se chega a traduzir-escrever. Antes seríamos quase escolhidos tanto pelo que se traduz quanto pelo que se escreve. Se há aí uma aventura é a da historicidade. A relação entre escrever e traduzir é uma parábola, uma história aparente, cujo sentido se esconde. Ele se mostra a partir do toque inicial. Escrever não se faz pela língua como se ela fosse materna, dada, mas rumo à língua. Escrever não é talvez senão aceder, inventando-se, à língua materna. Escrever é, por sua vez, materno, pela língua. E traduzir só é traduzir se aceitar o mesmo risco. Senão, traduzir é uma operação de aplicação, de boa ou má consciência (a honestidade, a fidelidade, a transparência). Na língua. Que já está bem pronta. Enquanto o tradutor está no pronto-a-pensar, no pronto-a-escrever. Ele transporta mensagens, faz passar uma literatura à língua de uma outra. Sem ela não leríamos essas coisas. É verdade.

Mas se só houvesse isso, faltaria algo de essencial. O tradutor não se situa mais na relação entre escrever e traduzir.

Ele só faz traduzir da língua, da literatura, do sentido. Este estará sempre a refazer-se. Para que não tenha sido um truncamento, uma passagem de época. Uma definição puramente sociológica. Uma grade, que definisse o que se podia ou não podia dizer, sempre moldada a partir das conquistas adquiridas. Além disso, nada opõe escrever a traduzir. Porque escrever limita-se, sob pena de inexistência, a inventar seu discurso.

O paradoxo da tradução não é, como se acredita em geral, que ela deve traduzir, e seria assim radicalmente diferente do texto que só tivesse que se inventar. O paradoxo da tradução é que ela deve, em si própria, ser uma invenção de discurso, se o que ela traduz o foi. Há uma relação muito forte e escondida entre escrever e traduzir. Se traduzir não realiza esta invenção, não corre este risco, o discurso não é mais que da língua, o risco não é mais do que o já experimentado, a enunciação não é mais do que o enunciado, em lugar do ritmo não há mais que sentido. Traduzir mudou de semântica e não se deu conta. A parábola é a do próprio ato de escrever.

É por isso que eu me escrevo nos textos bíblicos ao traduzi-los. Os textos bíblicos, mais do que todos os outros, impõem uma reflexão e uma prática: a prática do ritmo como significante maior da linguagem, porque esta se inscreve nestes textos como em nenhuma outra parte, no rítmico da cantilação; e na reflexão, porque este lugar e papel do ritmo têm um efeito teórico sobre a linguagem, sobre a tradução.

Podemos constatar também este efeito pela resistência que ele provoca, resistência massiva, dominante, contra a própria noção de teoria da tradução, entre os tradutores que se veem ou se acreditam atacados em seu bem-traduzir e, em geral, entre os assentados na literatura e no ensino de línguas.

Mesma resistência contra a poética, sobretudo quando ela é uma poética do ritmo, um *pensar de Humboldt hoje,* e nos fincados na filosofia. Quantos contemporâneos assentados! Os mesmos sobre os quais Mallarmé dizia: "Retrucarei, diante da agressão, quantos contemporâneos não sabem ler!"

Não é por acaso que a *Bíblia* é o domínio não somente o mais antigo, mas o mais estratégico e atual para colocar em crise a noção do sentido, do ritmo e do traduzir. Ao dizê-lo não ataco os "bons" tradutores. Não me situo mais do lado da teoria contra os tradutores. Eu o digo, porque sou tradutor.

Índice

ONOMÁSTICO

Adorno 12, 57, 60
Agostinho, Santo XIII, XXIII, 29, 38
D'Alembert LIV
Althusser, Louis 22
Amyot, Jacques XLIX, LXIII, 28
Ancet, Jacques LVIII
Andrewes, Lancelot L
Andronicus, Livius XLIV
Annenski, Innokenti LVII
Apollinaire, Guillaume 62, 150
Áquila LIX, 246
Aragon, Louis 60, 137
Aristóteles XLI, XLVI, XLVII, XLI, 33, 58, 207, 220
Arnold, Matthew LVI
Aubigné, Agrippa d' 244
Averróis XLVI
Avicena XLVI

Backès, Jean-Louis 125n
Baïf, Jean-Antoine de XLIXn
Bakhtin, Mikhail LXI
Ballard, Michel XXXVIII, 9n
Bally, Charles 33

Bardollet, Louis 53, 54
Barnstone, Willis XXVn
Baudelaire XXXIII, LV, LVII, LIX, LXI, LXIII, 28, 61, 67, 68, 107, 124, 129, 134
Beaugrande, Robert de 8, 9
Beckett, Samuel LVIII
Benjamin, Walter XXVII, XLIII, LIX, LXII, LXIII, 9, 67, 70, 71
Benveniste, Émile XIII, XX, 18, 43, 58, 61, 63, 68, 204
Béranger 11
Bérard, Victor LVIII, 54
Bercheure, Pierre XLVII
Berman, Antoine 5n
Blaig, Régine XII, 169n, 229n, 251n
Blanchot, Maurice 9, 143
Blok, Aleksandr LX
Boécio XLII
Bogaert, Pierre Maurice 244n
Böll, Heinrich LIX
Bonnefoy, Yves LVIII, 36, 56, 93, 94, 96, 98-102, 104-106, 129, 131
Borchardt, Rudolf LIX
Brandt, Sébastien XLVII

Braun, Alain XXXIX
Broeck, Raymond van der 8n
Buber, Martin LIX, 50, 77, 261
Buck, George 174n
Budick, Sanford XXIn
Burnouf, Eugène LVI
Burton, R. LIII

Cahen, Samuel LVI, 51, 245
Caillois, Roger 124
Calepin XLI
Calvino, Italo XLIX, 129
Camus, Albert LVIII
Catford 9
Catulo XLIV
Caussat, Pierre XX, 173n, 177n, 178n, 183-187, 189, 190n, 191, 192, 194, 195, 201, 224
Celan, Paul LIX, LX, 20, 125
Céline LVIII, 62
Chapman XLIX
Chateaubriand LV, LVII, 34, 90, 125
Chaucer XLIX
Chomsky, Noam 8, 172n, 176, 177, 187, 191, 208
Chouraqui, André LIX, LXIV, 51, 70, 71, 73, 78, 81, 246, 247, 255, 256, 259-265
Cícero XXII, XLIV, XLV, XLIII, 29, 66, 68, 112
Claude, Catherine 169
Claudel, Paul XLV, 79n, 230
Clément, Catherine 148n
Coindreau, Maurice-Edgar XLIIIn
Coleridge LVI, LXI
Confúcio XL
Cordonnier, Jean-Louis XXXIX
Coseriu, Eugenio XXXVIIIn
Coverdale L
Cowper, William LIII
Crampon, Augustin LVI, 246

Dacier, Mme. LI, LXI, LXIV
Dante LVIII, LIX, LX, 10, 74, 75, 127, 139
David, Claude 144, 149n, 150n, 153n, 156, 162, 163, 166, 167
Defauconpret, Auguste LV
Demócrito 43
Déprats, Jean-Michel 93-95, 98-106
Derrida, Jacques 18, 20, 21
Descartes 22, 176

Desportes, Philippe X, XLIX, LI
Dhorme LVIII, 47, 51, 238, 240, 247, 254n, 255-264
Disegni, Dario 77
Disselkamp, Annette 173n, 177n, 183, 223
Dolet, Estienne IX, XLVII, XLVIII, LXII, LXIII
Dostoiévski LVI, LVIII, 67
Dryden LIII
Du Bellay XLVIII, XLIX, LIV, 26, 125, 128
Dubeux, Albert 86n
Duchamp, Marcel XXVII
Ducis 91
Duret, Élisabeth 92n

Eliade, Mircea 63
Ênio XLIV
Enzensberger, Hans LIX
Estienne, Robert XLVIII
Etkind, Efim 124-126, 132, 136

Fauchereau, Serge 10
Fédier, François 17, 19
Ferry, Luc 183n
Feuerbach 221
Fitzgerald, Edward LVI
Flavius Josephus 64
Flaubert, Gustave XXVI
Fleg, Edmond LIX, LXI, 238, 246, 247, 255-265
Florenne, Yves 92n
Florian 11, 67
Forges, Germaine XXXIX
Freud 14, 71, 148
Fuzier, Jean 127n, 128n, 136

Galland, Antoine XXX, LIII, LXI
Gandillac, Maurice de XXVIIn
Garnier, Charles-Marie 131, 132
Gascoigne, George 126, 127n
George, Stefan LIX, LX, 137
Gide, André LVIII, 92-105, 114, 128, 200
Gnoli, Gherardo 54n
Godeau LI
Goethe XXXVII, LV, LVI, LVII, LXI, 34, 72, 123, 126, 171
Gottsched, Johann LIV
Grimm 18, 220
Guerne, Armel 136, 137
Guizot, E. 132

Habermas, Jürgen XXVII, 58
Hagège, Claude 266n
Halévi, Juda 243
Hamburger, Michael LIX
Hegel LVI, 58, 203, 206, 207, 214, 220
Heidegger, Martin XIII, XLIV, LXIV, 5n, 8, 9, 16, 17, 18, 19, 36, 63, 183, 203, 207, 248n
Heine LV, LX, 150
Herder LIV, 22
Heródoto XLIV
Hesse, Herman 143
Hirsch, Samson Raphaël LVII, 79
Hjelmslev 13
Holmes, James 8n, 9
Homero XXX, IL, LIV, LVII, LVIII, LX, LXIII, 34, 46, 51, 54, 74
Hopkins, Gerard Manley LVIII, 62, 127
Horácio XLIV
Horkheimer 5, 12, 57, 68
Huet, Pierre-Daniel LII
Hugo, François-Victor LV, 56, 92-105, 131, 132, 136, 137
Hugo, Victor XIX, LII, LVI, 10, 34, 112, 132, 150, 248
Humboldt, Alexandre de 219n, 220, 226
Humboldt, Wilhelm von XIII, XX, XXXVII, LV, 21, 58, 59, 85, 171-183, 186-191, 193, 194, 196, 201-215, 219-220, 224-227, 270
Hurault, B. e L. 238
Hymes, Dell 110

Ibn Ezra 243
Iser, Wolfgang XXI
Itálico, Sílio XLIV

Jaccottet, Philippe LVIII, 54, 124
Jakobson, Roman 109, 110, 111, 208
Jerônimo, São XIII, XXII, XXXIV, XLIII, XLV, XLVI, LXI, LXII, LXIII, 14, 30, 38, 67, 255, 259, 263, 265
Jodelle 135
Jousse, Marcel 16
Jouve, Pierre Jean LVIII, 73, 75, 98, 128, 132, 133, 134, 135
Joyce, James 63

Kade, Otto XXXVIII
Kafka, Franz XV, LVIII, 22, 63, 85, 129, 135, 143, 144, 146, 147, 148n, 163, 164, 165, 166, 167n, 168
Kant LVI, 58, 174, 189, 204, 205, 220, 225
Kaufmann, Francine XLn
Kelly, Louis 9
Kittel 243
Klemperer, Viktor XXVII
Klossowski, Pierre XLVI, LVIII
Kugel, James 64n

Lacan, Jacques 147, 148
Ladmiral, Jean-Renè 12
Laks, André 173n, 177n, 183, 223, 225
Lambert, José 8n
Lamotte-Houdar LI
Lane, E.W. LIII
Laplace, Colette XXXVIII
Larbaud, Valery XXII, XLIII, LXII, 38, 68
Larose, Robert 9n
Larousse, Pieer 245
Le Maistre de Sacy, Isaac LII, 33, 44n, 50, 72, 77, 244
Le Tourneu, Pierre LII, 97
Leconte de Lisle 51, 54
Lefèvre d'Étaples, Jacques XLIX, 244
Lepoutre, Raymond 56, 86, 92-94, 96-106, 114
Lévi-Bruhl, Lucien XLIII, 67
Lévinas, Emmanuel 63, 248
Leyris, Pierre LVIII
Liérmontov LVII, LXI
Lioubimov LXI
Littmann LIII
Lope de Vega LVIII
Loraux, Nicole 54n
Lorca, Federico Garcia LVIII, 125
Lorris, Guillaume de XLVII
Lozinski LX
Lusson, Pierre 10, 11
Lutero XLI, L, LV, LXI, LXII, LXIII, 14, 50, 77, 220, 230, 238, 244

Malaplate, Jean 136, 137, 138
Malherbe XLIII, LI, LII, 137
Mallarmé, Stéphane XXVIII, LV, LIX, 22, 28, 62, 140, 270
Malleret, Ève LVIII
Mandelstam 124, 125
Marchak LX

Mardrus, Charles LIII
Marivaux LII
Markowicz, André LVIII
Marmontel 33
Marot, Clément XLIX
Martineau, Emmanuel 17, 18
Matthew, Thomas L
Mazon, Paul 53, 55
Ménage, Gilles LI
Mendelsohn, Moses LIV
Meng Haoran 74
Mérimée LV
Meschonnic, Henri XIn, XII, XIV, XV, XVIn, 47n, 172n
Michelet LVI
Milton, John LV, LVII, 34, 74, 125
Moncrieff, Scott LIX
Montaigne LI, 62, 128
Morand, Eugène LVIII, 93-95, 102, 106
Mouchard, Claude 125n
Mouloud, Noël 175n, 205n, 207n, 208n
Mounin, Georges LXIV, 9, 10, 12, 13, 35, 37, 206

Neher, André 255, 256, 265
Nerval, Gérard LV
Nida, Eugene LXIII, 9, 21, 36, 52, 69
Nietzsche LVI

Olivétan, Robert XLIX, 244
Ong, Walter 63
Onkelos 255
Oresme, Nicolas XLII, XLVII, LXI
Orlinsky 238, 239, 261
Ostervald LII, 50, 244
Osty LIX
Ovídio XLIV, XLVII, LIII
Ouaknin, Marc-Alain 245n

Pagnol, Marcel 93n, 94, 95, 102, 106
Parisot, Henri LVIII
Passelecq, Georges LVIII
Pasternak, Boris LX, 86, 124
Paulhan, Jean 66, 254
Péguy, Charles 132n
Perrot d'Ablancourt, Nicolas LI
Pesron, J.-P. 183n
Pessoa LIX
Peyret, Jean-François 136, 139

Pézard, André 75, 135
Pichot, Amédée 132n
Pierre, Roland 169n
Platão XLVI, XLVII, 21, 61
Poe, Edgard Alan LV, LXII, 28, 124n
Pope, Alexander LIII
Púchkin LV, LVI, LVII, 74, 126
Pound, Ezra LX, 63, 112, 129
Prévost, Jean LVIII, 125
Proust, Marcel 22, 62

Quillien, Jean 173-175, 181-183, 201, 202n, 203n, 204, 205n, 207n, 211, 220, 225

Rabelais LI, LIII, LXI, 63
Rashi 47, 48, 80, 239, 256
Raven, Frithjof 174n
Réda, Jacques 141
Régnier, Henri de LIX, 132
Régy, Claude 79n
Renan, Ernest LVI, 245
Renaut, Alain 183n
Reuss, Édouard 245
Rilke, Rainer Maria LIX, 125
Rimbaud, Arthur LIX, 14
Risset, Jacqueline 139
Rivarol LIV, 11
Robel, Léon 10n, 11
Robin, Armand LVIII
Rokeah, David LIX
Rosenzweig, Franz XXIn, LIX, 77, 261
Roubaud, Jacques 10
Rousseau, J. XLIX, 182n
Rousselot, Jean 132, 133n, 137
Rückert, Friedrich LVII
Ruwet, Nicolas 109n

Saint-Évremond LIV
Saint-John Perse 74, 81
Sapir, Edward 58
Sartre, Jean-Paul 203
Saussure, Ferdinand de XXXI, XXXII, XXXVI, 18, 56, 59, 60, 110, 172n, 176, 186, 193, 208, 209
Scève, Maurice 135
Schelling 20, 21, 206
Schiller LVI, LVII, 126, 204
Schlegel, August LIV, 171
Schleiermacher LV, 371

Schwob, Marcel LVIII, 93-95, 102, 106
Segond, Louis LVI, 49, 51, 77, 246, 247, 255, 256, 259-265
Seleskovitch, Danica XXXVIIIn
Serres, Michel XXIII, LXIV, 36
Shakespeare XV, LII, LIV, LV, LVIII, LIX, LX, 34, 44, 73, 75, 85, 86n, 90-92, 93n, 96-98, 100, 105, 106, 126, 127, 130, 132, 133, 135, 136, 139
Spinoza, Baruch XXVIIn
Spurrell, J. G. 257n
Staël, Mme. de LVI, 36
Steiner, George XXIII, LXIV, 8, 19, 36, 37
Supervielle LVIII, 97
Swinburne LIX, 131

Targum 239, 255, 256, 261, 265
Tchékhov, Anton LVIII, 85, 129
Temístocles XLIV
Thomas, Henri 98
Tieck, Ludwig LIV
Tioutchev, Fedor LVII
Tsvétaïeva, Marina LVIII
Tyndale, William L
Tytler, Alexander Fraser LIII, LIV

Ungaretti, Giuseppe LIX
Urquhart, Thomas LIII

Válery, Paul LIX, 124, 125, 207

Van Hoof, Henri 9n
Verlaine, Paul LIX, 162
Vernant, Jean-Pierre 54n
Vezin, François 17, 18
Vialatte, Alexandre LVIII, 22, 129, 135, 144, 146, 149, 150n, 152, 153n, 157-159, 162-164, 166-169
Vienne, Jean-Michel 175n, 205n, 207n, 208n
Vigenère, Blaise de XLIX
Virgílio LIII, LXI, 34, 74, 125
Vitez, Antoine LII, LVIII, 56, 86, 87, 90, 92, 97, 129
Vittoz, Michel 93-95, 98-102, 106
Vogüé, Marquês de 67
Voltaire LII
Voss, Johan Heinrich LIV

Waelhens, Alphonse de 17, 18
Waley, Arthur LIX
Walser, Martin LIX
Weil, Alexandre 245
Weil, Simone 54
Whorf, Benjamin Lee 58
Wittgenstein, Ludwig 68, 173
Wolf, Friedrich August 205
Wordsworth, William 132
Wyclif XLIX

Yourcenar, Marguerite LVIII

TEXTOS TRADUZIDOS OU ESTUDADOS

Biblía
  Au commencement [No Começo] (*Gênesis*, 11, 1-9) 252-267
  Os Nomes (*Êxodo*) III 232-240
  Deuteronômio (11, 30) 47-52
  Isaías (40, 3) 44-45
  Salmos (*Glórias*) 22 76-82
  O Canto dos Cantos [O Cântico dos Cânticos] 72

Ilíada (VIII, 64-65) 52-55

Shakespeare
  Hamlet 55-56, 89-107

W.V. Humboldt
  La Tâche de l'ecrivain de l'historie [A Tarefa do Escritor de Historia] 171-227

Kafka
  Une petite femme 143-170

Heidegger
  A palavra *Sprache* 17-18

COPYRIGHTS

Italo Calvino, *Se uma notte d'inverno um viaggiatore*, Arnoldo Mondadori Editore.
Italo Calvino, Si par une nuit d'hiver um voyager, éd. Du Seuil pour la traduction française, 1981.
Dante, *Divine Comédie*, "Enfer, chant XV", trad. André Pezar, Bibliothéque de la Pléiade, éd. Gallimard.
Dante, *La Divine Comédie*, "Enfer", éd. Albin Michel.
Dante, *La Divine Comédie*, "L'Enfer", trad. Jacqueline Risset, éd. Flammarion, 1985.
W. Shakespeare, *Sonnets*, "Sonets 27, 30,71", trad. Jean Fuzier, Bibliothèque de la Pléiade, éd. Gallimard.
W. Shakespeare, *Poèmes et Sonnets*, "Sonnets 27, 30,71", trad. Armel Guerne, Desclée de Brouwer, Bibliothèque européenne.
W. Shakespeare, *Quarante Sonnets de Shakespeare*, "Sonets 27, 30,71", trad. Jean-François Peyret, Actes Sud, 1990.
W. Shakespeare, *Les Sonnets*, "Sonnets 27, 30,71", trad. Jean Malaplate, L'Âge d'homme, 1992
W. Shakespeare, *Sonnets*, "Sonnets 27, 30,71", trad. Pierre Jean Jouve, Mercure de France, 1969.
W. Shakespeare, *OEuvres complètes*, "Les Sonnets", trad. Henri Thomas, Le Club français du livre, 1983.
Georg Trakl, *OEuvres complètes*, "À l'enfant Élis", trad. Marc Petit et Jean-Claude Schneider, éd. Gallimard.

OBRAS DE HENRI MESCHONNIC

Critique du rythme, Anthropologie historique du langage, 1982; *Modernité, modernité,* 1988; folio-Essais, Gallimard, 1994; *La Rime et la Vie,* 1990; *Politique du rythme, politique du sujet,* 1995; *Voyageurs de la voix,* poemas, 1985 (Prix Mallarmé 1986) e *Nous le passage,* poemas, 1990 nas Edições Verdier.

Pour la poétique, 1970; *Les Cinq Rouleaux* traduit de l'hébreu, 1970; *Dédicaces proverbes,* poèmes, 1972. Prix Max Jacob 1972; *Pour la poétique II, Épistémologie de l'écriture, Poétique de la traduction,* 1973; *Pour la poétique III, Une parole écriture,* 1973; *Le Signe et le Poème,* 1975; *Dans nos recommencements,* poemas, 1976; *Écrire Hugo,Pour la poétique IV,* 2 volumes, 1977; *Poésie sans résponse, Pour la poétique V,* 1978; *Légendaire chaque jour,* poemas, 1979 e *Jona et le signifiant errant,* 1981 nas Edições Gallimard.

Les États de la poétique, 1985 e *Le Langage Heidegger,* 1990 nas Presses Universitaires de France.

Critique de la Théorie critique, Langage et histoire, 1985 nas Presses Universitaires de Vincennes.

De la langue française, 1997 nas Hachette-Littératures.

Des mots et des mondes, Dictionnaires Encyclopédies Grammaires Nomenclatures, 1991 nas Edições Hatier.

Traité du rythme, des vers et des proses, em colaboração com Gérard Dessons, 1998 nas Edições Dunod.

Este livro foi impresso na cidade de Cotia,
enas oficinas da Meta Brasil.
para a Editora Perspectiva.